21世纪高职高专规划教材·汽车运用与维修系列

汽车使用性能与检测

主编　陈纪民

中国人民大学出版社

·北京·

21世纪高职高专规划教材·汽车运用与维修系列

编委会

出版说明

进入 21 世纪以来，随着我国汽车工业的迅猛发展和人民生活水平的不断提高，随着公路运输设施和城市基础设施建设投资的迅速增加，以及政府鼓励汽车消费政策的逐步实施，我国汽车保有量迅速增长。目前，我国汽车数量每年以两位数的速度递增，据此，预计仅汽车维修业近两年就将新增 80 万从业人员，其中大部分从业人员需要接受职业教育与培训。中国人民大学出版社经过充分的市场调研，策划出版了这套高职高专汽车运用与维修专业的系列教材。

本套教材紧密贴近我国高职教学改革的实际，力求体现以下几个特点。

1. 以企业需求为基本依据，以就业为导向

教材的编写以就业为导向，以能力为本位，能够满足企业的工作需求，提高学生学习的主动性和积极性。我们对每本书的主编精心遴选，除了要求主编必须是高职院校的骨干教师外，还要求他们有在一线汽车相关企业的工作经验或实验实训经历，确保教材的内容既能紧密贴合教学大纲，又能准确把握市场需求、加强实践操作环节内容。

2. 适应汽车企业技术发展，体现教学内容的先进性和前瞻性

本套教材关注我国汽车制造和维修企业的最新技术发展，通过校企合作编写的形式，及时调整教材内容，突出本专业领域的新知识、新技术、新工艺和新方法，克服旧教材存在的内容陈旧、更新缓慢、片面强调学科体系完整、不能适应企业发展需要的弊端。每本教材结合专业要求，使学生在学习专业基本知识和基本技能的基础上，及时了解、掌握本领域的最新技术发展及相关技能，实现专业教学基础性与先进性的统一。

3. 教材内容按模块化形式编写

教材力求摆脱学科课程旧思想的束缚，从岗位需求出发，尽早让学生接触实践操作内容。根据具体的专业情况，有的是每本书一个模块，有的是每本书分为多个模块，每部分内容都以工作岗位所需要的技能展开。

4. 跨区域开发、整合多方优势

由于我国幅员辽阔，各地区经济发展都具有不同的地域特点，而作为与经济建设密切相关的职业教育也必然存在区域间的差异。为了打造出一套适用性强、博采众长的教材，我们在教材的策划阶段，即与不同区域的众多开设汽车相关专业的高职院校取得了联系，并进行了深入调研，经过反复研讨后确定了具体的编写大纲。教材在编写过程中得到了辽宁交通高等专科学校、承德石油高等专科学校、长春汽车工业高等专科学校、内蒙古交通职业技术学院、河南交通职业技术学院、河北交通职业技术学院、广东轻工职业技术学院等二十多家职业院校的参与与大力支持。

5. 教材配备完善的立体化教学资源

本系列教材在研发的同时，希望能够在相关课件的开发制作方面做出自己的特色，从而提升教材的核心竞争力。通过对市场的前期调研，我们对目前已经出版的相关教材配套

课件情况进行了分析，针对目前同类产品存在的不足，制定了专业基础课教材课件完整、专业主干课教材演示视频丰富、全系列教材教学资源整合形成网上资源平台的策划思路，力求使本套教材成为真正的立体化教材。

本套教材在编写过程中，除了得到多所高职院校的帮助外，《汽车维修技师》、辽宁交通高等专科学校汽车研究所、辽宁鑫迪汽车销售服务有限公司、大连新盛荣汽车销售服务有限公司、辽宁宝时汽车销售服务有限公司、安徽宝德汽车维修有限公司等在技术和资料方面给予了很多支持，在此表示衷心的感谢。

希望本套教材的出版能够为高职高专院校汽车运用与维修专业的教学工作起到积极的促进作用，也欢迎本套教材的使用者针对教材中存在的不足提出宝贵的建议。

中国人民大学出版社

前言
Preface

本教材根据教育部对高职高专教育的指示精神，以培养高等技术应用型专门人才为根本任务，以适应社会需要为目标，加强针对性和实用性，基础理论知识本着“必需、够用”为度，相对弱化了汽车各使用性能的理论阐述，加强了“检测”环节，体现了高职高专教育加强实践技能的教育特点。

本教材的主要内容有：汽车的动力性、汽车的燃油经济性、汽车排放污染物及噪声检测、汽车的行驶安全性、汽车车速表及前照灯的检测、汽车的舒适性、汽车的通过性及合理使用等，共分9章。

本教材由河南交通职业技术学院的陈纪民担任主编，具体的编写分工为：河南交通职业技术学院陈纪民编写第一章、第九章以及第四章的第一节，梅丽鸽编写第二章，吴会军编写第三章，常书占编写第四章的第二、三、四节及学习测试，魏严召编写第五章，杨涛编写第六章，朱学军编写第七章，戴建营编写第八章。

在本教材的编写过程中，参阅了国内公开出版、发表的文献资料，对文献的作者及提供资料的朋友们表示感谢。

由于编者水平所限，本教材中难免存在一些不足，恳请使用者提出宝贵意见，以便更正。

编　者

2009年1月

目录 Contents

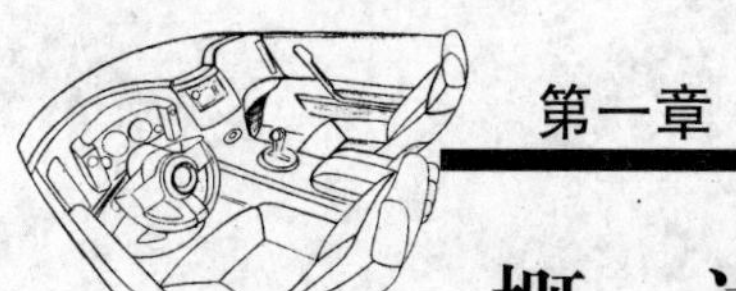

第一章

概　述

引言

在现代社会，汽车已经成为人们工作、生活中不可缺少的交通工具。但是，汽车在给人们带来便利的同时，也带来了大气污染、噪声和道路交通事故等一系列社会问题。汽车本身是一个复杂的机械—电子系统，随着其行驶里程的增加和使用时间的延续，其技术状况将逐渐恶化。因此需要在其使用过程中进行检测，及时发现性能异常变化，采取相应的技术措施，防止其性能恶化过快，产生意外故障。

汽车使用性能是指汽车在一定的使用条件下，以最高效率工作的能力。汽车使用性能是汽车设计和制造工艺确定的，这些性能主要有动力性、燃油经济性、行驶安全性、舒适性、通过性、排放及噪声、汽车的可靠性以及维修方便性等。

汽车检测是指为确定汽车技术状况或工作能力所进行的检查和测量。汽车检测在交通管理、环境保护、汽车制造及维修中得到了广泛应用，并发挥了巨大的作用。目前世界各国除不断提高汽车的性能和完善结构外，还通过法律法规强制对在用车辆进行定期和不定期的技术检测，以确保车辆具有良好的技术状况。

第一节　汽车的审验及检测

学习目标：了解我国的汽车审验制度；能够正确叙述审验的主要内容。

一、汽车审验及检测的必要性

汽车的主要安全部件是否完备、结构是否可靠、汽车使用性能是否良好，将直接影响行车安全。加强对汽车的安全检测，对提高运行车辆的使用性能、充分发挥车辆的效率、完善车辆的安全结构和技术性能、减少交通事故，具有十分重要的意义。为此我国规定：各种在用机动车辆必须按照车辆管理部门的期限接受检验（一般一年一次），未按规定检验的或检验不合格的，不准继续行驶。对于营运车辆还必须根据交通运输管理部门制定的车辆检测制度进行定期或不定期检测。

二、汽车年检及检测内容

1. 年检

汽车的年检是指在车辆管理部门规定的期限内对在用车辆进行的定期检验，或根据交通运输管理部门制定的车辆检测制度对营运车辆进行的定期检测。

车辆年检的目的是检验车辆的主要技术性能能否满足《机动车运行安全技术条件》(GB 7258—2004）的规定，督促车属单位对车辆进行维修和更新，确保车辆具有良好的技术状况，消除事故隐患，确保行车安全。汽车年检的具体检查项目在遵守《机动车运行安全技术条件》的规定下，可根据各地区具体情况再做相应规定。

2. 汽车年检的主要内容

鉴于汽车审验及检测的类型和目的不同，其检测的内容也有所不同。

(1）汽车安全检测。

汽车安全检测的目的是确定汽车性能是否能够满足有关汽车运行安全方面以及环保方面的规定。一般分为外检和性能检测。

汽车外检主要是通过目测定性检查或用简单仪器检查为主的车身、附件装备完备性、可靠性和外观检查。其主要内容有：

①检查车辆号牌、行车执照有无损坏、涂改、字迹模糊不清等情况，校对行车执照与车辆是否一致。

②检查车辆是否经过改装、改型、更换总成，其更改是否经过审批及办理过有关手续。

③检查车辆外观是否完好，连接件是否紧固，是否存在有漏水、漏油、漏气、漏电等现象。

④检查车辆整车及各系统是否满足《机动车运行安全技术条件》所规定的基本要求。

汽车性能检测主要是通过专用检测设备对汽车进行规定项目检测，以获得相关技术数据是否符合要求。主要包括侧滑性能、制动性能、车速表误差、前照灯性能、尾气排放、喇叭声级和噪声等。

(2）汽车综合性能检测。

汽车综合性能检测的目的是对在用车辆的技术状况进行检测诊断，对汽车维修企业维修后的车辆进行质量检测，以确保汽车的安全运行。根据《汽车运输业车辆技术管理规定》，汽车综合性能检测的主要内容包括：

①汽车的行驶安全性，制动、侧滑、转向、前照灯等。

②可靠性，异响、磨损、变形、裂纹等。

③动力性，最高车速、加速性能、底盘输出功率、发动机功率、转矩、燃油供给系统状况、点火系统状况等。

④经济性，燃油消耗。

⑤噪声及尾气排放状况。

(3）汽车维修检测。

汽车维修检测的目的是对汽车维修前进行技术状况检测和故障诊断，以确定维修项目，同时对汽车维修后的质量进行检测。

①汽车二级维护前的检测。

汽车基本性能：最高车速、加速性能、燃油消耗量、制动性能、测滑量、滑行能力等。

发动机技术状况：气缸压力、机油压力及状况、冷却水温度及状况、点火系统技术状况、发动机异响等。

底盘技术状况：离合器工作状况，变速器、主减速器、传动轴、车轮、悬架技术状况，车架有无变形或损伤、各部件连接状况等。

车辆外观状况：车辆装备是否齐全，车身有无损伤，车轴及车架有无变形、损伤，有无漏油、漏水、漏气、漏电等现象。

②维修质量检测。

外观检查：车容整齐、装备齐全、无泄漏现象。

动力性检测：发动机功率或气缸压力、汽车加速性能、滑行能力。

经济性检测：燃油消耗量。

安全性能：转向轮定位和测滑量、方向盘自由转动量、制动性能、前照灯、车速表误差、喇叭等。

尾气排放：汽油车怠速污染物排放、柴油车自由加速烟度排放。

异响：发动机和底盘各总成异响检测。

第二节　汽车检测站

学习目标：能够正确叙述汽车检测站的任务、类型和组成。

汽车检测站是综合运用现代检测技术，对汽车实施不解体检测、诊断的机构。它具有现代的检测设备和检测方法，能在室内检测出车辆的各种性能参数，并诊断出可能出现的故障，为全面、准确评价汽车的使用性能和技术状况提供可靠的依据。

一、汽车检测站的任务

汽车检测站的主要任务如下：

(1) 对在用运输车辆的技术状况进行检测诊断；

(2) 对汽车维修行业的维修车辆进行质量检测；

(3) 接受委托，对车辆进行改装、改造、报废或对有关新工艺、新技术、新产品、科研成果等项目进行检测，提供检测结果；

(4) 接受公安、环保、商检、计量和保险等部门或公司的委托，为其进行有关项目的检测，提供检测结果。

二、汽车检测站的类型

按不同的分类方法，检测站可以分为不同的类型。

1. 按服务功能分类

如果按服务功能分类，检测站可分为安全检测站、维修检测站和综合检测站三种。

安全检测站是按照国家规定的车检法规，定期检测车辆中与安全和环保有关的项目，以保证汽车安全行驶，并将污染降低到允许的限度。这种检测站对检测结果往往只显示

“合格”、“不合格”两种，而不作具体数据显示和故障分析，因而检测速度快，效率高。这种检测站一般由车辆管理机关直接建立，或由车辆管理机关认可的汽车运输企业、汽车维修企业等企业单位或事业单位建立，也可多方联合建立。

维修检测站主要是从车辆使用和维修的角度，担负车辆维修前、后的技术状况检测。它能检测车辆的主要使用性能，并能进行故障分析与诊断，它一般由汽车运输企业或汽车维修企业建立。

综合检测站既能担负车辆管理部门的安全环保检测，又能担负车辆使用、维修企业的技术状况诊断，还能承接科研或教学方面的性能试验和参数测试。这种检测站检测设备多，自动化程度高，数据处理迅速准确。因其功能齐全，检测项目广且深度大，可以合理制定诊断参数标准、诊断周期以及为科研、教学、设计、制造和维修等部门或单位提供可靠依据，并能担负对检测设备的精度测试。

2. 按规模大小分类

如果按规模大小分类，检测站可分为大、中、小三种类型。其中大型检测站检测线多，自动化程度高，年检能力大，且能检测多种车型。大型综合检测站可成为一定地区范围内的检测中心。

中型检测站至少有两条检测线，目前国内地级市及以上的城市建成或正在筹建的检测站多为这种类型。

小型检测站主要指那些服务对象单一的检测站。

3. 按自动化程度分类

如果按检测线的自动化程度分类，检测站可分为手动式、半自动式和全自动式三种类型。

手动检测站的各检测设备，由人工手动控制检测过程，从各单机配备的指示装置上读数，笔录检测结果或由单机配备的打印机打印检测结果，因而占用人员多、检测效率低、读数误差大，多适用于维修检测站。

全自动检测站利用电脑控制系统将检测线上各检测设备连接起来，除车辆上部和下部的外观检查工位仍需人工检查外，能自动控制其他所有工位上的检测过程，使设备的启动与运转，数据采集、分析、存储、显示和集中打印报表等全过程实现自动化。检测长可坐在主控制室内通过闭路电视观察各工位的检测情况，并通过检测程序向各工位受检车辆的驾驶员和检测员发出各种操作指令。每一项检测结果均能在主控制室内的电脑显示器和各工位上的检验程序指示器上同时显示。因而检测长、各工位检测员和驾驶员均能随时了解每一项检测结果。

由于全自动检测站自动化程度高，检测效率高，能避免人为的判断错误，因而获得广泛应用，目前国内外的安全检测站多为这种形式。

半自动检测站的自动化程度或范围介于手动和全自动检测站之间，一般是在原手动检测站的基础上将部分检测设备（如侧滑试验台、制动试验台、车速表试验台等）与电脑联网以实现自动控制，而另一部分检测设备（如烟度计、废气分析仪、前照灯检测仪、声级计等）仍然手动操作。当电脑联网的检测设备因故不能进行自动控制时，各检测设备仍可手动使用。

4. 按站内检测线数分类

如果按站内检测线数分类，可分为单线检测站、双线检测站、三线检测站等多种类型。总之，站内有几条检测线，就可以称为几线检测站。

三、汽车检测站的组成和工位布置

1. 检测站组成

检测站主要由一条至数条检测线组成。独立而完整的检测站，除检测线外，还包括停车场、清洗站、泵气站、维修车间、办公区和生活区等。

（1）安全检测站。

一般由一条至数条安全环保检测线组成。如有两条安全环保检测线，其中一条为大、小型汽车通用自动检测线，另一条为小型汽车（轴质量在 500kg 或以下）的专用自动检测线。除此以外，还配备一条新车检测线，以对新车登录、检测之用。

（2）维修检测站。

一般由一条至数条综合检测线组成。

（3）综合检测站。

一般由安全环保检测线和综合检测线组成，可以各为一条，也可以各为数条。国内交通系统建成的检测站大多属于综合检测站，一般由一条安全环保检测线和一条综合检测线组成，如图 1—1 所示。

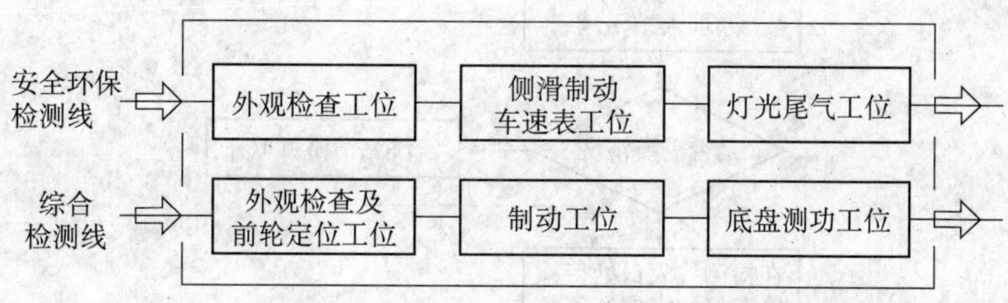

图 1—1　双线综合检测站平面布置示意图

2. 检测线的组成和工位布置

检测线由多个检测工位组成，布置为直线通道式，检测工位按一定顺序分布在通道上。

（1）安全环保检测线。

手动和半自动的安全环保检测线，一般由外观检查（人工检查）工位、侧滑制动车速表工位和灯光尾气（废气）工位组成，其中，外观检查工位带有地沟。全自动安全环保检测线既可以由上述的三个工位组成，也可以由四工位或五工位组成。五工位一般是汽车资料输入及安全装置检查工位、侧滑制动车速表工位、灯光尾气工位、车底检查工位、综合判定及主控制室工位，如图 1—2 所示。

（2）综合检测线。

综合检测线有两种类型：一种是全能综合检测线，另一种是一般综合检测线，全能综合检测线设有包括安全环保检测线主要检测设备在内的比较齐全的工位，而一般综合检测线设置的工位不包括安全环保检测线主要检测设备。

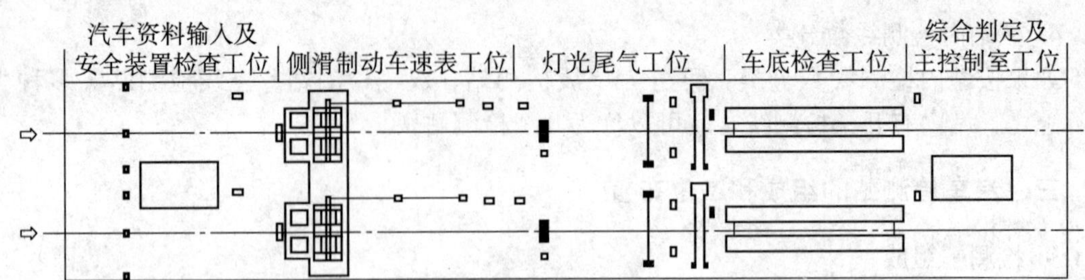

图 1—2　五工位全自动安全环保检测线平面图

图 1—1 所示即为全能综合检测线。它由外观检查及前轮定位工位、制动工位和底盘测功三个工位组成，能对车辆技术状况进行全面检测，必要时也能对车辆进行安全环保检测。

一般综合检测线主要由底盘测功工位组成，能负担除安全环保以外的检测项目，必要时车辆须开到安全环保检测线上才能完成有关项目的检测。

综合检测线一般采用直线通道式布置，或各工位横向布置成尽头式、穿过式或其他形式。

四、汽车检测站工艺路线

对于一个独立而完整的检测站，汽车检测的工艺路线流程如图 1—3 所示。

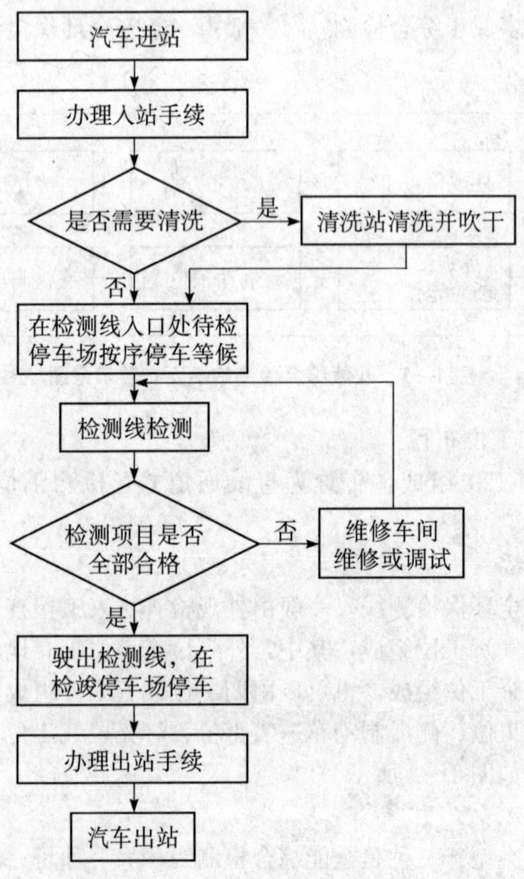

图 1—3　检测站工艺路线流程

学习测试

学习测试 1：汽车使用性能是什么？有哪些内容？

学习测试 2：什么是汽车的年检？年检的目的是什么？

学习测试 3：汽车检测站的工艺路线流程如何？

学习测试 4：选择

1. 汽车检测的类型有（　　）。

A. 汽车安全检测　　B. 汽车综合性能检测　　C. 汽车维修检测

2. 检测站按服务功能分可以分为（　　）。

A. 安全检测站　　B. 维修检测站　　C. 综合检测站

3. 汽车检测站的主要任务（　　）。

A. 对在用运输车辆的技术状况进行检测诊断

B. 对汽车维修行业的维修车辆进行质量检测

C. 接受委托，对车辆改装、改造、报废及其有关新工艺、新技术、新产品、科研成果等项目进行检测，提供检测结果

D. 接受公安、环保、商检、计量和保险等部门的委托，为其进行有关项目的检测，提供检测结果

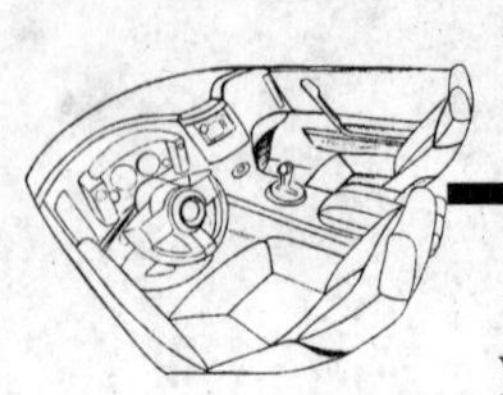

第二章

汽车的动力性

引言

汽车的动力性指汽车在良好路面上直线行驶时由汽车受到的纵向外力决定的、所能达到的平均行驶速度。动力性是汽车各种性能中最基本、最重要的性能。随着我国高等级公路里程的增长、公路路况与汽车性能的改善，汽车的行驶车速越来越高。汽车行驶的平均技术速度越高，汽车的运输生产率就越高。但在用汽车随使用时间的延长，其动力性会逐渐下降，如果不能达到高速行驶的要求，不仅降低了汽车应有的运输效率及公路应有的通行能力，而且会成为交通事故、交通堵塞等潜在问题。因此，对在用汽车动力性能的检测越来越受到重视。

第一节 汽车动力性的评价指标

学习目标：掌握汽车动力性的评价指标并能够正确叙述各评价指标的含义。

汽车的平均行驶速度是汽车动力性的总指标。从尽可能获得高的平均行驶速度的观点出发，汽车的动力性主要可由最高车速、加速性能和爬坡能力三个方面来评定。

一、汽车的最高车速

最高车速是指汽车以额定最大总质量，在风速不大于 3m/s 的条件下，在干燥、清洁、平直良好的路面（混凝土或沥青）上所能达到的最高稳定行驶速度 v_{amax}。

二、汽车的加速性能

汽车的加速性能是指汽车在各种使用条件下迅速增加行驶速度的能力。它对于市区行驶车辆的平均行驶速度有很大影响，特别是轿车对加速能力尤其重视。加速性能在理论上用加速度来评定，而在实际试验中通常用汽车加速时间 t 来评价。

三、汽车的爬坡能力

汽车的爬坡能力是用汽车在良好路面上的最大爬坡度 i_{max} 表示的。最大爬坡度 i_{max} 是指汽车满载（或某一载质量）时用最低挡在风速不大于 3m/s 的条件下，在干燥、清洁良好路面（混凝土或沥青）上等速行驶所能克服的最大道路纵向坡度。货车在各种道路上行驶，必须具有足够的爬坡能力，一般 i_{max} 为 30%即 16.7°左右。最大爬坡度 i_{max} 代表了汽车的极限爬坡能力，它应比实际行驶中遇到的道路最大坡度超出许多，这是因为应考虑到在实际坡度行驶时，在坡道上停车后顺利起步加速、克服松软坡道路面的大阻力、克服坡道上崎岖不平路面的局部大阻力等要求的缘故。

越野汽车要在无路或坏路条件下行驶，因而爬坡能力是一个很重要的指标，它的最大爬坡度可达 60%即 31°左右。

知识与能力拓展

1. 汽车的最高车速 v_{amax}

进行动力性评价指标试验时，各国规定的载质量是不一样的，我国为满载，德国为半载。美国环境保护局（EPA）规定，有关排放等试验中轿车的载质量为 2 名 68kg 的成员。其他国家也有自己的评价标准，一般在载质量为 100～180kg 之间来测定最高车速。

2. 汽车加速时间

加速时间 t 是指汽车以额定最大总质量，在风速不大于 3m/s 的条件下，在干燥、清洁、平直良好路面（混凝土或沥青）上由某一低速加速到某一高速所需的时间。常用原地起步加速时间和超车加速时间来表明汽车的加速能力。

原地起步加速时间指汽车由Ⅰ挡或Ⅱ挡起步，并以最大的加速强度（包括选择恰当的换挡时间）逐步换至最高挡后到某一预定的距离或车速所需的时间。一般常用 0→402.5m（0→1/4mile）或 0→400m 的时间（以秒计）来表示；也有用 0→96.6km/h（0→60mile/h）或 0→100km/h 的时间（以秒计）来表示。

超车加速时间指用最高挡或次高挡由某一较低车速全力加速到某一高速所需的时间。因为，超车时汽车与被超车辆并行，容易发生安全事故，所以超车加速能力强，并行距离短，行驶就安全。

3. 汽车的爬坡能力

汽车在一定坡道上必须达到的车速也可以用来表示汽车的爬坡能力。美国环境保护局（EPA）规定，在规定的载质量下，以 104km/h（65mile/h）的车速通过 6%的坡道，在满载时的车速则不能低于 80km/h（50mile/h）。

第二节　汽车的驱动力与行驶阻力

学习目标：能够正确叙述汽车行驶阻力的组成及影响因素。

确定汽车的动力性，就是确定汽车沿行驶方向的运动情况。为此，需要掌握沿汽车行驶方向作用于汽车的各种外力，即驱动力与行驶阻力。根据这些力的平衡关系建立汽车行驶方程式，就可以估算汽车的最高车速、加速度和最大爬坡度。

汽车的行驶方程式为：

$$F_t = \sum F \tag{2—1}$$

式中：F_t ——驱动力，N；

$\sum F$ ——行驶阻力之和，N。

驱动力是由发动机的转矩经传动系传至驱动轮上得到的。行驶阻力有滚动阻力、空气阻力、加速阻力和坡度阻力。下面分别研究驱动力和这些行驶阻力，并最后把 $F_t = \sum F$ 这一行驶方程式加以具体化，以便研究汽车的动力性。

一、汽车的驱动力

汽车发动机产生的有效转矩 M_e 经汽车传动系传到驱动轮上，此时作用在驱动轮上的转矩 M_t 便产生一个对地面向后的圆周力 F_O。根据作用力与反作用力原理，地面对驱动轮产生一个向前的反作用力 F_t，F_t 即为驱动汽车的外力，称为汽车的驱动力。见图 2—1，其大小为：

$$F_t = \frac{M_t}{r} \tag{2—2}$$

式中：M_t ——作用于驱动轮上的转矩，N·m；

r ——车轮半径，m。

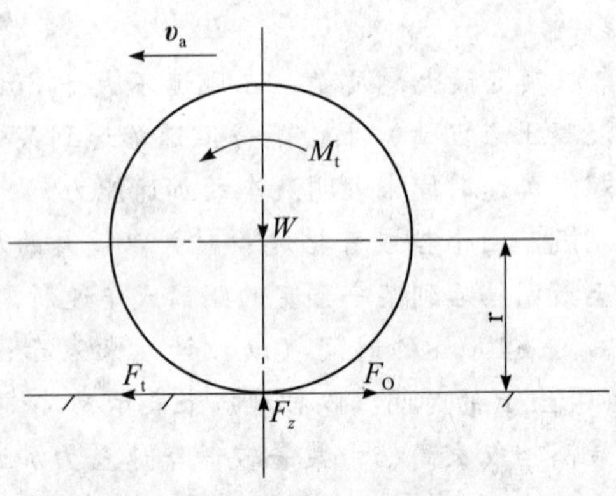

图 2—1　汽车的驱动力

若发动机输出的有效转矩为 M_e，变速器的传动比为 i_k，主减速器的传动比为 i_O，传动系的效率为 η_T，则上式可表示为：

$$F_t = \frac{M_e i_k i_O \eta_T}{r}$$

对于装有分动器、轮边减速器和液力传动等装置的汽车，应计入相应的传动比和机械效率。

由上式可知，汽车的驱动力 F_t 与发动机的有效转矩、传动系的各传动比及传动系的机械效率成正比，与车轮半径成反比。

1. 发动机有效转矩

发动机的有效转矩可根据其使用外特性确定。使用外特性曲线是带上全部附件时发动机在台架试验中获得的。

台架试验是在发动机工况相对稳定，即保持水、机油温度为规定的数值，并且在各个转速不变的情况下测得的转矩、油耗数值的试验。在实际使用中，发动机的工况常是不稳定的，发动机的热状况、可燃混合气的浓度与台架试验有显著差异。所以，在不稳定工况下，发动机所提供的有效功率要比稳定工况时低5%～8%。由于发动机工况变化时有效功率不易测量，所以在进行动力性估算时，一般沿用台架试验稳定工况时所测得的使用外特性中的有效功率和有效转矩曲线。

2. 传动系的机械效率

发动机的有效功率为 P_e，经传动系在传动过程中损失功率为 P_T，则驱动轮得到的功率仅为（$P_e - P_T$），那么传动系机械效率定义为：

$$\eta_T = \frac{P_e - P_T}{P_e} = 1 - \frac{P_T}{P_e} \tag{2—3}$$

传动系内损失的功率 P_T 是在离合器、变速器、传动轴、主减速器、驱动轮轴承等处的机械损失和液力损失功率的总和，其中变速器和主减速器损失的功率所占比例最大。

机械损失是指齿轮传动副、轴承、油封等处的摩擦损失，其大小主要决定于啮合齿轮的对数、传递转矩的大小及装配加工的精度等。

液力损失是指消耗于润滑油的搅动、润滑油与旋转零件表面的摩擦等的功率损失。其大小主要决定于转速、润滑油粘度、工作温度和油面的高度等。

虽然 η_T 受到多种因素影响，但在计算动力性时，只把它取为常数。一般轿车取0.9～0.92，单级主传动载货车取0.85，驱动形式为4×4的汽车取0.85，驱动形式为6×6的汽车取0.8。

3. 车轮半径

充气轮胎的车轮，在不同状况下有不同的半径。处于无负荷状态下的车轮半径称为自由半径；在车辆自重作用下，轮心到地面的距离称为静力半径 r_s；在满载行驶状态，根据车轮滚过的圈数 n_w 和汽车驶过的距离 S（m）计算出来的半径称为滚动半径 r_r，即

$$r_r = \frac{S}{2\pi n_w}$$

显然，对汽车作运动学分析时，应采用滚动半径 r_r；而作动力学分析应用静力半径 r_s。作粗略分析时，通常不计其差别，统称车轮半径 r，即认为：

$$r_r \approx r_s \approx r$$

4. 汽车的驱动力图

一般用根据发动机外特性确定的驱动动力与车速之间的函数关系曲线 $F_t - v_a$ 来全面表示汽车的驱动力，称为汽车的驱动力图。设计中的汽车有了发动机的外特性曲线、传动系的传动比、传动效率、车轮半径等参数后，即可用驱动力公式 $F_t = \frac{M_e i_k i_O \eta_T}{r}$ 求出各个挡位的 F_t 值，再根据发动机转速与汽车行驶速度之间的关系求出 v_a 即可求得各个挡位的 $F_t - v_a$ 曲线，称为汽车的驱动力图。它直观地显示了驱动力随车速变化的规律。对应于不同的挡位，有不同的驱动力图。

在发动机使用外特性曲线，传动系传动比、传动效率、车轮半径等参数已知或确定后，就可作出汽车的驱动力图，如图2—2所示。

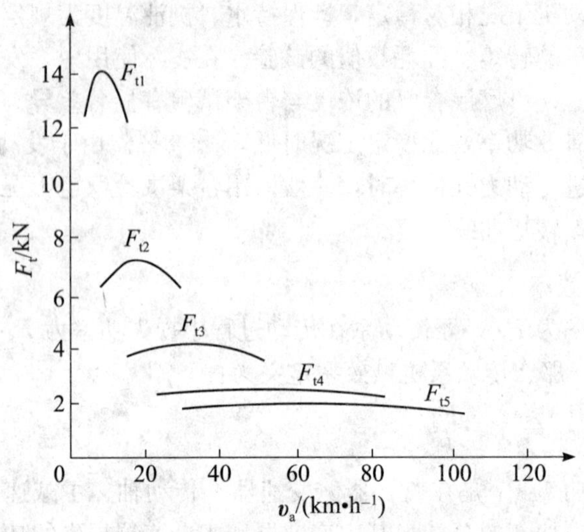

图 2—2　某汽车的驱动力图

步骤如下：

(1) 建立直角坐标，横坐标为车速 v_a，纵坐标为驱动力 F_t。

(2) 在使用外特性曲线上每隔 200～400r/min 取下点（M_e、n），并计算在某一挡位下，发动机处于各状态时的驱动力和车速。

$$v_a \approx 0.377 \frac{rn}{i_k i_O}$$

(3) 在 $F_t - v_a$ 坐标上做出相应的点，将所得的点连成圆滑的曲线，就得到了该挡位下的驱动力曲线。对应不同的挡位，有不同的驱动力曲线。

所作的驱动力图是根据发动机使用外特性曲线制成的，它表示该挡位在该速度下的最大的驱动力，当节气门开度减小时，相对应的驱动力也减小，故曲线下方的区域都可成为汽车的实际工作区。

二、汽车的行驶阻力

汽车在水平道路上等速行驶时必须克服来自地面的滚动阻力 F_f 和来自空气的空气阻力 F_w；当汽车在坡道上上坡行驶时，还必须克服重力沿坡道方向的分力，称为上坡阻力 F_i；汽车加速行驶时还需要克服其惯性力称为加速阻力 F_j。因此汽车行驶的总阻力为：

$$\sum F = F_f + F_w + F_i + F_j$$

上述各阻力中，滚动阻力和空气阻力是在任何行驶条件下都存在的。上坡阻力和加速阻力仅在一定行驶条件下存在。在水平道路上等速行驶时就没有加速阻力和上坡阻力。

1. 滚动阻力

(1) 滚动阻力的产生。

汽车在松软路面上行驶时，滚动阻力主要是由路面变形引起的；汽车在硬路面上行驶时，滚动阻力主要是由轮胎变形引起的。

滚动阻力损失是当车轮在路面上滚动时，两者之间相互作用力以及相应的轮胎和支撑面变形所产生的能量损失的总和。它包括：道路塑性变形损失、轮胎弹性迟滞损失和其他损失，如轴承、油封损失、悬架零件间摩擦和减振器内损失等。

（2）滚动阻力的计算。

汽车滚动阻力一般以下式计算：

$$F_f = G \times f$$

式中：F_f ——滚动阻力，N；

G ——汽车总重，N；

f ——滚动阻力系数。

滚动阻力系数 f 表示了单位车重的滚动阻力。汽车在不同路面上的滚动阻力系数值是不一样的。

（3）影响滚动阻力系数的因素。

滚动阻力系数的数值由试验确定。其数值与轮胎的结构、材料、气压和道路的路面种类状况以及使用条件（如行驶速度与受力情况）等因素有关。

①轮胎的结构、帘线及橡胶品种对滚动阻力都有影响。在保证轮胎有足够的强度和寿命的前提下，减少帘布层数，可以使胎体减薄而减小滚动阻力系数。子午线轮胎因帘线层数少故其滚动阻力系数较一般轮胎的滚动阻力系数小，而且随车速的变化小。胎面花纹磨损的轮胎比新轮胎的滚动阻力系数小。

②轮胎气压对滚动阻力系数影响很大。气压降低时，在硬路面上轮胎变形大，因此滚动阻力系数增大；气压过高，在软路面上行驶时，路面产生很大塑性变形，将留下轮辙，同样使滚动阻力系数增大。

③不同的路面种类和状况，使滚动阻力系数在很大范围内变化。坚硬、平整而干燥的路面，滚动阻力系数最小。路面不平，滚动阻力系数将成倍增长。这是因为路面不平会引起轮胎和悬架机构的附加变形及减振器内产生的阻力要成倍地消耗能量。松软路面由于塑性变形很大，使滚动阻力系数增加很多。

车速在 50km/h 以下时，不同路面上的滚动阻力系数见表 2—1。

表 2—1　　不同路面上的滚动阻力系数

路面类型	滚动阻力系数	路面类型	滚动阻力系数
良好的沥青或混凝土路面	0.010～0.018	压紧土路（潮湿）	0.050～0.150
一般的沥青或混凝土路面	0.018～0.020	泥泞土路（雨季或解冻期）	0.100～0.250
碎石路面	0.020～0.025	干沙路面	0.100～0.300
良好的卵石路面	0.025～0.030	湿沙路面	0.060～0.150
坑洼的卵石路面	0.035～0.050	结冰路面	0.015～0.030
压紧土路（干燥）	0.025～0.035	压紧的雪道	0.030～0.050

④行车速度对滚动阻力系数影响很大。如图 2—3 所示，车速在 100km/h 以下时，滚动阻力系数变化不大，在 100km/h 以上时增长较快。车速达到某一高速时，如 150～200km/h，因轮胎将发生驻波现象，即轮胎周缘不再是圆形而呈明显的波浪状，滚动阻力系数会显著增加。而且轮胎的温度也很快增加，胎面与轮胎帘布层会产生脱落，出现爆胎现象，这对高速行驶车辆来说是很危险的。

在进行汽车动力性分析时，一般取良好硬路面滚动阻力系数值。对于轿车，当 $v_a <$ 50km/h 时，$f = 0.016\,5$；当 $v_a >$ 50km/h 时，f 值可按下式估算：

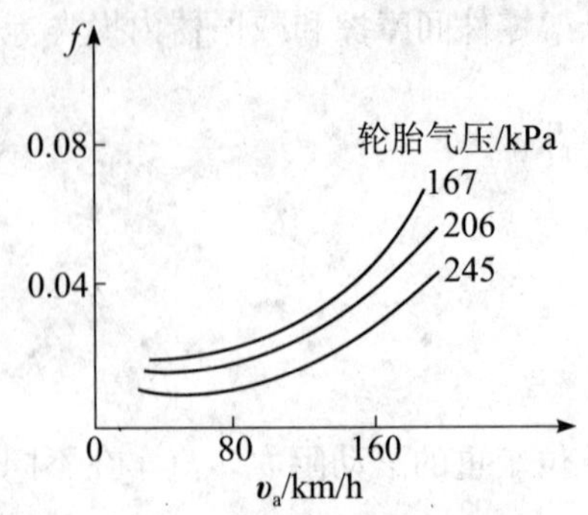

图 2—3　滚动阻力系数与行车速度的关系

$$f = 0.0165[1 + 0.01(v_a - 50)]$$

载货汽车轮胎气压高，行驶速度低，其估算公式为：

$$f = 0.0076 + 0.000056v_a$$

在使用中轮胎气压不足、前后轴的平行性差、前轮定位失准等都会使滚动阻力系数增加。当有侧向力作用时，地面对轮胎产生侧向反作用力，引起轮胎的侧向变形，滚动阻力系数将大幅度增加，例如在转弯行驶时。

应用表 2—1 时，对于轿车，因其轮胎气压较低，轮胎变形较大，滚动阻力系数值应偏向上限；对于载货汽车，因其轮胎气压较高，滚动阻力系数值应偏向下限。

2. 空气阻力

汽车在空气介质中行驶时，受到的空气作用力在行驶方向上的分力称为空气阻力。

(1) 空气阻力的组成。

空气阻力包括摩擦阻力和压力阻力两大部分。摩擦阻力是由于空气的粘性在车身表面产生的切向力的合力在行驶方向的分力。摩擦阻力与车身表面粗糙度及表面积有关。

压力阻力是作用在汽车外形表面上的法向压力的合力在行驶方向上的分力。它包括下列四部分：

①形状阻力：汽车行驶时，空气流经车身，在汽车前方空气相对被压缩，压力升高，车身尾部和圆角处空气压力较低，形成涡流，引起负压。由于汽车前后部压力差所引起的阻力称为形状阻力。形状阻力大小与车身主体形状有很大关系，例如车头、车尾的形状及挡风玻璃的倾角等。

②干扰阻力：凸出于车身表面的部分所引起的空气阻力，如门把手、后视镜、翼子板、悬架导向杆、驱动轴等。

③诱导阻力：汽车上下部压力差（即升力）在水平方向的分力。

④内循环阻力：发动机冷却系、车身内通风等需空气流经车体内部时形成的阻力。

以上五种阻力的合力在汽车行驶方向上的分力即为空气阻力。以轿车为例，这几部分阻力所占比例如表 2—2 所示。

表 2—2　空气阻力组成

组成	摩擦阻力	形状阻力	干扰阻力	诱导阻力	内循环阻力
比例	8%～10%	55%～60%	12%～18%	5%～8%	10%～15%

(2) 空气阻力的计算。

在汽车行驶速度范围内，无风的情况下空气阻力通常按下式计算：

$$F_{w}=\frac{C_{D}Av_{a}^{2}}{21.15}$$

式中：C_D ——空气阻力系数，主要取决于车身形状；

A ——汽车迎风面积，m^2；

v_a ——汽车与空气的相对速度，m/s。

由式中可知，空气阻力与空气阻力系数 C_D 及迎风面积 A 成正比。但迎风面积 A 值受乘坐和使用空间的限制不能过多地减少，所以降低空气阻力系数 C_D 是降低空气阻力主要手段。

(3) 空气阻力系数 C_D 。

空气阻力系数 C_D 值和汽车外形关系极大，这就要求汽车外形的流线型好。C_D 值可通过风洞试验测定。根据现代空气动力学的原理，轿车车身常采用下列方法降低 C_D 值，如图 2—4 所示。

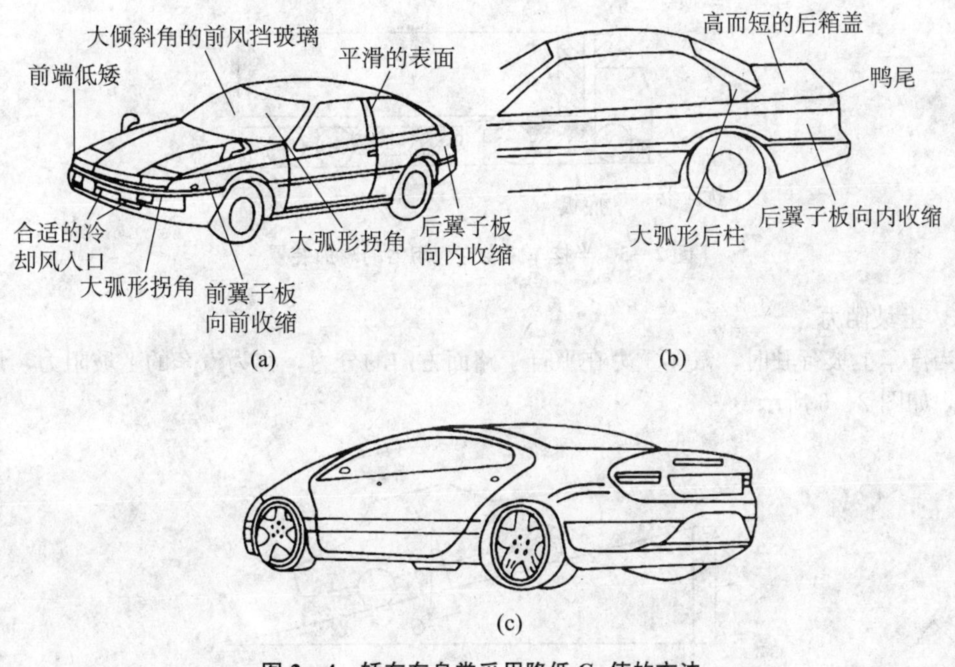

图 2—4 轿车车身常采用降低 C_D 值的方法

①整车。在汽车侧视图上，车身应前低后高，呈 1°～2°。这可减少流入汽车底部的空气量，使 C_D 值下降，并可减少升力。在俯视图上，车身两侧应为腰鼓形，前端呈半圆状，后端有些收缩。

②车身前部。发动机罩向前下方倾斜，面与面的交接处为大圆弧的圆柱面。挡风玻璃为圆弧状，尽可能“躺平”且与中部拱起的车顶盖圆滑过渡。前后支柱应圆滑，窗框高出玻璃面的程度应尽可能小。尽量用埋入式大灯、小灯和门把，灯的玻璃罩与车头、车尾组成圆滑的整体。后视镜等凸出物的形状应接近流线型。拱形保险杠与车头连成连续圆滑的整体。在保险杠之下安装合适的扰流板。

③汽车后部。在汽车侧视图上，后窗玻璃与水平线夹角小于 25°的为快背式车身；为 25°～50°的称为舱背式车身。在其后端装有扰流板，它具有阻滞作用，使流过车身上表面气流的速度降低，从而降低了垂直于后窗表面的负压力的绝对值，使空气阻力减小。

在外观上有行李箱的称为折背式车身，它的后窗玻璃与水平线尽可能呈 30°角，并采用短而高的行李箱，应有鸭尾式机构，参看图 2—4。

④车身底部。所有零部件在车身下应尽量齐平，最好有平滑的底板盖住底部。盖板从车身中部或从车轮以后上翘约为 6°角，这可顺利地引导车身下的气流流向尾部，减少在车尾后形成的涡流，使 C_D 值下降。

⑤发动机冷却进风系统。恰当地选择进出风口位置、尺寸和形状，很好地设计通风道，在保证冷却效果的前提下，尽量减少气流内循环阻力。

随着高速公路的发展，载货汽车的外形设计也采用了减少 C_D 值的方法。驾驶室顶盖、挡风玻璃及前脸在侧视图上具有大的圆弧，特别是整个驾驶室装有导流板装置，可大幅度减少 C_D 值。试验表明，半挂车采用图 2—5 所示的附加装置，可使 C_D 值减少 30％。

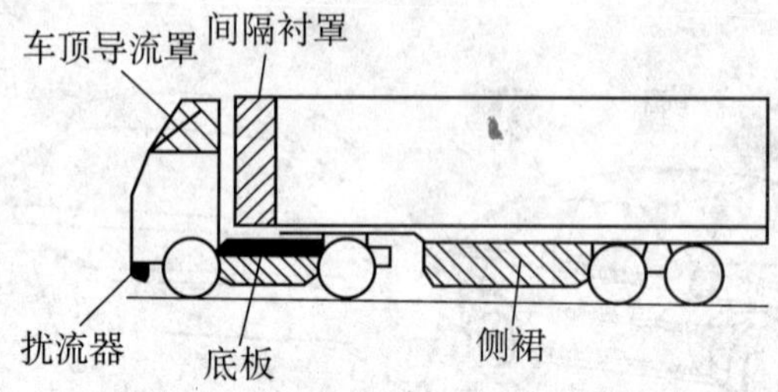

图 2—5　半挂车减少空气阻力的附加装置

3. 上坡阻力

当汽车上坡行驶时，汽车重力在平行于路面方向的分力，称为汽车的上坡阻力，用 F_i 表示，如图 2—6 所示。

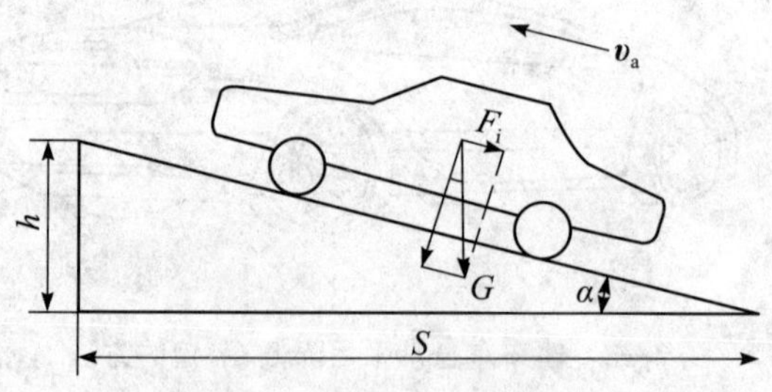

图 2—6　汽车的上坡阻力

F_i 与汽车重力及坡度角 α 的关系为：

$$F_i = G\sin\alpha$$

道路坡度常用坡高 h 与底长 s 之比的百分数来表示：

$$i = \frac{h}{s} \times 100\% = \tan\alpha$$

我国各级公路及高速公路允许的纵向坡度一般较小。

当 $\alpha < 10° \sim 15°$时，可认为 $\sin\alpha \approx \tan\alpha \approx i$，即 $F_i = G_i$ 。

由于上坡阻力与滚动阻力均属于与道路有关的阻力，而且均与车重成正比，故有时把这两种阻力合在一起称为道路阻力，用 F_ψ 表示，即

$$F_\psi = F_f + F_i$$

在坡道上

$$F_f = fG\cos\alpha$$

所以

$$F_\psi = G(f\cos\alpha + \sin\alpha)$$

令 $\psi = f\cos\alpha + \sin\alpha$

ψ 称为道路阻力系数，表示单位车重的道路阻力。当 α 较小时，$\psi = f + i$ 则：

$$F_\psi = G\psi$$

4. 加速阻力

汽车加速行驶时，需要克服其加速运动时的惯性力，就是加速阻力 F_j。为便于计算，通常把汽车的质量分为平移质量和旋转质量两部分。加速时不仅平移的质量产生惯性力，旋转的质量还要产生惯性力偶矩。为便于计算，一般把旋转质量的惯性力偶矩转化为平移质量的惯性力，并以系数 δ 作为计入旋转质量惯性力偶矩后的汽车质量换算系数，因而汽车加速阻力 F_j 可写成

$$F_j = \delta\frac{G}{g}\times\frac{dv}{dt}$$

式中：δ ——汽车旋转质量换算系数，($\delta>1$)；

G ——汽车重量，N；

g ——重力加速度，m/s^2；

$\frac{dv}{dt}$ ——行驶加速度，m/s^2。

δ 主要与飞轮的转动惯量、车轮的转动惯量以及传动系的传动比有关。

第三节 汽车动力性的分析

学习目标：

1. 知道汽车的行驶和附着条件，并能进行动力性计算。
2. 能够正确叙述汽车动力性与发动机、底盘传动系之间的关系。
3. 能够分析汽车在行驶过程中的受力情况。

一、汽车行驶方程及驱动条件

1. 汽车的行驶方程

汽车只有克服各种行驶阻力才能正常行驶。表示汽车驱动力与行驶阻力之间关系的等式，称为汽车的驱动力平衡方程，即汽车的行驶方程：

$$F_t = F_f + F_w + F_i + F_j$$

或者

$$\frac{M_e i_k i_O \eta_T}{r} = Gf\cos\alpha + \frac{C_D A v_\alpha^2}{21.15} + G\sin\alpha + \delta\frac{G}{g}\times\frac{dv}{dt}$$

上式说明了汽车行驶中驱动力与行驶阻力的平衡关系，当上式两边的力发生变化时，则汽车的运动状态不同。

若 $F_t > F_f + F_w + F_i$ 时，汽车将加速行驶。

若 $F_t = F_f + F_w + F_i$ 时，汽车将等速行驶。

若 $F_t < F_f + F_w + F_i$ 时，汽车将无法起步或减速行驶直至停车。

所以汽车行驶的第一个条件为

$$F_t \geqslant F_f + F_w + F_i$$

该式为汽车的驱动条件，它是汽车行驶的必要条件，但还不是汽车行驶的充分条件。

当发动机的转速特性、变速器的传动比、主减速比、传动效率、车轮半径、空气阻力系数、汽车迎风面积以及汽车质量等初步确定后，便可使用此式分析在附着性能良好的典型路面（混凝土、沥青路面）上汽车的行驶能力，即确定汽车在节气门全开时可能达到的最高车速、加速能力和爬坡能力。

为了清晰而形象地表明汽车行驶时的受力情况及其平衡关系，一般是将汽车行驶方程式用图解法来进行分析的。即在汽车驱动力图上把汽车行驶中经常遇到的滚动阻力和空气阻力曲线也画上，作出汽车驱动力—行驶阻力平衡图，并以它来确定汽车的动力性。

图 2—7 为一辆有四挡变速器汽车的驱动力—行驶阻力平衡图。图上既有各挡的驱动力，又有滚动阻力以及滚动阻力和空气阻力叠加后得到的行驶阻力曲线。

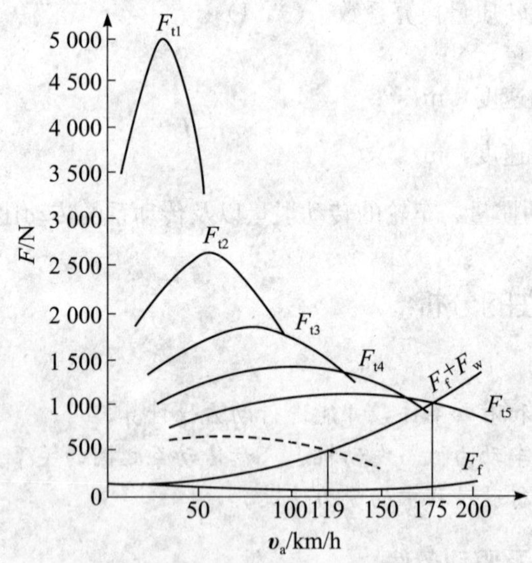

图 2—7　汽车的驱动力—行驶阻力平衡图

2. 汽车的驱动力—行驶阻力平衡图分析

从汽车的驱动力—行驶阻力平衡图上可以清楚地看出不同车速时驱动力和行驶阻力之间的关系。汽车以最高挡行驶时的最高车速，可以直接在图上找到。显然，F_{t5} 曲线与 $F_f + F_w$ 曲线的交点便是 v_{amax}。因为此时驱动力和行驶阻力相等，汽车处于稳定的平衡状态。图中最高车速为 175km/h。

从图中还可以看出，当车速低于最高车速时，驱动力大于行驶阻力。这样，汽车就可以利用剩余的驱动力加速或爬坡。当需要以 119km/h 等速行驶时，驾驶员可以关小节气门开度（图下部虚线），此时发动机只用部分负荷特性工作，相应得到虚线所示驱动力曲线以使汽车达到新的平衡。

汽车的加速能力可用它在水平良好路面上行驶时能产生的加速度来评价。加速度的大小与汽车行驶的挡位和速度有关。低挡时，加速度较大；同一挡位速度较低时，加速度较大。但由于加速度的数值不易测量，实际中常用加速时间来表明汽车的加速能力。例如用直接挡行驶时，由最低稳定速度加速到一定距离或 80% v_{amax} 所需的时间表明汽车的加速能力。

汽车的上坡能力用最大爬坡度表示。汽车最大爬坡度是指汽车满载、节气门全开、以最低挡在良好路面上行驶，所能克服的最大道路坡度 i_{1max}。

当汽车以全部剩余驱动力克服最大坡度时，加速度为 0，此时的驱动力平衡方程为：

$$F_i = F_t - (F_f + F_w)$$

其中，$F_i = G\sin\alpha$

$$F_f = Gf\cos\alpha$$

因为 F_f 的数值本身较小，而且当 α 较小时，$\cos\alpha \approx 1$，故可认为：

$$G\sin\alpha = F_t - (F_f + F_w)$$

其中，$F_t - (F_f + F_w)$ 的数值可由驱动力—行驶阻力平衡图上相应线段的长度按比例尺而得到。并按下式求出道路坡度角

$$\alpha = \arcsin\frac{F_t - (F_f + F_w)}{G}$$

再求坡度 $i = \tan\alpha$

一挡最大爬坡度由 $\alpha_{1max} = \arcsin\frac{F_{t1max} - Gf}{G}$ 换算为 i_{1max} 值。

应当指出，上述方法确定的汽车动力性指标，尚未考虑附着条件的限制。

二、汽车行驶的附着条件及附着力

1. 汽车行驶的附着条件

从以上分析可知，要提高汽车的动力性，可以采用增加发动机转矩、加大传动系传动比等措施以增大汽车的驱动力来实现。但是这些措施只有在驱动轮与路面不发生滑转现象时才有效。如果驱动轮在路面滑转，则增大驱动力只会使驱动轮加速旋转，地面切向反作用力并不会增加，汽车仍不能行驶。这种现象说明地面作用在驱动轮上的切向反作用力受地面接触强度的限制，并不能随意加大，即汽车行驶除受驱动条件制约外，还受轮胎与地面附着条件的限制。

地面对轮胎切向反作用力的极限值称为附着力，记作 F_φ。在硬路面上附着力取决于轮胎与路面间的相互摩擦，它与驱动轮法向作用力 F_z 成正比，常写成：

$$F_\varphi = F_z \times \varphi$$

其中 φ 称为附着系数，它是由轮胎和路面的结构特性决定的，表示轮胎与路面的接触强度。

在硬路面上，附着系数反映了轮胎与路面的摩擦作用。当轮胎与路面接触时，路面的坚硬微小凸起能嵌入变形的轮胎中，增加了轮胎与路面的接触强度，对轮胎滑转有一定的阻碍作用。

在松软路面上，附着系数 φ 值不仅取决于轮胎与土壤间的摩擦作用，同时还取决于土壤的抗剪切强度。因为只有当嵌入轮胎花纹沟槽的土壤被剪切脱开基层时，轮胎在接地面积内才产生相对滑动，车轮才发生相对滑转。

因此，地面切向反作用力不能大于附着力，否则会发生驱动轮滑转，汽车将不能行驶，即必须满足以下条件：

$$F_t \leqslant F_\varphi = F_z \times \varphi$$

即为汽车行驶的第二个条件——附着条件。综合汽车的驱动条件与附着条件则得：

$$F_f + F_w + F_i \leqslant F_t \leqslant F_z \times \varphi$$

这就是汽车行驶的必要与充分条件，称为汽车行驶的驱动—附着条件。

2. 汽车的附着力

汽车的附着力 F_φ 取决于附着系数以及地面作用于驱动轮的法向反作用力 F_z。

(1) 附着系数。

附着系数主要取决于路面的种类与状况、轮胎的结构和气压以及其他一些使用因素。

①路面种类与状况。

坚硬路面的附着系数较大，路面的坚硬微小凸起部分嵌入轮胎的接触面，使接触强度增大。因长期使用已经磨损和风化的路面附着系数会降低。气温升高时，路面硬度下降，附着系数也会下降；路面被细沙、尘土、油污等覆盖时，都会使附着系数下降。

松软土壤的抗剪切强度较低，其附着系数较小。潮湿、泥泞的土路，土壤表层因吸水量多抗剪切强度更差，附着系数下降很多，是汽车越野行驶困难的原因之一。

路面的结构对排水能力也有很大影响。路面的宏观结构应具有一定的不平度而且有自动排水的能力；路面的微观结构应是粗糙而且有一定的尖锐棱角，以穿透水膜直接与胎面接触。

②轮胎的结构与气压。

轮胎花纹对附着系数的影响也较大。具有细而浅花纹的轮胎在硬路面上有较好的附着能力；具有宽而深花纹的轮胎，在软路面上，使附着能力有所提高。增加胎面的纵向花纹，在干燥的硬路面上，由于接触面积减小，附着系数会有所下降；但在潮湿的路面上有利于挤出接触面中的水分，可以改善附着能力。

为了提高轮胎的“抓地”能力，现在的轮胎胎面上常有纵向的曲折大沟槽，胎面边缘上有横向沟槽，使轮胎在纵向、横向均有较好的“抓地”能力，同时又提高了在潮湿地面上的排水能力。宽断面和子午线轮胎由于与地面的接触面积增大，附着系数较高。轮胎的磨损会使胎面花纹深度减小，附着系数将显著下降。

降低轮胎气压，可使硬路面上附着系数略有增加，所以采用低压胎可获得较好的附着性能。在松软的路面上，降低轮胎气压，则轮胎与土壤的接触面积增加，胎面凸起部分嵌入土壤的数目也增多，因而附着系数显著提高。如果同时增加车轮轮辋的宽度，则效果更好。对于潮湿的路面，适当提高轮胎气压，使轮胎与路面的接触面积减小，有助于挤出接触面间的水分，使轮胎得以与路面较坚实的部分接触，因而可提高附着系数。

③汽车行驶速度。

汽车行驶速度提高时，多数情况下附着系数是降低的。在硬路面上提高行驶速度时，由于路面微观凹凸构造来不及与胎面完善地嵌合，所以附着系数有所降低。在潮湿的路面上车速提高时，由于接触面间的水分来不及排出，所以附着系数显著降低。在软土壤上，由于高速车轮的动力作用容易破坏土壤的结构，所以提高行驶速度对附着系数产生极不利的影响。只有在结冰的路面上，车速高时，与轮胎接触的冰层受压时间短，因而在接触面间不容易形成水膜，故附着系数略有提高。但要特别注意，在冰路上提高行驶速度会使行驶稳定性变坏。

④车轮相对于地面的滑转率。

车轮相对于地面的滑转率即：

$$S=\frac{r\omega-v_a}{r\omega}$$

式中：r ——车轮半径；

ω ——车轮角速度；

v_a ——车速。

驱动轮纵向附着系数及侧向附着系数与其滑转率的关系，如图 2—8 所示。当驱动轮滑转率 S_x 从 0 开始增加时，纵向附着系数 φ_x 也随之增加，当 S_x 达到 S_t（一般为 0.08～0.30）时，纵向附着系数达到最大值 $\varphi_{x\max}$，此后如果 S_x 继续增加，纵向附着系数 φ_x 反而随之下降，当 S_x 达到 1 时，即车轮发生纯滑转时，其纵向附着系数要远远小于 $\varphi_{x\max}$，所以从动力性上考虑，驱动轮的滑转率最好处于 S_t 的一个小邻域内，但同时考虑到车辆侧向附着系数随纵向滑转率的增大而急剧减小，所以从侧向附着系数上考虑，并注意到车辆的方向稳定性，一般认为驱动轮的最佳滑转率在小于 S_t 的范围内，可取在 0.08～0.15 之间。

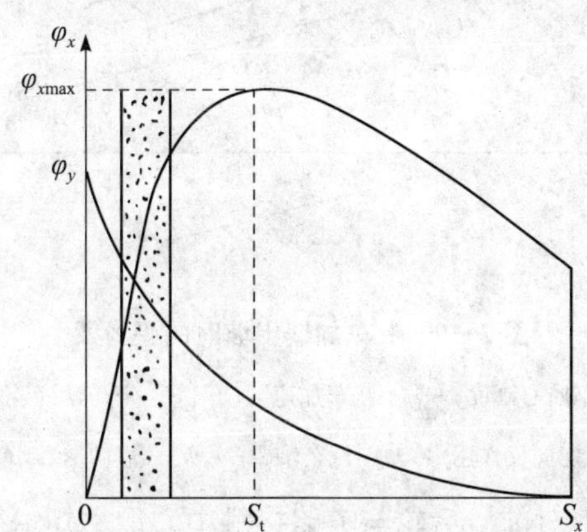

图 2—8　纵向附着系数及侧向附着系数与滑转率的关系

⑤汽车驱动防滑控制。

汽车驱动防滑控制系统 Anti-Slip Regulation（ASR）或称汽车牵引力控制系统 Traction Control System（TCS）就是通过控制车轮的滑转率从而提高汽车的驱动力和车辆的方向稳定性。

汽车驱动防滑控制的主要控制方式有：

发动机输出转矩调节。通过减小点火提前角，减少供油或暂停供油，从而使发动机输出转矩减少，S_t 降低。

驱动轮制动力矩调节。在车轮发生打滑时，驱动轮上施加制动力矩，使车轮转速降至最佳的滑转率范围内。

差速器锁止控制。当路面两侧附着系数 φ 差别较大时，附着系数低的一侧驱动轮发生滑转时，电子控制装置驱动锁止阀，一定程度地锁止差速器，使附着系数高的一侧驱动轮的附着系数得以充分发挥，车速和行驶稳定性获得提高。

离合器或变速器控制。离合器控制是指当发现汽车驱动轮发生过度滑转时，减弱离合器的接合程度，使离合器主、从动盘出现部分相对滑转，从而减小传输到半轴的发动机输出转矩；变速器控制是指通过改变传动比来改变传递到驱动轮的驱动转矩，以减小驱动轮滑转程度。

综上所述，附着系数受一系列因素的影响。在一般动力性计算中只用附着系数的平均值。在良好的混凝土或沥青路面上，路面干燥时附着系数 φ 值为 0.7～0.8；路面潮湿时 φ 值为 0.5～0.6；干燥的碎石路 φ 值为 0.6～0.7；干燥土路 φ 值为 0.5～0.6；潮湿土路 φ 值为 0.2～0.4。

（2）车轮的地面法向反作用力。

附着力与地面对车轮的法向反作用力成正比。而驱动轮的地面反作用力与汽车的总体布置、行驶状况及道路坡度有关。图 2—9 为汽车加速上坡时的受力图。

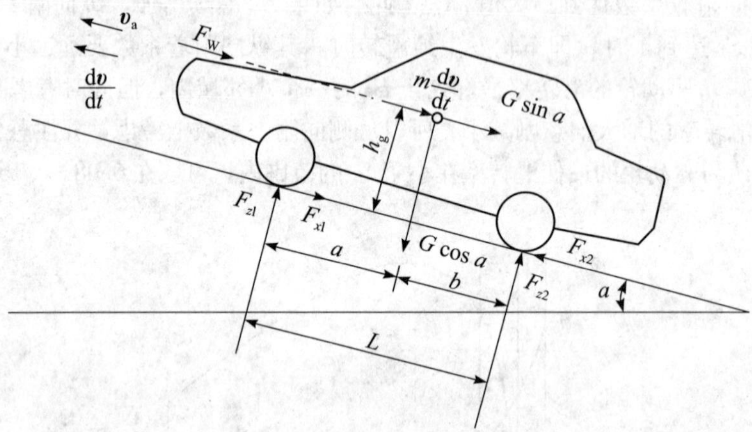

图 2—9　汽车加速上坡时的受力图

G—汽车重力；h_g—汽车质心高度；$\frac{dv}{dt}$—汽车加速度；F_{z1}、F_{z2}—前后车轮的地面法向反作用力；

F_{z1}、F_{z2}—前后车轮的地面切向反作用力；L—汽车轴距；a、b—汽车质心到前后轴的距离；α—坡度角

若将作用在汽车上各力对前、后轮与道路接触中心取力矩（将质心与空气阻力中心近似看作重合，cosα≈1），则得：

$$F_{z1}=\frac{Gb-(F_i+F_j+F_w)h_g}{L}$$

$$F_{z2}=\frac{Ga+(F_i+F_j+F_w)h_g}{L}$$

式中 $\frac{Gb}{L}$、$\frac{Ga}{L}$ 为汽车在水平路面上静止时前、后轴上的静载荷，$\frac{(F_i+F_j+F_w)h_g}{L}$ 为行驶中产生的动载荷。当汽车上坡或加速时，前轮载荷减小，而后轮载荷增加；汽车下坡或减速时，载荷变化与此相反。

由此可见，在一定附着系数的路面上，不同驱动方式的汽车具有不同的汽车附着力。后轮驱动的汽车在上坡和加速时，其驱动轮的法向反作用力大，驱动轮的附着力大，能得到的驱动力大，其加速能力和上坡能力好。

只有四轮驱动汽车才有可能充分利用整部汽车的重力来产生汽车附着力。当四轮驱动汽车前、后驱动轮的附着力分配刚好等于其前、后车轮法向反作用力的分配时，得到的附着力最大。

三、汽车的功率平衡

1. 功率平衡方程式

汽车在行驶中，不仅驱动力与行驶阻力互相平衡，在每一瞬时，发动机发出的有效功率 P_e 始终等于机械传动损失功率与全部运动阻力所消耗的功率，这就是汽车的功率平衡。其功率平衡方程式为：

$$P_e=\frac{1}{\eta_T}(P_f+P_w+P_i+P_j)$$

式中：滚动阻力消耗功率 $p_f=\frac{Gfv_a\cos\alpha}{3\ 600}$，kW；

上坡阻力消耗功率 $p_i=\frac{Gv_a\sin\alpha}{3\ 600}$，kW；

空气阻力消耗功率 $p_w=\frac{C_DAv_a^3}{3\ 600}$，kW；

加速阻力消耗功率 $p_j=\frac{\delta Gv_a}{3\ 600g}\times\frac{dv_a}{dt}$，kW；

v_a 是汽车的行驶速度，km/h。

2. 功率平衡图

与驱动力—行驶阻力平衡图类似，功率平衡方程式也可以用图像来表示，称为功率平衡图。图 2—10 为一辆三挡汽车的功率平衡图。

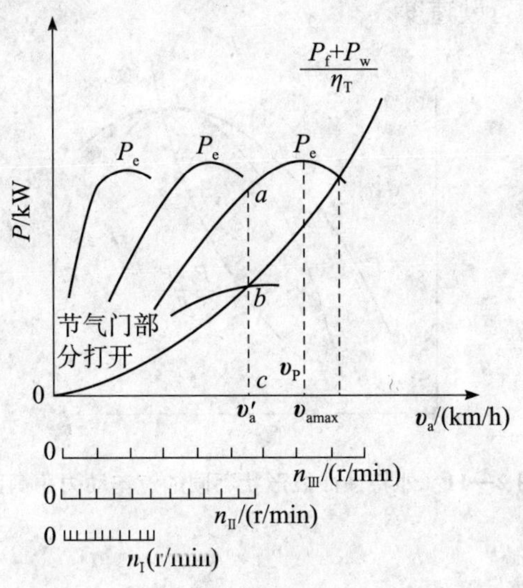

图 2—10　汽车的功率平衡图

图中，最高挡时发动机功率 $\frac{1}{\eta_T}(p_f+p_w)$ 曲线与阻力功率曲线相交点的车速，便是在良好水平路面上行驶汽车的最高车速 v_{amax}。

当汽车在良好水平路面上以 v'_a 的速度等速行驶时，汽车的阻力功率为线段 bc，此时，驾驶员控制节气门在某一开度，发动机功率如图中虚线所示，以维持汽车等速行驶。

但是汽车在最高挡行驶速度为 v'_a 时，发动机能产生的最大功率为线段 ac，线段 ab 可用来加速或爬坡。我们称 $P_e-\frac{1}{\eta_T}(p_f+p_w)$ 为汽车的后备功率。

这就是说，在一般情况下维持汽车等速行驶所需发动机功率并不大，节气门开度较小。当需爬坡或加速时，驾驶员加大节气门开度，使汽车的全部或部分后备功率发挥作用。因此汽车后备功率越大，其加速能力、爬坡能力越强，汽车的动力性越好。

利用功率平衡定性地分析设计与使用中有关动力性问题比较清晰简便，同时也能很清楚地看出行驶时发动机的负荷率的变化，所以对汽车燃料经济性的分析也比较方便。

四、影响汽车动力性的结构因素

从对汽车行驶方程式的分析中知道，汽车的动力性与汽车结构参数和使用条件密切相关。对汽车动力性的影响主要有以下方面。

1. 发动机参数的影响

发动机功率愈大，汽车的动力性越好。设计中发动机最大功率的选择必须保证汽车预期的最高车速。最高车速愈高，要求的发动机功率愈大，其后备功率也大，加速爬坡能力必然较好。但发动机功率不宜过大，否则在常用条件下，发动机负荷过低，燃料消耗增加。

单位汽车质量所具有的发动机功率称为比功率或功率利用系数。

发动机外特性曲线形状对动力性也有较大的影响。图 2—11 为两台发动机的外特性曲线。但其最大功率与其相对应的转速相等。由图可见，外特性曲线 1 的后备功率较大，使汽车具有较大的加速能力和上坡能力，因而动力性能较好。同时，可以减少换挡次数，因而有利于提高汽车的平均行驶速度。

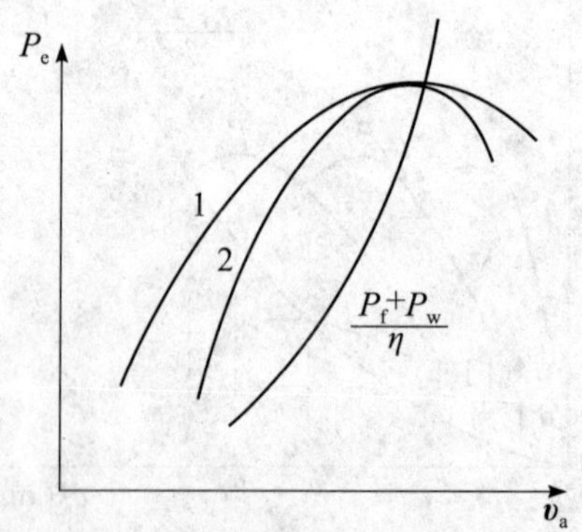

图 2—11　外特性曲线形状不同的汽车动力平衡图

2. 传动系参数的影响

（1）传动系机械效率。

传动系机械效率越高，传动损失越小，发动机有效功率更多地转变为驱动功率，汽车动力性好。目前可在润滑油中加入减磨添加剂和选用粘度适当且受温度影响小的润滑油，对提高传动效率有明显效果。

（2）主减速器传动比。

当变速器处于直接挡时，主减速器传动比将直接影响汽车的动力性。

图 2—12 表示其他条件相同而主减速器传动比不同的直接挡功率平衡图，只有当 $i_0 = i_0''$ 时，汽车的最高车速 v_{amax} 等于发动机最大功率相对应的车速，即 $v_{amax} = v_p$ 最高，此时得到 v_{amax} 的最大。其他条件不变，使主减速器传动比 i_0 增大还是减小，都将使汽车的最高车速降低。

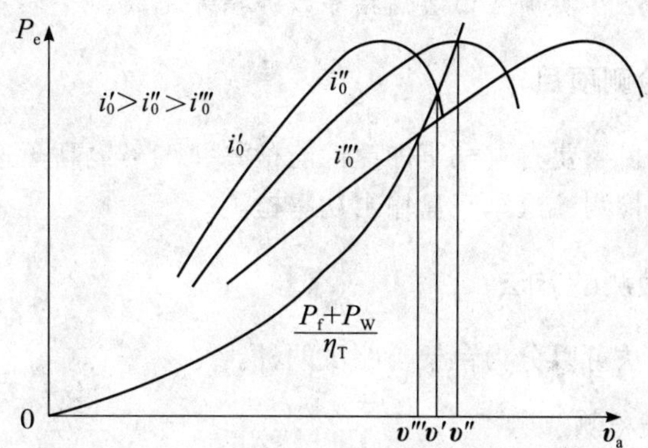

图 2—12 主减速器传动比不同时的功率平衡图

（3）变速器的挡数。

变速器挡数增加，发动机在接近最大功率工况下工作的机会增加，发动机的平均功率利用率高，可得到的后备功率大。例如，在两挡变速器的一挡与直接挡之间增加两个挡位时，见图 2—13，汽车的最高车速和最大爬坡度均不变。但在一定的速度范围，可利用的后备功率增大了（图中影线表示区域），有利于汽车的加速和爬坡。

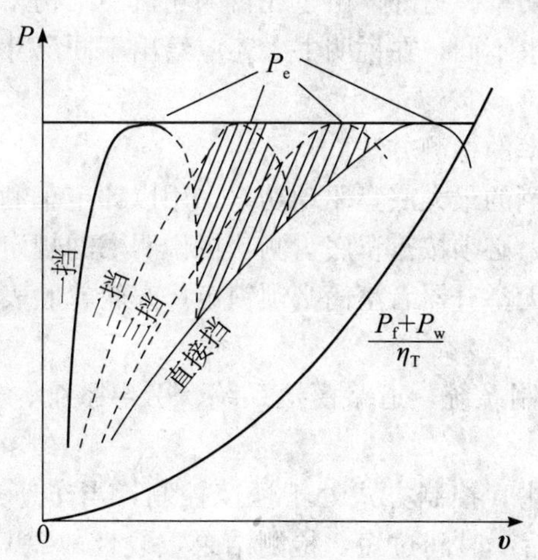

图 2—13 变速器的挡数对汽车动力性的影响

（4）变速器传动比。

变速器一挡传动比对汽车动力性影响最大。传动比越大，汽车的最大爬坡度越大。但必须满足附着条件，当一挡发出最大驱动力时，驱动轮不应产生滑转。

变速器各挡的传动比应按等比级数分配，这样，汽车在换挡加速过程中功率利用程度最高，加速时间最短。

另外，减小空气阻力系数，减轻汽车的质量，选用滚动阻力系数小的轮胎，将使汽车的行驶阻力减小，都可以使汽车的动力性得到改善。

第四节 汽车动力性的检测

学习目标：能够用汽车动力性的检测设备检测汽车的动力性。

学习方法：学生分组在实训室由实训指导教师指导完成。

一、汽车动力性检测项目

汽车动力性检测项目主要有：汽车加速性能检测、汽车最高车速检测、汽车滑行性能检测、发动机输出功率检测、汽车底盘输出功率检测。

二、汽车动力性检测的方法

汽车动力性检测方法可以分为台架与路试两种。

1. 汽车动力性台架检测

汽车动力性台架试验的方式，主要是用无负荷测功仪检测发动机功率，底盘测功机检测汽车的最大输出功率、最高车速和加速能力。室内台架试验不受气候、驾驶技术等客观条件的影响，只受测试仪本身测试精度的影响，测试条件易于控制，所以汽车检测站广泛采用汽车动力性室内台架试验方式。

为了取得精确的测量结果，底盘测功机的生产厂家，应在说明书中给出该型号底盘测功机在测试过程中本身随转速变化机械摩擦所消耗的功率，对风冷式测功机还需给出冷却风扇随转速变化所消耗的功率。另外，由于底盘测功机的结构不同，对应汽车在滚筒上模拟道路行驶时的滚动阻力也不同，在说明书中还应给出不同尺寸的车轮在不同转速下的滚动阻力系数值。

（1）汽车底盘输出功率的检测方法。

通过底盘测功检测车辆的最大底盘驱动功率，用以评定车辆的技术状况等级。

①在动力性检测之前，必须按汽车底盘测功机说明书的规定进行试验前的准备。台架举升器应处于升起状态，无举升器者滚筒必须锁定；车轮轮胎表面不得夹有小石子或坚硬之物。

②汽车底盘测功机控制系统、道路模拟系统、引导系统、安全保障系统等必须工作正常。

③在动力性检测过程中，控制方式处于恒速控制，当车速达到设定车速（误差应在±0.5km/h）并稳定30s后（时间过短，检测结果重复性较差），计算机方可读取车速与驱动力数值，并计算汽车底盘输出功率。

④输出检测结果。

（2）发动机功率的检测方法。

用发动机无负荷测功仪检测发动机功率，使用方便，检测快捷，在规范操作的前提下，可对发动机动力性检测与管理提供有效依据。还可以用于同一发动机调试前后、维修前后的功率对比，因此也得到广泛使用。

①启动发动机并预热至正常状态，与此同时接通无负荷测功仪电源，连接传感器。

②按仪器使用说明书进行操作。

③从测功仪上读取（或计算出）发动机的功率值。

（3）数据处理。

①目前底盘测功机显示的数值，有的是功率吸收装置的吸收功率的数值，有的则是驱动轮输出的最大底盘输出功率 P_{Dmax} 的数值。对于显示功率吸收装置所吸收功率 P_g 数值的，在检测结果的数据处理时，必须增加汽车在滚筒上滚动时滚动阻力所消耗的功率 P_f、台架机械阻力消耗的功率 P_t 及风冷式功率吸收装置的风扇所消耗的功率 P_s，其计算式应为：

$$P_{Dmax}=P_g+P_f+P_t+P_s$$

②检测发动机最大输出功率 P_{max} 的数据处理。根据 JT/T 198—2004《营运车辆技术等级划分和评定要求》的规定，所测发动机最大输出功率应与发动机的额定功率相比较。为此，发动机最大输出功率的计算式应为：

$$P_{max}=P_1+P_2+P_{Dmax}$$

所以，在测得底盘最大输出功率之后，应增加传动系消耗功率 P_2 及附件消耗功率 P_1，才可确定发动机最大输出功率 P_{max}。若该发动机额定功率为净功率，不包含发动机附件消耗功率 P_1，则处理后发动机最大输出功率 P_{max} 的数值为 $P_{max}=P_2+P_{Dmax}$。

用发动机无负荷测功仪测得的发动机功率 P 为净功率，若该汽车发动机的额定功率为总功率，而不是净功率，则所测得的功率 P 应加发动机附件消耗功率 P_1 后才可与额定功率相比较。

2. 汽车动力性道路检测

通过道路试验分析汽车动力性能，其结果接近于实际情况，汽车动力性道路试验的检测项目一般有高挡加速时间、起步加速时间、最高车速、陡坡爬坡车速、长坡爬坡车速，有时为了评价汽车的拖挂能力，进行汽车牵引力检测。另外，有时为了分析汽车动力的平衡问题，采用高速滑行试验测定滚动阻力系数 f 及空气阻力系数 C_D，但由于道路试验受到道路条件、风向、风速、驾驶技术等因素的影响，而且这些因素可控性差，同时还需要按规定条件选用或建造专门的道路等，因此，汽车维修、检测部门一般不采用道路试验进行动力性检测。

知识与能力拓展

1. 汽车底盘测功机的作用与类型

（1）汽车底盘测功机的作用。

底盘测功机是一种不解体检验汽车性能检测设备，它是通过在室内台架上模拟汽车道路行驶工况的方法来检测汽车的动力性，而且还可以测量多工况排放指标及油耗。底盘测功机通过滚筒模拟路面，通过功率吸收加载装置来模拟道路行驶阻力，通过飞轮的转动惯量来模拟汽车的转动惯量和直线运动质量的惯量，故能进行符合实际的复杂循环试验，因而得到广泛应用。近年来由于电子计算机的高速发展，为数据的采集、处理及试验数据的结果分析提供了有效的手段，同时为模拟道路状态准备了条件，加速了底盘测功机的发展，加之各类专用软件的开发和应用，使汽车底盘测功机得到了广泛的推广。

（2）汽车底盘测功机的类型。

底盘测功机分为单滚筒底盘测功机和双滚筒式底盘测功机。单滚筒底盘测功机，滚筒直径大，制造和安装费用大，但其测试精度高，一般用于制造厂和科研单位；双滚筒式底盘测功机的滚筒直径小，设备成本低，使用方便，但测试精度稍差，一般用于汽车使用、维修行业及汽车检测站、检测线。

2. 汽车底盘测功机的基本结构

汽车底盘测功机一般由滚筒装置、测功装置、飞轮机构、测速装置、控制与指示装置等构成。其机械部分的结构如图 2—14 所示。

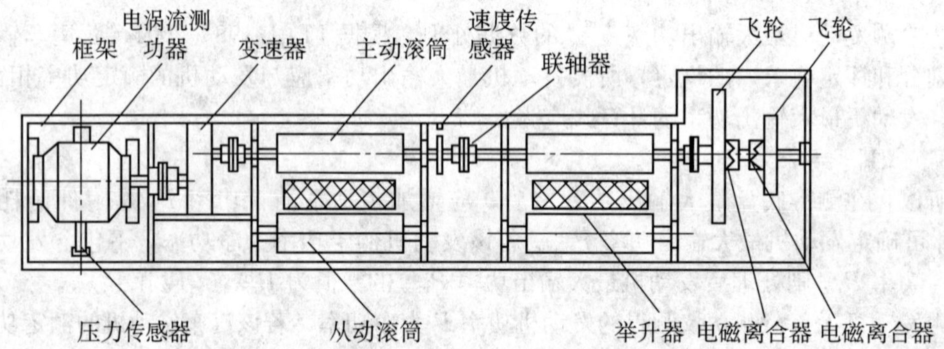

图 2—14 底盘测功机机械部分结构示意图

（1）滚筒装置。

滚筒装置的作用相当于能够连续移动的路面，测功试验时，汽车驱动轮驱动滚筒旋转。底盘测功机的滚筒装置有单滚筒和双滚筒两种类型，如图 2—15 所示。

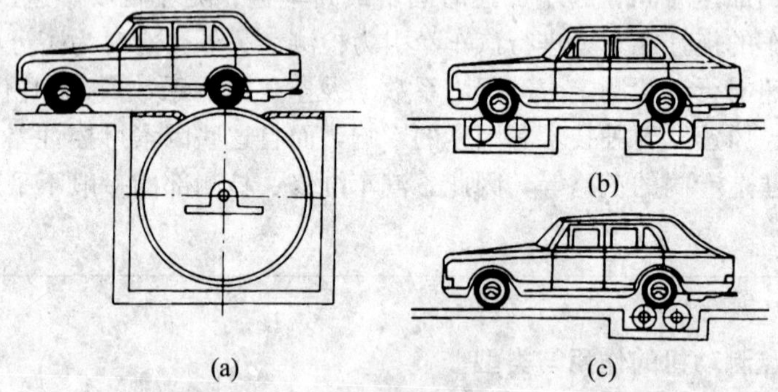

图 2—15 滚筒装置的结构类型

①单滚筒试验台。单滚筒试验台的滚筒多采用硬质木料或钢板制成，其直径一般在 1 500～2 500mm，表面曲率愈小，车轮在滚筒上滚动时就愈像在平路上行驶，轮胎与滚筒表面间的滑转率愈小，行驶阻力愈小，因而精度愈高。但大滚筒试验台制造成本大，占地面积大，同时要求严格，而车轮中心与滚筒中心在垂直平面内的对中又比较困难，故使用不太方便。

②双滚筒试验台。双滚筒试验台的滚筒多采用钢质材料制成，直径一般在 185～400mm 之间，由于曲率半径小，滚筒表面曲率大，因而轮胎与滚筒表面的接触面积较

在平路上行驶时小得多。接触面间比压和变形大，滑转率大，从而使滚动阻力增大，测试精度低。在较高试验车速下，轮胎的滚动功率损失可达到所传递功率的15%～20%。但双滚筒底盘测功机具有车轮在滚筒上安放定位方便和制造成本低等优点，因而适用于汽车维修和诊断企业，尤其是单轮双滚筒式试验台应用广泛。

双滚筒试验台还有主、副滚筒之分。与测功器相连的滚筒为主滚筒，左右两个主滚筒之间装有联轴器。左右两个副滚筒处于自由状态。

不管哪种类型的滚筒，均需经过平衡试验，并通过滚动轴承安装在框架上。框架是底盘测功试验台机械部分的基础，安装在地坑内。

(2) 测功装置。

测功装置用于吸收和测量汽车驱动轮的输出功率，通常称为测功器。测功装置也是一个加载装置，可模拟汽车在道路上行驶时所受的各种阻力，使车辆受力情况如同在道路上行驶时一样。

底盘测功机常用的测功器有水力测功器、电力测功器和电涡流测功器三类。由于水力测功器功率吸收装置的可控性较差，电力测功器成本较高，汽车检测站和维修企业使用的底盘测功机多采用电涡流测功器。

电涡流测功器主要由定子和转子构成，转子与滚筒相连，定子可绕其主轴线摆动。图2—16为水冷电涡流测功器的结构示意图。

定子内部沿圆周布置有励磁线圈和涡流环，转子在励磁线圈和涡流环内转动。转子的外圆上加工有均匀分布的齿与槽，齿顶与涡流环间留有一定的空气隙。

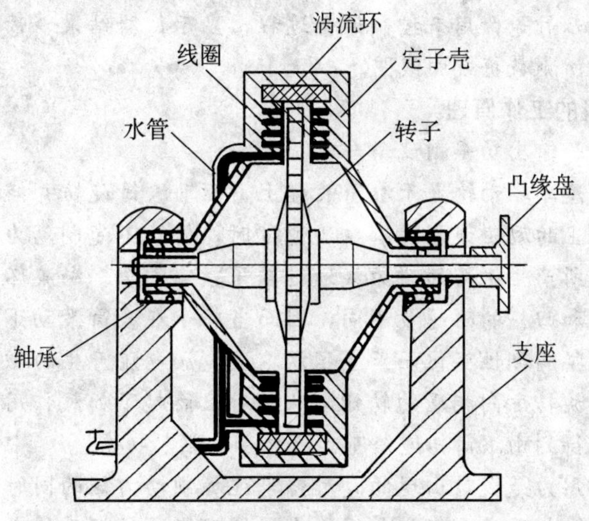

图2—16 水冷电涡流测功器的结构示意图

当励磁线圈上有直流电通过时，在其周围产生磁场，磁场的磁力线通过转子、空气隙、涡流环和定子形成闭合磁路，分布在齿顶处的磁通密度大，分布在齿槽处的磁通密度小。当转子转动时，通过涡流环上任何一点的磁力线呈周期性的变化，因而在涡流环上任何一点产生了感应涡电流。该涡电流与产生它的磁场的相互作用而产生了对车轮的制动力矩，因而测功器吸收驱动轮的输出功率，同时也对滚筒加载。只要改变磁线电流的大小，就可以自由地控制测功器产生的制动力矩。

定子外壳上装有测力杠杆，并与安装在杠杆下方的压力传感器构成测力装置，以测出汽车驱动轮的驱动力。

(3) 测速装置。

测速装置一般由测速传感器、中间处理装置和指示装置构成。常用测速传感器有光电式、磁电式和测速发电机等类型，通常安装在从动滚筒一端，随从动滚筒一起转动，把滚筒的转速转变为电信号。该电信号经放大送入处理装置，换算为车速(km/h)并在指示装置上显示出来。底盘测功机在进行测功试验、加速试验、等速试验、滑行试验和燃油经济性试验时，都必须对试验车速进行测试。

(4) 飞轮机构。

飞轮机构用于模拟汽车在道路上行驶时的动能，常采用离合器以实现与滚筒的自由接合。飞轮机构通常具有一组多个飞轮，其飞轮机构的转动惯量及其在各个飞轮上的分配应与所测车型进行加速能力试验和滑行能力试验的要求相适应。

(5) 控制装置。

底盘测功机的控制装置和指示装置常做成一体，构成控制柜，安放在机械部分的左前方且易于操作和观察的位置。如果测力装置和测速装置均为电测式，指示装置可直接显示驱动轮的输出功率。如果测力装置为机械式时，指示装置仅能显示驱动车轮的驱动力，驱动轮输出功率需根据所测出的驱动力和试验车速换算才能得到。

图 2—17 为底盘测功机控制柜面板图，控制柜上有多个按键、显示窗、旋钮、功能灯、报警灯、指示灯等，用来控制试验过程，显示试验结果。带有打印机的底盘测功机，还可打印出所测数据或曲线图。

3. 底盘测功机的工作原理

(1) 汽车驱动轮输出功率测试。

测功试验时，汽车驱动轮置于滚筒装置上，驱动滚筒旋转并经滚筒带动测功器的转子旋转。当定子上的励磁线圈没有电流通过时，转子不受制动力矩作用；而励磁线圈通以直流电时，所产生磁场的磁力线通过转子、空气隙、涡流环和定子构成闭合磁路。由于通过齿顶和凹槽的磁通量不同，因而当转子在滚筒带动下旋转时，通过涡流环任一点的磁通量呈周期性变化而产生了涡电流，涡电流产生的磁场与励磁场相互作用，产生了与转子旋转方向相反的转矩，从而对滚筒起了加载作用。测出该转矩和转子转速，便可据此得到由滚筒传递给测功器转子的驱动功率。

作用力和反作用力是成对出现的。对转子施加制动力矩的同时，定子受到与制动力矩大小相同但方向相反的力矩的作用，力图使可绕主轴摆动的定子顺着转子旋转方向摆动。在测功器定子上安装上定长度的测力杠杆，并在其端部下方安装压力传感器，压力传感器便会受压力作用而产生与此成正比的电信号。显然，该压力与杠杆长度(压力传感器至测功器主轴的距离)之积便是定子(或转子)所受力矩的数值。在滚筒稳定旋转时，该力矩与驱动轮驱动力对滚筒的驱动力矩相等。据此，可求出车轮作用在滚筒(其半径为已知常数)上的驱动力的大小。

由压力传感器和测速传感器传来的电信号输入到控制装置，经计算机处理后，在

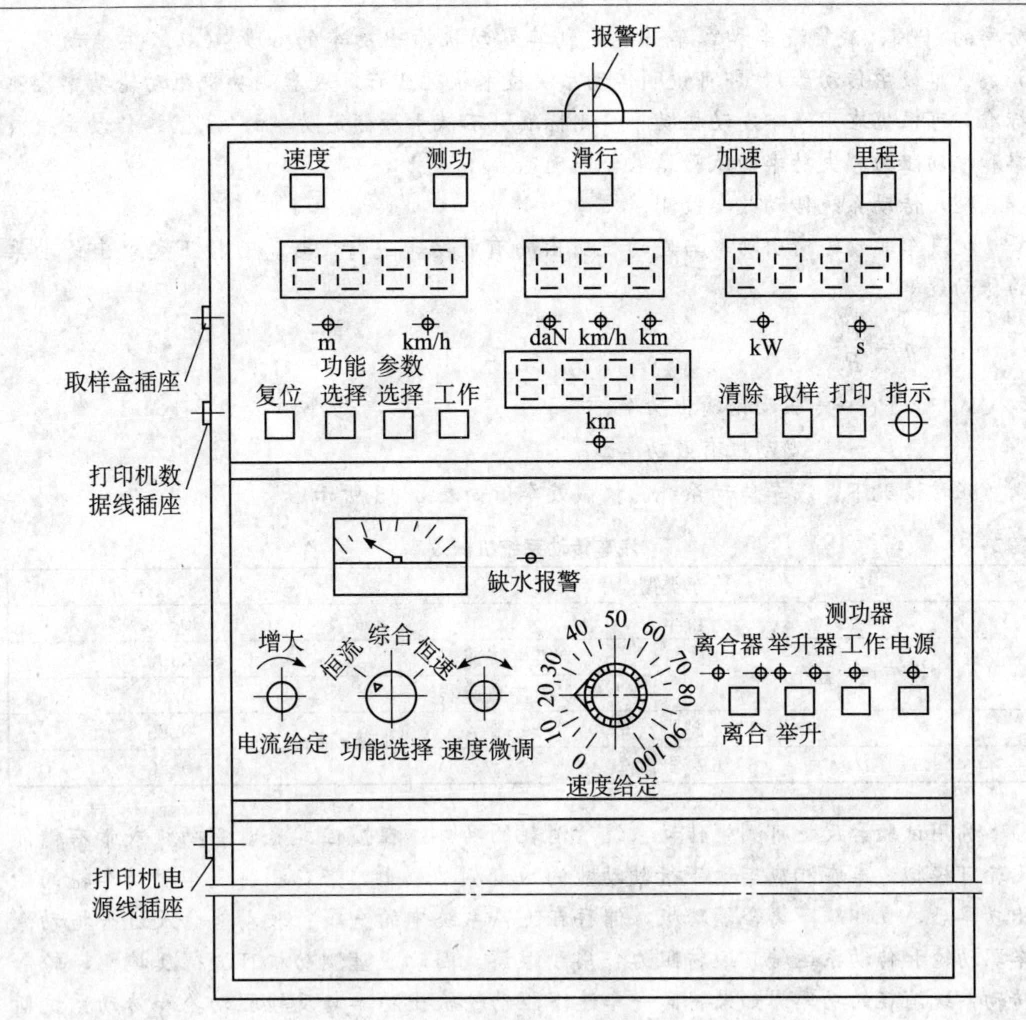

图 2—17　控制柜面板图

指示装置上显示出功率（kW）、驱动力（kN）和车速（km/h）的数值。显然，三者间具有如下关系：

$$P_k = \frac{F \times v_a}{3\ 600}$$

式中：P_k ——驱动轮输出功率，kW；

F ——驱动轮驱动力，N；

v_a ——试验车速，km/h。

在底盘测功机上测得的驱动轮输出功率取决于发动机输出功率、传动系统传动效率、滚动阻力损失功率和试验台传动效率等因素。由于受滚筒表面曲率的影响，驱动轮在底盘测功机滚筒上的滚动阻力比在良好路面上行驶时的滚动阻力大，由滚动阻力所消耗的功率可达所传递功率的 15%～20%；在传动系统技术状况良好的情况下，汽车传动系统的功率损失约占发动机输出功率的 10%～20%，其具体数值取决于传动系统的类型。资料表明：检测在用汽车的驱动轮输出功率时，轿车若能达到发动机输出功率的70%；载货汽车和客车若能达到其发动机输出功率的60%（双级主传动器）、65%（单级主传动器），即可说明传动系统技术状况良好。底盘测功机驱动轮功率检测标准，可根据在用汽车发动机功率检测标准（不低于原额定功率的75%）、传动系统效率和滚动阻力损失功率的试验结果合理确定。

（2）传动系统传动效率检测。

把汽车驱动轮输出功率与发动机输出的有效功率进行比较，可按下式求出传动系的传动效率。

$$\eta=\frac{P_k}{P_e}$$

式中：P_k——驱动轮输出功率；

P_e——发动机有效功率。

正常情况下，汽车传动系统的机械效率值如表2—3所示。

表2—3　汽车传动系统机械效率

汽车类型		传动效率 η
轿车		0.90～0.92
货车和大客车	单级主减速器	0.90
	双级主减速器	0.84
4×4越野汽车		0.85
6×6越野汽车		0.80

利用试验台反拖可测得传动系统所消耗的功率。在惯性式底盘测功机或带有储能飞轮可模拟汽车在相应车速下行驶动能的底盘测功机上，若在测得汽车驱动车轮的输出功率后，立即踩下离合器踏板，储存在飞轮系统中的汽车行驶动能会反过来拖动汽车驱动轮和传动系运转，运转阻力作用于滚筒，因此底盘测功机可测得反拖驱动轮和传动系统消耗的功率。如果将同一车速下驱动轮输出功率与反拖驱动轮和传动系统所消耗的功率相加，可求得该车速所对应的发动机转速下发动机的输出功率，根据发动机输出功率和汽车驱动轮输出功率可得到传动系统的机械效率。

（3）汽车的加速能力和滑行能力测试。

底盘测功机对汽车加速能力（加速时间）和滑行距离的测试精度，首先取决于飞轮机构、滚筒装置及其他旋转部件的旋转动能是否与道路试验时汽车在相应车速下的动能相一致。

汽车在底盘测功机上试验时，驱动轮驱动滚筒旋转，但整车处于静止状况。这样，要测试汽车在一定速度区间内的加速时间，必须以具有相应转动惯量的飞轮机构模拟汽车行驶时的动能。汽车在滚筒上加速时，滚筒及飞轮机构转速的提高使滚筒飞轮机构的旋转动能相应增加，从而消耗驱动轮输出功率，表现为汽车的加速阻力。滚筒圆周速度从某一值上升到另一值的时间与汽车路试时在相应速度区间的加速时间相对应。加速时间的长短则反映其加速能力的大小。

汽车以某一车速在滚筒上作滑行试验时，汽车驱动轮首先带动滚筒装置、飞轮机构以相应转速旋转，此时滚筒装置和飞轮机构具有的动能与汽车道路试验时具有的动能相等。摘挡滑行后，贮存在滚筒装置和飞轮机构的动能释放出来，驱动汽车驱动轮和传动系旋转，滚筒继续转过的圆周长与汽车路试时的滑行距离相对应。滑行距离长短可反映汽车传动系传动阻力的大小，据此可判断汽车传动系统的技术状况。

（4）其他项目的检测。

除以上检测诊断项目外，利用底盘测功机滚筒装置作为活动路面，以测功机的制动力矩模拟汽车的行驶阻力，凡是汽车在运行中进行的检测和诊断项目，则在配备所需仪器设备后均可在底盘测功机上进行。如采用油耗计测试汽车在各种工况下的使用油耗；采用废气分析仪测试汽车在各种工况下的废气成分和烟度；采用发动机综合测试仪测试发动机点火提前角或供油提前角，观测发动机点火波形或柴油机供油波形；利用异响诊断分析仪诊断各总成或系统的异响；通过测功机的测速装置检查车速表的指示值；以及检测各总成工作温度和电气设备工作情况等。

学习测试

学习测试1：什么叫汽车动力性？其评价指标有哪些？

学习测试2：汽车的行驶阻力由哪几部分组成？

学习测试3：影响汽车动力性的结构因素有哪些？

学习测试4：选择

1. 评价汽车动力性的总指标是（　　）。

A. 最高车速　　B. 平均车速　　C. 加速性能

2. 汽车在水平道路上等速行驶时没有（　　）。

A. 滚动阻力　　B. 空气阻力　　C. 爬坡阻力

3. 汽车处于无载荷状态下的车轮半径称为（　　）。

A. 自由半径　　B. 静力半径　　C. 滚动半径

工作单1

姓名＿＿＿＿＿＿＿＿　日期＿＿＿＿＿＿＿＿＿＿＿＿＿＿＿＿

发动机功率的检测

完成此工作单后，你将应该能够正确使用发动机无负荷测功仪检测发动机的功率。

工具和材料

一台实训用发动机及其维修手册

发动机无负荷测功仪及其说明书

所检测发动机的描述

发动机型号：＿＿＿＿＿＿＿＿＿＿

步骤

1. 仪器准备

（1）未接通电源前，如指示装置为指针式的，应检查指针是否在机械零点上，否则应进行调整。

（2）接通电源，电源指示灯亮，预热仪器至规定时间。

（3）带有数码管的仪器，数码管的亮度应正常，且数码均在零位。

（4）按仪器使用说明书给定的方法，对仪器进行检查、调试和校正，待完全符合使用要求后才能投入使用。

（5）需要置入转动惯量 I 的仪器，要把被测发动机的转动惯量 I 置入无负荷测功仪内。

2. 发动机准备

预热发动机至正常工作温度（85～95℃）。调整发动机怠速，使其在规定的转速范围内稳定运转。

3. 仪器与发动机联机

仪器和发动机准备好后，把仪器的传感器（包括夹持器）按要求连接在发动机规定部位。如果是带拔节天线的袖珍式无负荷测功仪，应拉出拔节天线。

4. 测功方法

（1）按下“复零”键，使指示装置复零。

（2）按下其他必要的键位，如机型选择键、缸数选择键和“测试”键等。需要输入操作码的仪器，则应按要求输入规定的操作码。

（3）发动机在怠速下稳定运转，操作者在驾驶室内急速把加速踏板踩到底，发动机转速急速上升。当发动机转速超过终止转速 n_2 时，应立即松开加速踏板，切忌长时间高速空转。记下或打印出测量结果，按下“复零”键，使指示装置复零。重复上述操作 3 次，检测结果取算术平均值。

有些仪器为了保护发动机不受损害和提高使用的方便性，当转速上升超过 n_2 时，能使发动机自动熄火；而当转速下降至低于 n_1 时，只要按下“复零”键，在指示装置复零的同时又能自动接通点火线路，使发动机重新运转。

上述测功方法称为怠速加速法，既适用于汽油机又适用于柴油机。

5. 查对功率

仅能显示加速时间的无负荷测功仪，测得加速时间后应到仪器制造厂推荐的曲线图或表格中查出对应的功率值，以便与标准功率值对照。

指导老师评语

____

____

____。

发动机功率的检测考核评分表

时间：30min　　班级：__________　　考生姓名：__________

序号	考核内容	配分	评分标准	扣分	得分
1	正确选择并使用工具	10	工具，仪器选择使用不当一次扣 3 分		
2	检测前的准备	10	仪器及发动机的准备及联机不当一处扣 5 分		
3	检测进程	40	按照正确操作步骤检测发动机功率，40 分		
4	结果的处理和分析	20	根据检测结果，能进行正确的分析，20 分		
5	整理工具，清理现场	10	每缺一项扣 5 分		

续前表

序号	考核内容	配分	评分标准	扣分	得分
6	着装及安全文明生产	10	因违规操作，发生人身和设备事故，记0分		
7	按时完成		每超时一分钟扣3分，超时3分钟结束考核		
8	分数合计				

操作时间：＿＿＿＿＿＿＿＿＿＿　　考核教师：＿＿＿＿＿＿＿＿＿＿

发动机功率的检测数据记录单

发动机型号	n_1/(r/min)	n_2/(r/min)	标准加速时间/s	第一次测量值/s	第二次测量值/s	第三次测量值/s	平均值/s

根据以上检测结果，分析如下：

如果测量的结果与标准数据不同，原因可能是＿＿＿。

工作单2

姓名＿＿＿＿＿＿＿＿　　日期＿＿＿＿＿＿＿＿＿＿＿＿＿＿

汽车底盘输出功率的检测

完成此工作单后，你将应该能够正确使用底盘测功机检测底盘输出功率。

工具和材料

一辆实训汽车及其维修手册

底盘测功机及其说明书

所检测汽车的描述

制造年份＿＿＿＿＿＿＿＿＿＿　制造商＿＿＿＿＿＿＿＿＿＿＿＿

VIN＿＿＿＿＿＿＿＿＿＿＿＿＿　型号＿＿＿＿＿＿＿＿＿＿＿＿＿

发动机型号＿＿＿＿＿＿＿＿＿＿　车辆行驶里程＿＿＿＿＿＿＿＿＿＿

步骤

1. 试验条件和准备工作

（1）环境状态。

环境温度 0～40℃；

环境湿度 ＜85％；

大气压力 80～110kPa。

准备好温度计、湿度计和气压计。

（2）试验台准备。用被检车辆带动底盘测功试验台滚筒运转，使试验台预热至正常热状态。

（3）车辆准备。汽车开上底盘测功试验台以前，必须通过路试运行至正常工作温度，然后调试发动机供油系、点火系至最佳工作状态，检查并紧固传动系、车轮的连接情况，检查轮胎气压并使达到汽车制造厂的规定值。

2. 确定测功项目

对汽车进行底盘测功前，首先根据测试目的或应车主要求，确定测功项目。一般有以下几项：

(1) 发动机额定功率下驱动车轮的输出功率或驱动力。

(2) 发动机最大转矩转速下驱动车轮的驱动力或输出功率。

(3) 发动机全负荷选定车速下驱动车轮的输出功率或驱动力。

(4) 发动机部分负荷选定车速下驱动车轮的输出功率或驱动力。

3. 测功方法

将车辆行驶到底盘测功试验台上。试验台如果是单轮双滚筒式，则应将被测驱动轮置于两滚筒之间，放下举升器平板，并视需要用三角木对车辆从动轮进行纵向约束。

检测发动机额定功率和最大转矩转速下驱动车轮的输出功率或驱动力时，将变速器挂入选定挡位，松开驻车制动，踩下加速踏板，同时调节测功器制动力矩对滚筒加载，使发动机在节气门全开并以额定转速运转。待发动机在额定转速下稳定运转后，读取并打印驱动车轮的输出功率（或驱动力）值、试验车速值。在节气门全开情况下继续对滚筒加载，至发动机转速降至最大转矩转速并稳定运转时，读取并打印驱动车轮的驱动力（或输出功率）值、试验车速值。

如需测出驱动车轮在变速器不同挡位下的输出功率或驱动力，则要依次挂入每一挡并按上述方法进行检测。当发动机发出额定功率，挂直接挡，可测得驱动车轮的额定输出功率；当发动机发出最大转矩，挂 1 挡，可测得驱动车轮的最大驱动力。

发动机全负荷选定车速下驱动车轮输出功率或驱动力的检测，是在踩下加速踏板的同时调节测功器制动力矩对滚筒加载，使发动机在节气门全开情况下以选定的试验车速稳定运转进行的。发动机部分负荷选定车速下驱动车轮输出功率或驱动力的检测与此相同，只不过发动机是在选定的部分负荷下工作的。

当使用 DCC—10C 型汽车底盘测功试验台测功时，将“速度给定”旋钮打到选定的速度刻线上，“功能选择”旋钮打到“恒速”上，在逐渐增大节气门到所需位置的同时，控制装置能自动调控励磁电流，使汽车在选定的车速下恒速测功。如果手动调控励磁电流，须将“功能选择”旋钮打到“恒流”上，然后手动旋转“电流给定”旋钮即可增大或减小励磁电流，并在旋钮给定位置上供给恒定的励磁电流。

如果测出被检汽车驱动车轮输出功率偏低，可能系发动机功率偏低或传动系功率损失太大造成的。

指导老师评语

____

____

____。

汽车底盘输出功率的检测考核评分表

时间：___40min___ 班级：__________ 考生姓名：__________

序号	考核内容	配分	评分标准	扣分	得分
1	正确选择并使用工具	10	工具，仪器选择使用不当一次扣 3 分		
2	检测前的准备	10	仪器及设备调整不当一处扣 5 分		

续前表

序号	考核内容	配分	评分标准	扣分	得分
3	检测进程	40	按照正确操作步骤检测，40分		
4	结果的处理和分析	20	根据检测结果，能进行正确的分析，20分		
5	整理工具，清理现场	10	每缺一项扣5分		
6	着装及安全文明生产	10	因违规操作，发生人身和设备事故，记0分		
7	按时完成		每超时一分钟扣3分，超时3分钟结束考核		
8	分数合计				

操作时间：＿＿＿＿＿＿＿＿　　考核教师：＿＿＿＿＿＿＿＿

汽车底盘输出功率的检测数据记录单

发动机状态	标定（额定）状况	最大转矩转速工况	全负荷选定车速	部分负荷选定车速
检测数据（功率或驱动力）				

根据以上检测结果，分析如下：

如果测量的结果与标准数据不同，原因可能是＿＿＿＿＿＿＿＿＿＿＿＿＿＿＿＿＿＿＿＿

＿＿＿＿＿＿＿＿＿＿＿＿＿＿＿＿＿＿＿＿＿＿＿＿＿＿＿＿＿＿＿＿＿＿＿＿＿＿

＿＿＿＿＿＿＿＿＿＿＿＿＿＿＿＿＿＿＿＿＿＿＿＿＿＿＿＿＿＿＿＿＿＿＿＿＿。

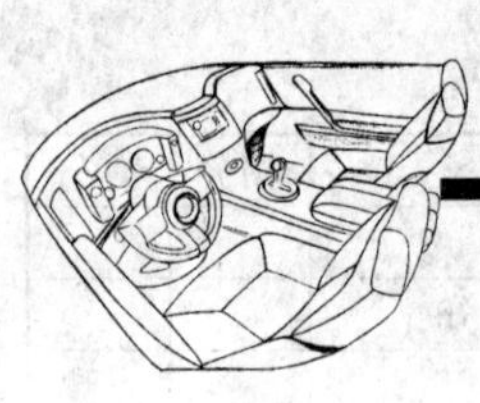

第三章

汽车的燃油经济性

引言

汽车燃油经济性是指汽车在一定的使用条件下，以最少的燃油消耗量完成单位运输工作的能力，它是汽车的主要使用性能之一。通常，燃油的消耗费用占到汽车运输成本的37%左右，燃油经济性的提高就意味着汽车运输成本的降低和经济效益的提高。

石油是现代工业特别是交通运输的主要能源。各国汽车运输所消耗的石油产品几乎占石油开采量的40%。我国汽车运输每年消耗的汽油约占汽油总产量的90%，柴油约占其产量的7%，总消耗量约占成品油的三分之一。在汽车运输成本中，燃油消耗费用占20%～30%。所以，节约燃油就意味着汽车运输成本的降低和经济效益的提高。节约汽车用燃油已经成为汽车制造业和汽车运输业的一个重要任务。

第一节 汽车燃油经济性的评价指标

学习目标：知道汽车燃油经济性的评价指标，并能够正确叙述各指标的含义。

汽车燃油经济性通常用单位行使里程的燃油消耗量、消耗单位燃油所行使的里程数或单位运输工作量的燃油消耗量来衡量。

一、单位行使里程的燃油消耗量

在我国及欧洲，通常用单位行使里程的燃油消耗量来衡量燃油经济性指标，单位为L/100km，即行使100km所消耗的燃油升数。其数值越大，汽车燃油经济性就越差。这种指标只考虑了行使里程，没有考虑车型与载重量的差别，所以只能用于比较同类型汽车或同一辆汽车的燃油经济性。

二、消耗单位燃油所行使的里程数

在美国，通常用消耗单位燃油所行使的里程数来衡量燃油经济性指标，其单位是MPG即mile/USgal，指每加仑燃油能行使的英里数。这个数值越大，汽车燃油经济性越好。

三、单位运输工作量的燃油消耗量

在比较不同类型、不同装载质量汽车的燃油经济性时，通常采用单位运输工作量的燃油消耗量来衡量。货车通常采用单位为 kg/(100t·km) 或 L/(100t·km)；客车通常采用单位为 kg/(1 000 人·km) 或 L/(1 000 人·km)。

知识与能力拓展

1. 等速百公里油耗

等速百公里油耗是常用的一种汽车燃油经济性的评价指标，指汽车在一定载荷（我国规定轿车为半载，货车为满载）下，以最高挡在水平良好路面上等速行驶100km的燃油消耗量。通常测出每隔 10km/h 或 20km/h 速度的间隔，测出各种速度下等速行驶 100km 的燃油消耗量，然后在图上连成一曲线。该曲线称为等速百公里油耗曲线，如图 3—1 所示。

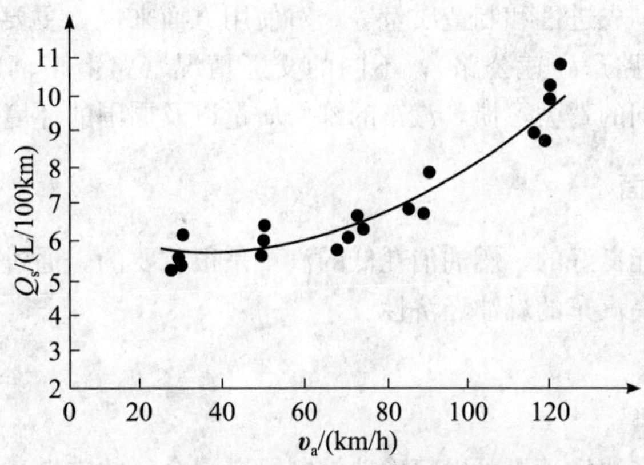

图 3—1　汽车等速百公里油耗曲线

2. 循环行驶试验

汽车的等速行驶工况不能全面反映汽车的实际运行情况，特别是在城市道路运行时频繁出现的加速、减速、怠速、停车等工况。因此，在对实际行驶车辆进行跟踪测试统计的基础上，各国都制定了一些典型的循环行驶试验工况来模拟汽车实际运行工况，并以百公里燃油消耗量（或 MPG）来评价相应工况的燃油经济性。

循环行驶试验工况规定了车速和时间的行驶规范，如，换挡时刻、制动时刻、行车速度和加速度等数值。因此，在道路上试验比较困难，一般多规定在室内汽车底盘测功机（滚筒试验台）上进行测试。而规定在路上进行试验的循环工况均很简单。

3. 循环行驶试验规定

我国规定轿车及总质量＜2 000kg 的货车按二十五工况进行循环试验；城市客车和双层客车（包括城市铰接式客车）按四工况进行循环试验；总质量≥2 000kg 的货车按六工况进行循环试验。

欧洲经济委员会（ECE）规定，测量车速为 90km/h 和 120km/h 等速百公里燃油消耗量和按 ECE—R.15 循环工况的百公里燃油消耗量，各取 1/3 相加作为混合百公里燃油消耗量来评定汽车燃油经济性。

美国环境保护局（EPA）规定了测量城市循环工况（UDDS）及公路循环工况（HWFET）的燃油经济性（MPG），并按下式计算综合燃油经济性。

$$综合燃油经济性=\frac{1}{\dfrac{0.55}{城市循环燃油经济性}+\dfrac{0.45}{公路循环燃油经济性}}$$

第二节 汽车燃油经济性的影响因素

学习目标：能够正确叙述影响汽车燃油经济性的主要因素

影响汽车燃油经济的因素较多，概括起来有汽车自身的因素和使用方面的因素。如汽车结构设计的合理性、先进性和制造质量等。对使用方面来说，主要包括不同的道路条件（城市、郊区、一般公路、高速公路），不同的交通情况（路上车辆、行人的密集程度），不同的驾驶水平和不同的驾驶习惯，汽车的维修质量以及周围的环境因素等。

一、汽车结构方面

设计与制造出性能良好的、燃油消耗低的汽车是很重要的。通过对汽车各个主要部件的改进，可以大大提高汽车的燃油经济性。

1. 发动机

（1）发动机的种类。

电控燃油喷射式汽油发动机可以精确地控制可燃混合气的空燃比；保证各缸供应混合气的均匀性；同时汽油的雾化效果较好，燃油利用率高。采用电控燃油喷射式汽油机有利于提高汽车的燃油经济性，同时又可降低排放污染。

柴油机与汽油机相比，热效率高，特别是在部分负荷时，柴油机的有效燃油消耗率较低。柴油机的燃油消耗（按容量计算），比汽油机要节省约 20％～45％，而且柴油价格较低，排污较少。因此，柴油机的性能不断改善之后，扩大柴油机的使用范围是当前的发展趋势。

（2）发动机的压缩比。

发动机的压缩比提高时，热效率增加，使发动机动力性、经济性得以改善，发动机燃油消耗率有所降低。但汽油机压缩比提高到一定程度后，易产生爆燃，并且会增加氮氧化物（NO_x）的排放量。所以汽油机压缩比的提高有一定的限度。

（3）选用变排量发动机。

在保证动力性足够的前提下，选用小排量发动机，可以提高发动机的功率利用率，降低汽车的耗油量。但在高级轿车上，为了满足汽车最高车速和加速时间的要求，选用排量较大、功率较大的发动机。在大部分情况下，发动机处于负荷率较低的工况下工作，此时燃料消耗率较高，使得汽车燃油经济性降低。

如果能够根据汽车及发动机的运行工况的需要，自动控制参加工作的气缸数目，使工作的气缸处于经济负荷下运行，可提高汽车燃油经济性。

(4) 采用断油控制技术。

当发动机转速或车辆行驶速度超过限定值时，燃油系统停止供油，称为超速断油控制。超速断油可以防止发动机转速或车辆行驶速度的进一步升高而引起危险，同时对汽车燃油经济性及排放性均十分有利。

当节气门关闭而发动机转速在设定转速以上工况（强制怠速）时，燃油系统停止供油，称为减速断油控制。发动机强制怠速工况约占汽车运行时间的10%～40%，实施减速断油控制可以有效节约燃油，同时减少排放污染物。

2. 传动系

(1) 适当增加变速器挡位数。

增加变速器挡位数，就增加了选用合适挡位使发动机处于经济工况下运行的机会，有利于提高燃油经济性。目前轿车变速器普遍采用5挡，重型货车有采用更多挡位数的趋势，某些车型挡位数已达10个以上。但挡位数的增加，使传动系结构复杂，操纵不便。

(2) 采用超速挡。

超速挡又称经济挡，处于超速挡行驶可以提高发动机负荷率，降低燃油消耗率。

(3) 采用无级变速器。

挡位数无限的无级变速器，在任何工作条件下都提供了使发动机处于最经济工况下工作的可能性。如果无级变速器能够始终维持较高的机械效率，则汽车的燃油经济性将显著提高。

3. 汽车整备质量

汽车总质量影响到滚动阻力、上坡阻力和加速阻力，因此影响燃料经济性。减少汽车整备质量是降低油耗最有效的措施之一。

减少汽车整备质量方面采取的措施主要有：采用高强度轻材料，如高强度低合金钢、铝合金、塑料、陶瓷和各种纤维强化等材料制造汽车零件；改进汽车结构，如采用前轮驱动、承载式车身等；减小车身尺寸，不随意增加附加装置等。

4. 汽车外形与轮胎

改善汽车外形，减小空气阻力系数，可以减少中高速行驶的空气阻力，有显著的节油效果。某轿车通过变动车身形状而具有不同空气阻力系数的试验表明，空气阻力系数由0.42下降到0.3，可使混合百公里油耗降低9%，而使150km/h等速行驶的油耗降低25%左右。

轮胎的选用，影响到汽车的燃油经济性、操纵性、安全性、舒适性等。胎面上的花纹是轮胎与路面直接接触的部位，其类型直接影响着轮胎的附着性能、噪声、滚动阻力等。子午线轮胎的综合性能好，其滚动阻力小，比斜交胎节油6%～8%。

二、汽车使用因素的影响

对于一定的车型而言，一般通过改善汽车的技术状况，提高驾驶员的操作技术水平来降低燃油消耗量，提高汽车的燃油经济性。

1. 发动机技术状况

发动机技术状况良好，不仅使汽车具有良好的动力性，同时也使其具有良好的燃油经济性。保持发动机良好技术状况的主要措施有：

（1）定期检查并保持足够的气缸压力。

定期更换空气滤清器滤芯，检查进气系统状态，定期检查气缸压力。若气缸压力不足，不仅使发动机动力性下降，也使燃烧速度减慢，使燃油经济性下降。

（2）保持发动机正常的工作温度。

水温过高会使发动机过热，减少充气量，出现爆震等现象，同时供油系统易产生气阻，不但使功率降低，而且还能引起燃油消耗增加；水温过低，会影响燃油的汽化质量，使各缸混合气不均匀，燃烧速度下降，同样造成发动机功率及转矩下降，燃油消耗率增加。

（3）保持燃油供给系的良好技术状况。

定期对燃油供给系进行检查和调整，比如对喷油器和节气门体进行定期清洗，对燃油滤芯进行定期更换，保持汽车良好的技术状况，能提高汽车的燃油经济性。

（4）保持点火系的良好技术状况。

保证足够的点火能量和合适的点火时刻，有利于降低发动机燃油消耗率，提高汽车的燃油经济性。

（5）保持润滑系良好的技术状况。

定期更换润滑油及滤芯，保持润滑系良好的技术状况，有利于降低发动机燃油消耗率，提高汽车的燃油经济性。

2. 保持汽车良好的滑行性能

滑行性能通常用滑行距离和滑行阻力系数来表示。滑行距离越长，说明道路阻力越小，传动系效率越高。进行正确地调整与维护，保持汽车良好的滑行性能，则底盘消耗的能量少，燃油消耗率下降，可以使汽车具有良好的燃油经济性。反之，如果传动系齿轮啮合间隙过小，轴承、油封过紧，前轮定位失准，轮胎气压过低，制动间隙过小等，都会使汽车滑行性能下降，行驶阻力增加，使汽车燃油经济性变差。

3. 提高驾驶技术

良好的驾驶技术能够大大降低汽车的燃油消耗量，提高汽车的燃油经济性。不同技术水平的驾驶员在相同条件下，驾驶同一类型的汽车，其燃油消耗量可相差20%～40%。因此，驾驶技术对汽车的燃油经济性有重要影响。

（1）行车挡位的选择和变换。

在良好的路面上行驶，在一定行驶状态下和一定的车速范围内，既可以用高挡行驶，也可以用次高挡行驶时，应选择高挡行驶。

汽车在上坡行驶时，应及时减挡。减挡过早，不能充分利用汽车惯性爬坡；减挡过晚，车速降低过多，常需要多换一次挡，增加燃油消耗量。

（2）行车速度。

汽车满载在良好路面上行驶时，存在一个使得等速燃料消耗量最小的车速，即技术经济车速。车速高于或低于技术经济车速，汽车等速油耗均上升。不同车型的技术经济车速可通过试验得到。将技术经济车速前后燃料消耗较低的车速划为一组，称为技术经济车速范围。行车速度保持在此范围内可节省燃油。

(3) 合理利用滑行技术。

汽车滑行可分为减速滑行、加速滑行和下坡滑行。

汽车行驶中，当前方遇障碍，以及预见性停车或到达停车场时，预先将变速器置空挡的滑行，称为减速滑行。当车辆接近上述障碍时，车速已降低，可不采取制动而顺利通过或停车，这样就可达到节约燃料和保证安全的目的。

汽车以高挡加速至较高车速后，空挡滑行至较低的车速，然后再挂高挡加速，这种加速和空挡滑行交替进行的方法，称为加速滑行法。加速时，虽然行驶阻力增加，但人为地提高发动机的负荷率，降低了有效燃油消耗率，燃油消耗量增加不多。而发动机空挡滑行时，单位时间的燃油消耗量很小，两者相加，采用加速滑行比等速行驶节省燃油。

试验结果表明，在平均车速相同的情况下，采用最佳的加速滑行模式与等速相比，满载时的节油率达 11.8%～16.7%，空载时的节油率达 21.3%～23.4%。

一般加速滑行不适合拖带挂车的汽车列车，因汽车列车的负荷率已较高，采用加速滑行方法加速时，负荷率很高，比油耗高，节油效果不明显，甚至油耗增加。此外，加速滑行操作法，使驾驶员的劳动强度增加，对安全不利。

汽车加速滑行只能在道路宽直、无视线遮挡、行人和车辆稀少的条件下采用；要求汽车的技术状况良好，滑行距离应达加速距离的 1.5 倍以上；加速滑行的最大车速，不应超过技术经济车速范围的上限；加速时应缓慢踏加速踏板，至全开的 80%～90%。在高速公路行驶时不能使用加速滑行法。

在坡度小于 5%的缓直坡道或陡坡接近坡尾，可空挡滑行；在路况熟悉的波状起伏微丘地带，可在临近坡顶时空挡滑行过坡顶，至临近坡尾再挂挡加速冲过第二个坡道，但在这种道路滑行时，发动机不得熄火。

在长而陡的坡道上，严禁熄火空挡滑行。应在高挡不熄火滑行，利用发动机阻力，并采用间歇制动，控制车速。如果熄火空挡滑行，长时间用行车制动器控制车速，制动器容易发热使制动效能下降，甚至失效或烧毁制动摩擦片。

(4) 合理采用拖挂运输。

采用拖挂运输可提高运输生产率，降低成本。汽车采用拖挂后，总的燃油消耗量会增加，但分摊到每吨货物上的燃油消耗量则是下降的。

第三节　汽车燃油经济性的检测

学习目标：能够用汽车燃油经济性的检测设备检测汽车的燃油经济性。

学习方法：学生分组由实训指导教师指导完成。

对于汽车燃油经济性的检测，我国于 2003 年 3 月 1 日起采用了新的标准。其中轿车和总质量<2 000kg 载货汽车的燃油经济性检测依照国家标准 GB/T 12545.1—2001《乘用车燃料消耗量试验方法》进行。客车和总质量≥2 000kg 载货汽车的燃油经济性检测依照国家标准 GB/T 12545.2—2001《商用车辆燃料消耗量试验方法》进行。

一、轿车燃油经济性的检测方法

1. 试验项目

（1）模拟城市工况循环燃料消耗量试验。

（2）等速行驶燃料消耗量试验。

2. 试验条件

（1）试验车辆的一般条件。

①试验车辆载荷，整车整备质量加上100kg（包括测量仪器和人员的质量）。

②试验仪器，车速测定仪器和车用油耗仪：精度为0.5%；计时器：最小读数为0.1s。

③试验车辆的性能应符合制造厂规定。

④试验车辆在试验前应进行磨合，至少应行驶3 000km。

⑤试验前，试验车辆的发动机机油温度和冷却液温度达到环境温度的±2℃范围。车辆应在常温下运行之后的30h之内进行试验。

⑥试验车辆必须清洁，车窗和通风口应关闭；只能使用车辆行驶必需的设备。如果有手控进气预热装置，应处于制造厂根据进行试验时的环境温度规定的位置。

⑦如果试验车辆的冷却风扇为温控型，应使其保证正常的工作状态。乘客舱的应关闭空调系统，但其压缩机应处于正常工作状态。

⑧试验车辆如果装有增压器，试验时增压器应处于正常工作状态。

⑨如果四轮驱动的试验车辆，只使用同轴两轮驱动进行试验，应在试验报告中注明。

（2）润滑油。

使用制造厂规定的润滑油。

（3）轮胎。

轮胎应选用制造厂作为原配件所要求的类型，并按制造厂推荐的轮胎最大试验负荷和最高试验速度对应的轮胎充气压力进行充气。轮胎可以与车辆同时磨合或者花纹深度应在初始花纹深度的50%～90%之间。

（4）试验燃料。

试验燃料应符合车辆制造厂规定。

（5）燃料消耗量的测量条件。

①距离的测量准确度应为0.3%，时间的测量准确度应为0.2s。燃料消耗量、行驶距离和时间的测量装置应同步启动。

②燃料通过一个精度为±2%的能测量质量的装置供给发动机，该装置使车辆上的燃料记录装置进口处的燃料压力和温度的改变分别不得超过10%和±5℃。如果选用容积法测量时，应记录测量点的燃油温度。

③也可以设置一套阀门系统以保证燃油从正常的供油管路迅速流入测量管路。改变燃油方向的操作时间不得超过0.2s。

（6）环境条件。

环境温度应在5（278）～35（308）℃（K）之间，大气压力应在91～104kPa之间。相对湿度应小于95%。

3. 模拟城市工况循环燃料消耗量试验

在底盘测功机上进行，轿车二十五工况循环试验如图3—2和表3—1所示。

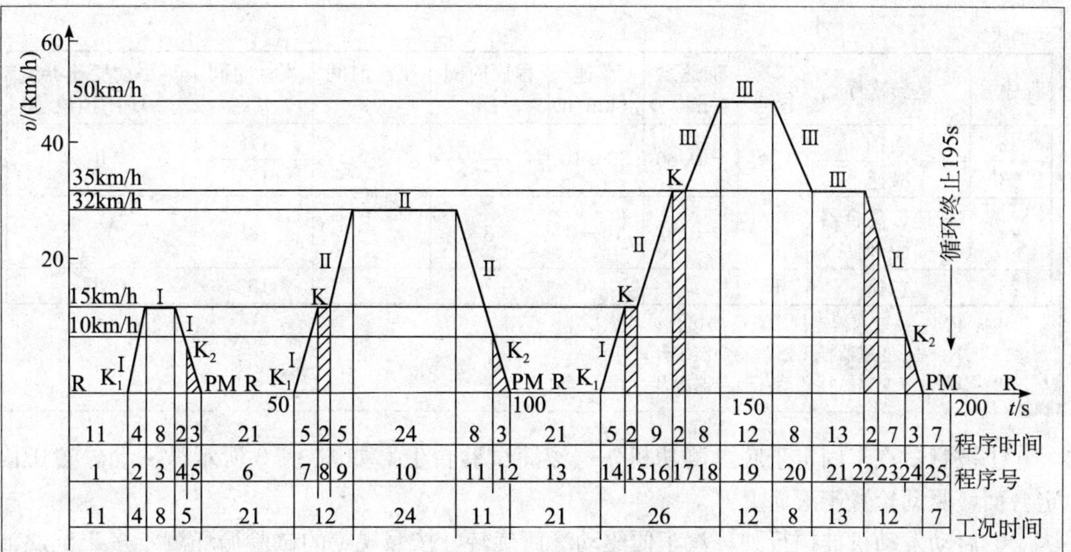

图 3—2 轿车二十五工况试验循环

表 3—1 轿车二十五工况试验循环试验表

程序号	运转次序	工况序号	加速度/(m/s²)	车速/(km/h)	程序时间/s	工况时间/s	累计时间/s	手动变速器所用挡位
1	怠速	1			11	11	11	PM6s+K₁5s
2	加速	2	1.04	0→15	4	4	15	Ⅰ
3	匀速	3		15	8	8	23	Ⅰ
4	减速		−0.69	15→10	2		25	Ⅰ
5	减速（离合器脱开）	4	−0.92	10→0	3	5	28	K₂
6	怠速	5			21	21	49	PM6s+K₁5s
7	加速		0.83	0→15	5		54	Ⅰ
8	换挡	6	0.94	15	2	12	56	K
9	加速			15→32	5		61	Ⅱ
10	匀速	7		32	24	24	85	Ⅱ
11	减速		−0.75	32→10	8		93	Ⅱ
12	减速、离合器脱开	8	−0.92	10→0	3	11	96	K₂
13	怠速	9			21	21	117	PM6s+K₁5s
14	加速		0.83	0→15	5		122	Ⅰ
15	换挡			15	2		124	K
16	加速	10	0.62	15→35	9	26	133	Ⅱ
17	换挡				2		135	K
18	加速		0.52	35→50	8		143	Ⅲ
19	匀速	11		50	12	12	155	Ⅲ
20	减速	12	−0.52	50→35	8	8	163	Ⅲ
21	匀速	13		35	13	13	176	Ⅲ

续前表

程序号	运转次序	工况序号	加速度/(m/s²)	车速/(km/h)	程序时间/s	工况时间/s	累计时间/s	手动变速器所用挡位
22	换挡	14	−0.86	32→10	2	12	178	Ⅱ
23	减速				7		185	
24	减速、离合器脱开		−0.92	10→0	3		188	K_2
25	怠速	15			7	7	195	PM7s

注：PM——变速器空挡，离合器接合；
K_1——变速器挂 1 挡，离合器脱开；
K_2——变速器挂 2 挡，离合器脱开。

①被测试汽车固定于底盘测功机——滚筒试验台上，如图 3—3 所示。从动轮置于固定台面，驱动轮置于滚筒上。

②启动发动机挂挡行驶，汽车便驱动滚筒旋转。按照规定的试验循环测定多工况燃油消耗量。

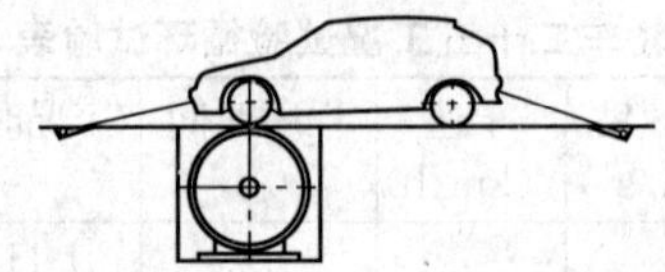

图 3—3　被测试汽车固定在滚筒试验台上

4. 等速行驶燃料消耗量试验

等速行驶燃料消耗量试验既可在测功机上进行，也可在道路上进行。

（1）道路试验。

①试验用道路状态应良好，任意的两点之间的纵向坡度不应超过 2%。路面干燥，可以有湿的痕迹，但不得有积水。道路长度 2km 以上，可以是封闭的环形路（测量路程必须为完整的环形路），也可以是平直路（试验在两个方向上进行）。

②平均风速小于 3m/s，阵风不应超过 5m/s。

③在第一次测量之前，车辆应进行充分的预热，并达到正常工作条件。在每次测量之前，车辆应在试验道路上以尽可能接近试验速度的速度（该速度在任何情况下与试验速度相差不得大于±5%）行驶至少 5km，以保持温度稳定。

④在测量燃料消耗量时，若速度变化超过±5%，冷却液、机油和燃油温度变化不应超过±3℃。

⑤选用常用挡位（一般为最高挡）以 20km/h、30km/h…等 10km/h 的整倍数车速等速驶过测量路段，至少测定 5 个试验车速。

⑥以试验车速为横坐标，燃料消耗量为纵坐标，绘制等速行驶燃料消耗量散点图，根据散点图绘制等速行驶燃料消耗量的特性曲线。

（2）底盘测功机试验。

车辆固定如图 3—3 所示。

①试验室的条件应能保证车辆在润滑油、冷却液和燃油的温度同在道路上用同一速度

行驶时的温度范围相一致的正常运行条件下进行试验。

②车辆的纵向中心对称平面与滚筒轴线垂直；车辆的固定系统不应增加驱动轮的载荷。

③车辆达到试验温度时，就应以接近试验速度的速度在测功机上行驶足够长的距离，以便调节辅助冷却装置来保证车辆温度的稳定性。该阶段持续时间不得低于5min。

④测量行驶距离不应少于2km。

⑤试验时，速度变化幅度不大于0.5km/h。

⑥至少应进行四次测量。

二、客车和载货汽车燃油经济性的检测方法

1. 试验项目

（1）等速行驶燃料消耗段试验。

（2）多工况循环燃料消耗量试验。

2. 试验条件

（1）试验车辆载荷客车为装载质量的65%；其他车辆为满载，乘员质量及其装载要求按GB/T 12534的规定。

（2）试验仪器。车速测定仪器和车用油耗仪：精度为0.5%；计时器：最小读数为0.1s。

（3）试验车辆的性能应符合制造厂规定。

（4）试验车辆必须清洁，关闭车窗和驾驶室通风口，只允许为驱动车辆所必需的设备工作。

（5）试验车辆必须按规定进行磨合。

（6）试验用燃料应符合车辆制造厂的规定。

（7）轮胎应选用车辆制造厂作为原配件所要求的类型，并按制造厂推荐的轮胎最大试验负荷和最高试验速度对应的轮胎充气压力进行充气。轮胎可以与车辆同时磨合或者花纹深度应在初始花纹深度的50%～90%之间。

3. 等速行驶燃料消耗量试验

（1）测试路段长度。

测试路段路面应良好、平直，长度500m（或1 000m）。

（2）试验方法。

选用常用挡位（一般为最高挡）以20km/h、30km/h…等10km/h的整倍数车速等速驶过测量路段（最小稳定车速高于20km/h时，从30km/h开始），直至最高车速的90%，至少测定5个试验车速。现代燃油流量计，可与五轮仪或非接触式速度计连接，而直接测出速度与百公里燃油消耗量。同一车速往返各进行两次。

（3）根据试验数据绘制等速行驶燃料消耗量特性曲线。

以试验车速为横坐标，燃料消耗量为纵坐标，绘制等速行驶燃料消耗量散点图，根据散点图绘制等速行驶燃料消耗量的特性曲线。

4. 多工况循环燃料消耗量试验

（1）工况循环。

载货汽车六工况试验循环如图 3—4 和表 3—2 所示。

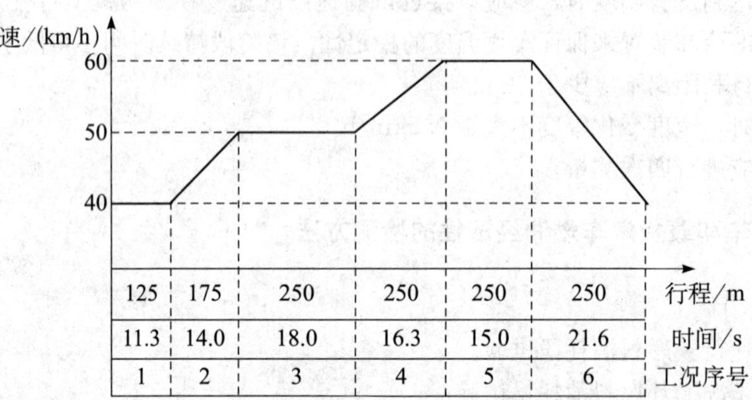

图 3—4 载货汽车六工况试验循环

表 3—2 载货汽车六工况试验循环表

工况序号	车速/(km/h)	行程/m	累积行程/m	时间/s	加速度/(m/s²)
1	40	125	125	11.3	—
2	40～50	175	300	14.0	0.20
3	50	250	550	18.0	—
4	50～60	250	800	16.3	0.17
5	60	250	1050	15.0	—
6	60～40	300	1350	21.6	−0.26

城市客车和双层客车（包括城市铰接式客车）四工况试验循环如图 3—5 和表 3—3 所示。

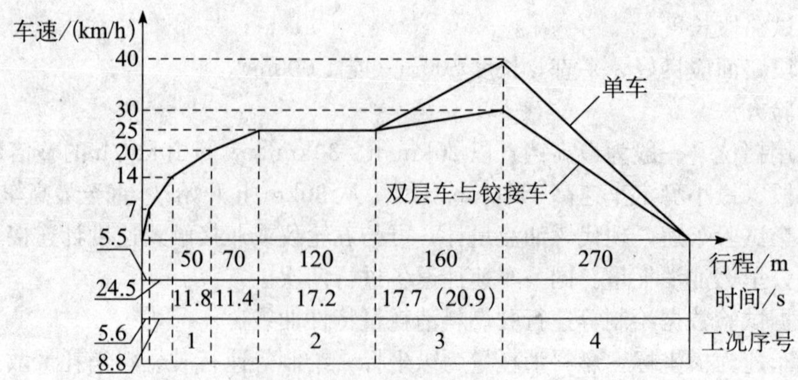

图 3—5 城市客车和双层客车四工况试验循环

表 3—3　　城市客车和双层客车（包括城市铰接式客车）四工况试验循环表

工况序号	车速/(km/h)	行程/m	累积行程/m	时间/s	变速器挡位及换挡车速	
					挡位	换挡车速/(km/h)
1	0～25 换挡加速	5.5	5.5	5.6	Ⅱ～Ⅲ	6～8
		24.5	30	8.8	Ⅲ～Ⅳ	13～15
		50	80	11.8	Ⅳ～Ⅴ	19～21
		70	150	11.4	Ⅴ	
2	25	120	270	17.2	Ⅴ	
3	25～40 (25～30)	160	430	17.7 (20.9)	Ⅴ	
4	减速至 0	270	700		空挡	

注：1. 具有五挡以上变速器的车辆采用Ⅱ挡起步，按表中规定循环试验；具有四挡变速器的车辆采用Ⅰ挡起步，将Ⅳ挡代替表中的Ⅴ挡，其他挡位依次代替，按表中规定试验循环进行。
2. 括号内的数字适用于双层客车及铰接客车

（2）道路试验。

①尽量用高挡进行试验，当高挡位达不到工况要求，超出规定偏差时，应降低一挡进行，当车辆进入可使用高挡行驶的等速行驶段和减速行驶段时，再换入高挡进行试验。换挡应迅速、平稳。

②减速行驶中，应完全放松加速踏板，离合器仍接合。当试验车速降至 10km/h 时，分离离合器，必要时，减速工况中允许使用车辆的制动器。

③每循环试验后，应记录通过循环试验的燃料消耗量和通过的时间。

④当按试验循环完成一次试验后，车辆应迅速调头，重复试验。

⑤试验往返各进行两次。取四次试验结果的算术平均值为多工况燃料消耗量试验的测定值。

（3）底盘测功机试验。

四工况循环和六工况循环试验也可在底盘测功机上进行，如图 3—3 所示。

三、车用油耗仪的工作原理及其使用

测定汽车的燃油消耗量，须采用车用油耗仪。车用油耗仪按照测试方法可分为：容积式油耗仪、质量式油耗仪、流量式油耗仪和流速式油耗仪，其中容积式油耗仪最为常用，文中仅介绍容积式油耗仪。油耗仪由油耗传感器和显示装置组成。

1. 车用油耗仪的工作原理

容积式油耗仪通过测量发动机运转时累计消耗的燃料总量，将汽车行驶时间和行驶里程换算成汽车的燃油消耗量。

容积式油耗仪按照传感器结构，可分为膜片式、量管式和活塞式三种；按照显示装置的显示方式，可分为电磁计数显示式和数字显示式。

（1）油耗传感器。

如图 3—6 所示，为四活塞式车用油耗仪传感器简图。主要由活塞、液压缸、连杆、曲轴、壳体、进出油道等组成。

四个活塞及其液压缸呈十字形向心布置，工作原理如图 3—7 所示。

在泵油压力的作用下，燃油推动活塞往复运动，四个活塞各往复运动一次则曲轴旋转一周，完成一个进排油循环。图 3—7（a）所示活塞 1 处于进油行程，来自曲轴箱的燃油由油

道 P_3 进入活塞 1 的顶部推动其下行，并使曲轴顺时针旋转；活塞 2 处于排油行程终了；

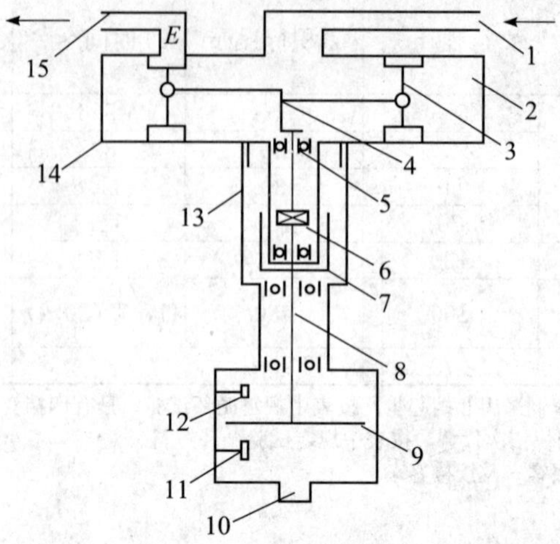

图 3—6　四活塞式车用油耗仪传感器简图

1—进油道；2—油缸；3—活塞；4—曲轴；5—曲轴轴承；6—主动磁铁；7—从动磁铁；8—转轴；9—光栅板；10—电缆线插座；11—光敏元件；12—发光元件；13—下壳体；14—上壳体；15—出油道

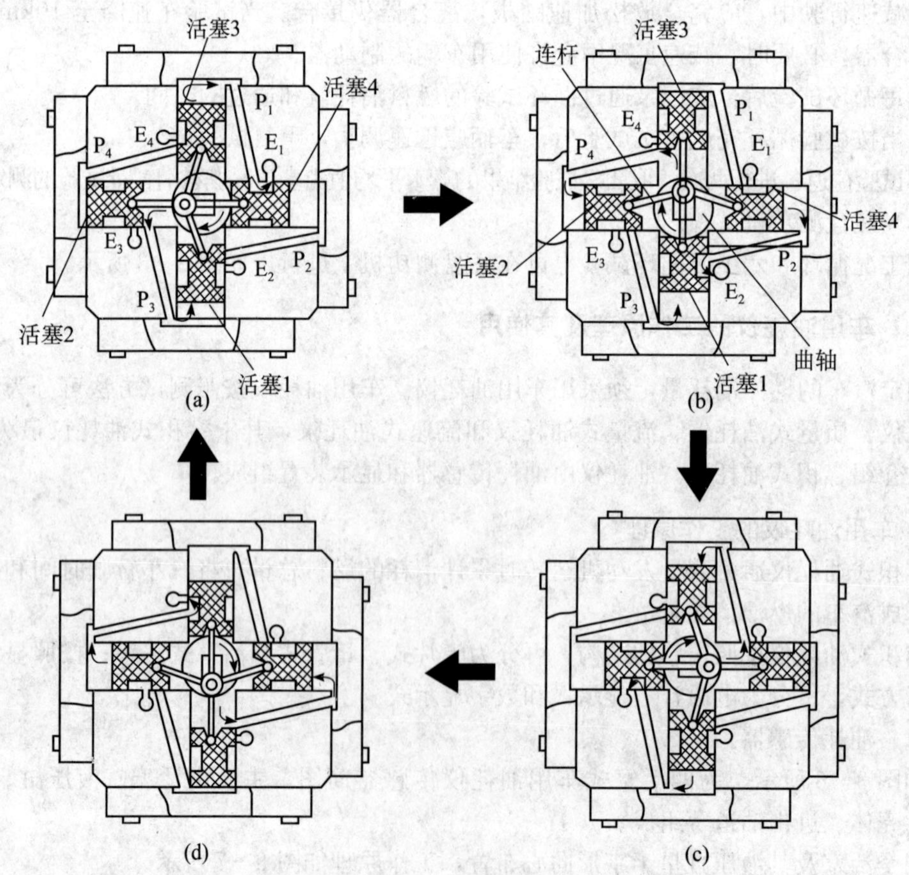

图 3—7　四活塞式车用油耗仪传感器工作原理

P_1、P_2、P_3、P_4—油道；E_1、E_2、E_3、E_4—排油口

活塞 3 处于排油行程，燃油从活塞 3 的顶部经油道 P_1 从排油口 E_1 排出，活塞 4 处于进油终了。曲轴顺时针旋转 90°处于图 3—7（b）位置时活塞 1 处于进油终了，活塞 2 处于进油行程，来自曲轴箱的燃油由油道 P_4 进入活塞 2 的顶部，活塞 3 处于排油行程终了，活塞 4 处于排油行程，燃油从活塞 4 的顶部经油道 P_2 从排油口 E_2 排出。曲轴顺时针旋转分别经过图 3—7（c）和图 3—7（d）的状态后又回到图 3—7（a）的状态。如此循环往复，曲轴每旋转一周，各缸分别泵油一次，从而具有连续定容量泵油的作用曲轴每旋转一周的泵油量为：

$$V = 2h\pi d^2$$

式中：h ——曲轴偏心距，cm；

d ——活塞直径，cm。

信号转换机构装在曲轴的另一端，由主动磁铁、从动磁铁、转轴、光栅板、发光元件、光敏元件等组成，如图 3—6 所示。主动磁铁 6 装在曲轴上，从动磁铁 7 装在转轴上，转轴的下端安装有光栅板，在光栅板的两侧装有发光元件和光敏元件。当曲轴转动时，由于一对永久磁铁的吸引作用，转轴及光栅板也随之转动，通过发光元件和光敏元件的光电作用，把曲轴的转动变成电脉冲信号。每个电脉冲信号代表一定容积的燃油量。电脉冲信号被输送到计量显示装置，经计算、处理后即可显示出流经的燃油量。

（2）显示装置。

车用油耗仪的显示装置多采用微机控制数字显示，如图 3—8 所示，为国产 STJ—3 型油耗仪显示装置。该显示装置能测定各种类型发动机油耗的累积流量、瞬时流量、道路行驶流量和累计时间等参数，并具有定时间、定容积、定质量等功能，能对数据进行运算、处理、存储、显示和打印。

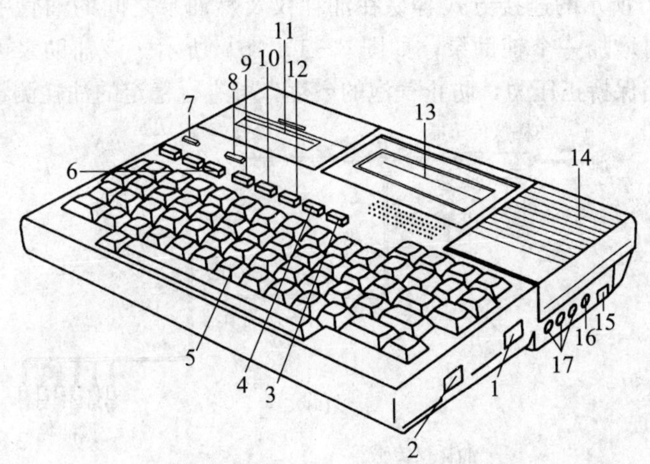

图 3—8　国产 STJ—3 型油耗仪显示装置

1—屏幕图像对比度调节钮；2—电源开关；3—运行/功能键；4—打印键；5—键盘；6—复位键；7—打印机开关；8—手工供纸按钮；9—开始键；10—停止键；11—打印机；12—连存键；13—显示器；14—微型磁带机；15—复零键；16—条形码接口；17 一音频接口

还有些智能化显示装置，如国产 ZHZ14 型汽车综合参数测试仪，不仅包括油耗仪功能，还能测试试验车速、累计里程、燃油温度等，并能按照国家标准的规定自动完成等速燃油消耗量试验、多工况燃油消耗量试验和手动完成百公里燃油消耗量试验等测试工作。

2. 车用油耗仪的连接

在使用车用油耗仪检测汽车燃油经济性时，需要串接在供油管路中。连接方式随发动机形式的不同而有所不同。

（1）化油器式汽油机的连接。

化油器式汽油机的供油管路中无回油管，可将油耗仪直接串接在汽油泵和化油器之间的管路中，如图 3—9 所示。

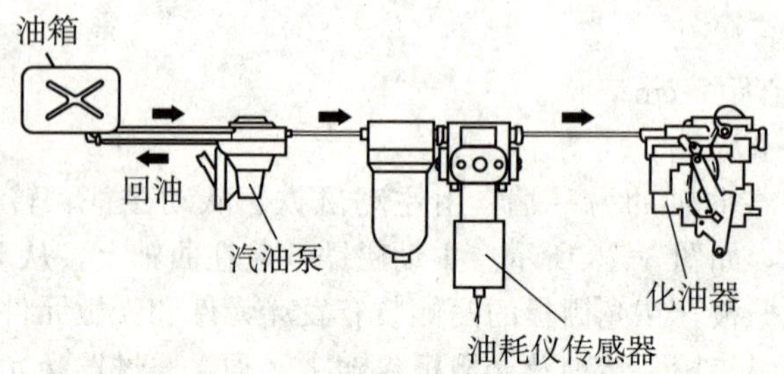

图 3—9　化油器式汽油机油路的连接

（2）燃油喷射式汽油机的连接。

目前国内汽车的汽油机普遍采用电控燃油喷射式供油系，燃油泵的供油量远大于喷油器的需油量，多余的燃油经回油管流回油箱。油耗仪的连接应避免因回油造成的多余计数。其连接方式如图 3—10（a）所示，燃油泵外置，燃油压力调节器的回油管连接在油耗仪的出口管路端。

图 3—10（a）所示的连接方式容易在油耗仪及燃油泵之间的油管中因负压而产生气泡，形成气阻。可增加一个辅助泵，如图 3—10（b）所示。该辅助泵可保证油耗仪及燃油泵进油端的油路保持正压力，防止气泡的产生，可进行稳定的油耗测量。

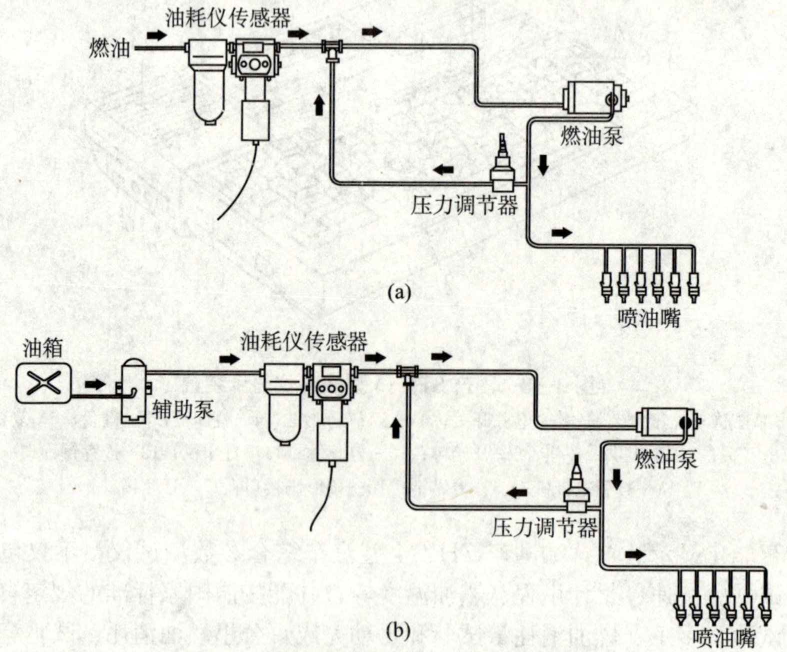

图 3—10　燃油喷射式汽油机油路的连接

（3）柴油机的连接。

如图 3—11（a）所示为油耗仪在柴油机供油管路中的连接方法。同样，为了避免回油带来的计量失准，必须把回油管路连接在油耗仪的出口管路端。为了避免大需油量柴油机检测时出现气泡，引起测量误差，应在油箱和油耗仪之间安装辅助油泵，如图 3—11（b）。

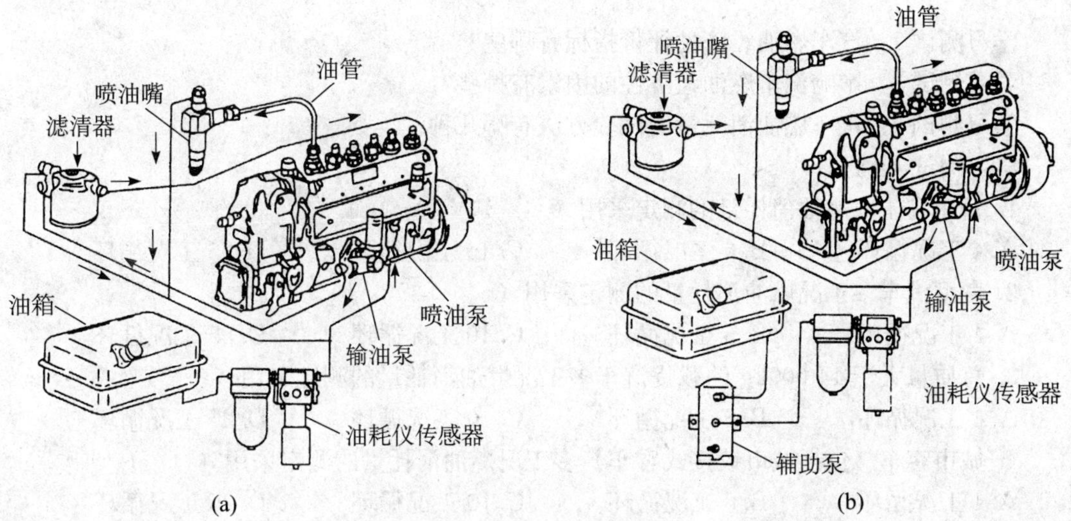

图 3—11　柴油机油路的连接

3. 车用油耗仪的使用

以国产 ZHZ14 型汽车综合参数测试仪为例。

（1）仪器自校。

接通电源，开机或按下“自校”键后，仪器自动进入自检状态，可对面板、拨码盘、测温系统、测量系统、打印机等进行检查，并按给定的方法由操作人员判断仪器是否有故障，显示的参数是否正确和能否正常工作等。

（2）测量。

按下“启动”键，仪器将自检数据清零，进入正常测量状态。此时，按照规定的试验方法，可在道路条件下进行直接挡全油门燃油消耗量试验、等速燃油消耗量试验，多工况燃油消耗量试验、限定条件下的平均使用燃油消耗量试验。通过按键，仪器可显示累计路程、累计耗油量、瞬时耗油量、累计时间、试验车速和燃油温度等参数。按下“打印”键，可打印出测量结果。

该仪器还设置了专用试验功能，可自动完成国家标准规定的等速燃油消耗量试验和多工况燃油消耗量试验，也可手动完成百公里燃油消耗量试验，能省去标杆和指示人员。

（3）测量结束。

从汽车上拆下油耗仪，将传感器内的油液排净，并注入经过加热蒸发过水分的润滑油妥善保管。

（4）定期标定油耗仪系数。

车用油耗仪是使用一段时间后，由于油耗仪传感器技术状况变化，测量精度下降，因此需要定期重新标定油耗仪系数。标定时按仪器使用说明书介绍的方法进行。通常的作法是先测定油耗仪传感器的实际输油量，再与显示装置的指示量相比较，求出新的标定系数，使仪器的指示误差通过确定新的标定系数而得到校正。

学习测试

学习测试 1：汽车燃油经济性评价指标有哪些？

学习测试 2：影响汽车燃油经济性的因素有哪些？

学习测试 3：汽车燃油消耗量的试验方法有哪几种？

学习测试 4：选择

1. 轿车多工况燃油消耗量的测定采用（　　）。

A. 4 工况循环　　B. 6 工况循环　　C. 10 工况循环　　D. 25 工况循环

2. 微型汽车多工况燃油消耗量的测定采用（　　）。

A. 4 工况循环　　B. 6 工况循环　　C. 10 工况循环　　D. 25 工况循环

3. 总质量大于 14 000kg 的载货汽车多工况燃油消耗量的测定采用（　　）。

A. 4 工况循环　　B. 6 工况循环　　C. 10 工况循环　　D. 25 工况循环

4. 城市客车（包括城市铰接式客车）多工况燃油消耗量的测定采用（　　）。

A. 4 工况循环　　B. 6 工况循环　　C. 10 工况循环　　D. 25 工况循环

工作单 1

姓名________________　　日期________________________

汽车燃油经济性的检测（室内台架试验法）

完成此工作单后，你将应该能够正确使用底盘测功机检测汽车等速百公里燃油消耗量。

工具和材料

一辆实训汽车及其使用维修手册

底盘测功机及其说明书

所检测汽车的描述

制造年份____________________　制造商____________________

VIN________________________　型号______________________

发动机型号__________________　车辆行驶里程______________

步骤

1. 试验条件和准备工作

(1) 环境状态。

环境温度 0～40℃；

环境湿度 ＜85％；

大气压力 80～110kPa。

准备好温度计、湿度计和气压计。

(2) 试验台准备。

用被检车辆带动底盘测功试验台滚筒运转，使试验台预热至正常热状态。

（3）车辆准备。

汽车开上底盘测功试验台以前，必须通过路试运行至正常工作温度，然后调试发动机供油系、点火系至最佳工作状态，检查并紧固传动系、车轮的连接情况，检查轮胎气压并使达到汽车制造厂的规定值。

2. 试验方法

（1）将车辆行驶到底盘测功试验台上。放下举升器，并视需要用三角木对车辆从动轮进行纵向约束。

（1）逐挡加速至常用挡位（直接挡或超速挡），同时给滚筒加载，使车辆模拟满载等速行驶，直到达到规定试验车速（如 20km/h）。

（3）待车速稳定后，测量不低于 500m 行程的燃油消耗量。连续测量两次等速燃油消耗量，取算术平均值。

（4）按照 20km/h（或 10km/h）的间隔测试车速 30km/h、40km/h、50km/h…等试验车速的燃油消耗量。

（5）计算等速百公里燃油消耗量。

指导老师评语

____

____

____。

汽车燃油经济性的检测考核评分表

时间：＿40min＿　班级：＿＿＿＿　考生姓名：＿＿＿＿

序号	考核内容	配分	评分标准	扣分	得分
1	正确选择并使用工具	10	工具，仪器选择使用不当一次扣 3 分		
2	检测前的准备	10	仪器及设备调整不当一处扣 5 分		
3	检测进程	40	按照正确操作步骤检测 40 分		
4	结果的处理和分析	20	根据检测结果，能进行正确的分析 20 分		
5	整理工具，清理现场	10	每缺一项扣 5 分		
6	着装及安全文明生产	10	因违规操作，发生人身和设备事故，记 0 分		
7	按时完成		每超时一分钟扣 3 分，超时 3 分钟结束考核		
8	分数合计				

操作时间：＿＿＿＿　考核教师：＿＿＿＿

汽车燃油经济性的检测数据记录单

试验车速/(km/h)	20	30	40	50	60	70	80	90	100
等速百公里油耗 /(L/100km)									

根据以上检测结果，分析如下：

____

____

____

____。

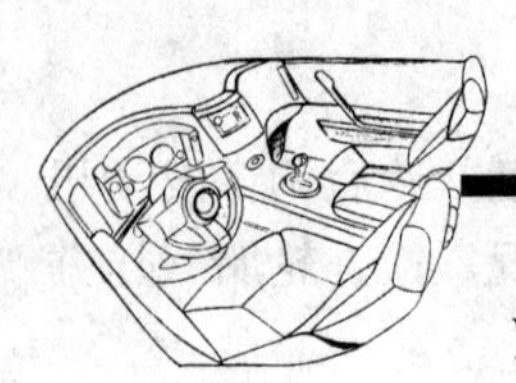

第四章

汽车排放污染物及噪声检测

引言

汽车排放的污染物和噪声是公认的城市公害。它们污染了人类的生存环境，影响了人们的身体健康，已发展成为严重的社会问题，特别是在当前全球气候变暖、臭氧层空洞、噪声污染等环境问题日以严重的情况下，监督并检测排气污染物浓度和控制噪声已成为汽车检测项目中极为重要的组成部分。

第一节　汽车排放污染物的主要成分

学习目标：能够正确叙述汽车排放污染物的主要成分，知道各排放污染物的生成机理。

当前，由于汽车排放的污染物对环境的影响日益严重，并已经开始危害人类的身心健康，美国、日本和欧洲等国家和地区对车辆排放都制定了严格的法规，控制汽车污染物的排放。

我国于1989年颁布了环境保护法，1983年发布并于1984年实施了《汽车污染物排放标准和测量方法》，又在1993年、1999年对其进行了修订。国家质量技术监督局于2000年12月28日发布了GB 18285—2000《在用汽车排放污染物限值及测试方法》。2001年1月31日国家质量技术监督局又发布了GB 14761—2001《汽车排放污染物限值及测试方法》。从此，我国治理汽车排放污染走上了较为严格的道路。为了进一步控制汽车排放污染，2005年4月15日国家环境保护总局以及国家质量监督检验检疫总局联合发布了GB 18352.3—2005《轻型汽车污染物排放限制及测量方法》，即通常所说的国Ⅲ、国Ⅳ排放标准，国Ⅲ排放标准于2007年7月1日起实施。

汽车排放的污染物的检测一般分为汽油车排放污染物的检测和柴油车排放污染物的检测，它们分别有专用的检测设备及检测方法。

一、汽车排放污染物的主要成分

1. 一氧化碳（CO）

汽车排放污染物中的CO是烃燃料燃烧的中间产物，因燃烧时氧气相对不足而产生，其生成量主要取决于混合气的成分。理论上在氧气充足的情况下（混合气空燃比≥14.7∶1），燃料燃烧将不产生 CO，但实际上由于可燃混合气的不均匀分布，总会出现局部缺氧的情况，使得废气中有一定量的 CO；当空气量不足（即混合气空燃比≤14.7∶1）时，必然会有部分燃料不能完全燃烧而生成 CO。

CO 是一种无色无味的气体，被吸入人体时，很容易和血红蛋白结合，并输送到体内，从而阻碍氧的运输，造成人体一氧化碳中毒，严重时可能引起窒息甚至死亡。

2. 碳氢化合物（HC）

汽车排放污染物中的 HC 是不完全燃烧的产物之一，同时也来自于汽油的蒸发、曲轴箱窜气。不完全燃烧的原因主要是可燃混合气过浓、发动机温度低、电火花弱、点火不正时等。

一般情况下 HC 不会对人们的身体健康造成危害，但当 HC 的浓度达到相当高的水平时，会对人体产生明显影响。另一方面，HC 也是产生光化学烟雾的重要成分。

3. 氮氧化物（NO_x）

汽车排放污染物中的 NO_x 是高温燃烧的产物，氮气在高温（约 1 400℃以上）和氧结合生成氮氧化物。其生成量取决于三个因素：氧的浓度、温度及反应时间。发动机燃烧温度越高，生成的氮氧化物就越多。氮氧化物中约有 97%～98%是 NO，如果空气中有高浓度的 NO，会引起神经中枢的障碍，并且很容易被氧化成剧毒的 NO_2，NO_2 有特殊的刺激性臭味，严重时会引起肺气肿。

另外，HC 与 NO_2 混合物在紫外线作用下进行光化学反应，形成主要成分为 O_3（臭氧）的黄色烟雾，该现象称为“光化学烟雾”。在大气中产生的臭氧等过氧化物，对人的眼、鼻和咽喉黏膜有较强的刺激作用，引起结膜炎、鼻炎、支气管炎等症状，并伴随有难闻的臭味，严重时可致癌。

4. 硫氧化物（SO_2）

汽车排放污染物中还有硫氧化物，其主要成分为 SO_2。如果汽车使用了催化净化装置，会大大减少尾气中 SO_2 的含量。而少量的 SO_2 会逐渐在催化剂表面堆积，造成催化剂中毒，危害催化剂的使用寿命。SO_2 也会对人类的健康造成危害。另外，SO_2 还是造成酸雨的主要物质。

5. 二氧化碳（CO_2）

世界工业化进程引起的能源大量消耗，导致大气 CO_2 的剧增。其中约 30%来自汽车排放。CO_2 为无色无毒气体，对人体无直接危害，但大气中的 CO_2 大幅度增加，因其对红外热辐射的吸收而形成的温室效应，会使全球气温上升、南北极冰层溶化、海平面上升、沙漠趋势加剧，使地球的生态环境遭到破坏。近年来对 CO_2 的控制也已上升为汽车排放研究的重要课题。

6. 浮游微粒（PM）

汽油机排放的主要微粒为铅化物、硫酸盐、低分子物质；柴油机中主要微粒为石墨形的含碳物质（碳烟）和高分子量有机物（润滑油的氧化和裂解产物）。柴油机的微粒量比汽油机多 30～60 倍，成分比较复杂。

碳烟中除了含有直径为0.1～10 μm的多孔性碳粒外，往往粘附有SO_2及致癌物质，如果被人体吸入肺部沉淀下来，会严重危害人体健康。

二、汽车排放污染物的影响因素

通过上述分析可知，汽车排放的污染物主要是指可燃混合气没有充分燃烧形成的碳氢化合物、氮氧化物、一氧化碳、碳烟等。汽车排放污染物生成量除了受可燃混合气浓度影响之外，还受点火时间、配气相位、压缩比、燃烧室、燃油性质、汽车技术状况等的影响。

1. 可燃混合气浓度

如图4—1所示，可燃混合气浓度对汽车排放污染物CO、HC、NO_x的影响。实际空燃比小于理论空燃比（约14.7）的范围内，随空燃比的降低，混合气变浓，CO、HC的生成量增多，NO_x的生成量减少。空燃比约为16时，CO、HC的生成量最少，而NO_x的生成量最大。随着空燃比进一步升高，会因为混合气的局部缺氧，仍有少量的CO生成；但由于混合气过稀（空燃比大于18），发动机工作不稳定，燃烧速度变慢，燃烧温度降低，使HC的生成量增加，NO_x的生成量迅速下降。

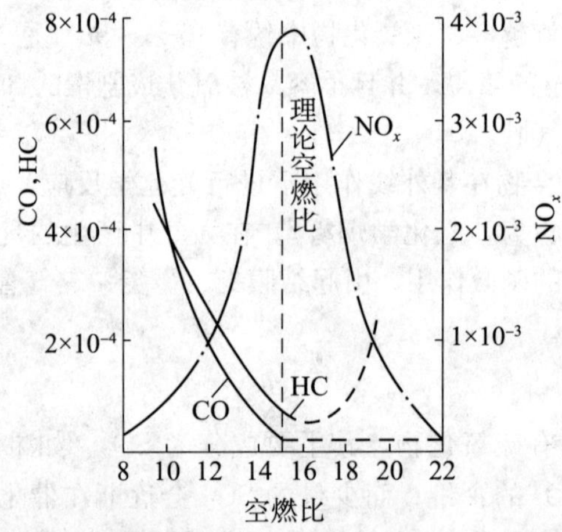

图4—1 可燃混合气浓度与CO、HC、NO_x生成量的关系

2. 点火时间

汽油机的点火时间与可燃混合气浓度对NO_x排放量的影响，如图4—2所示。点火提前角增大时，燃烧室内的最高压力和温度提高，NO_x的排放浓度增大。点火提前角对CO的影响较小，而对HC的影响较大，如图4—3所示。

柴油机喷油提前角与排放污染物生成量的关系如图4—4所示。随着喷油提前角的增加，气缸内最高温度升高，NO_x的生成量增加、HC减少、CO基本不变。

3. 配气相位

气缸内残余废气的多少对NO_x的生成量有很大影响。残余废气增多，稀释了可燃混合气，降低了燃烧室中的最高温度，使得NO_x的生成量减少。气缸中的残余废气受配气相位的影响。

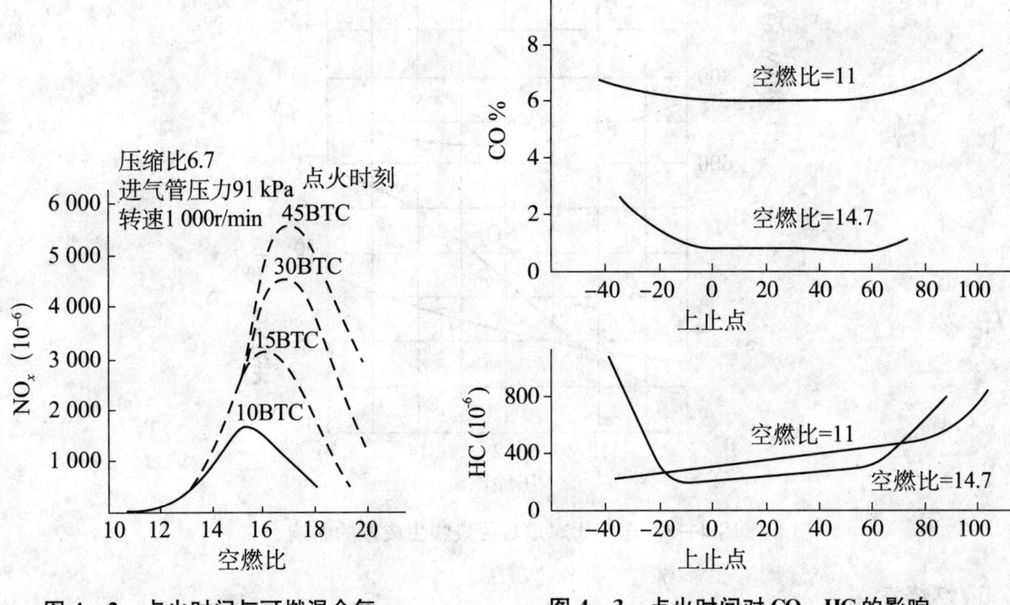

图 4—2　点火时间与可燃混合气浓度对 NO_x 的影响

图 4—3　点火时间对 CO、HC 的影响

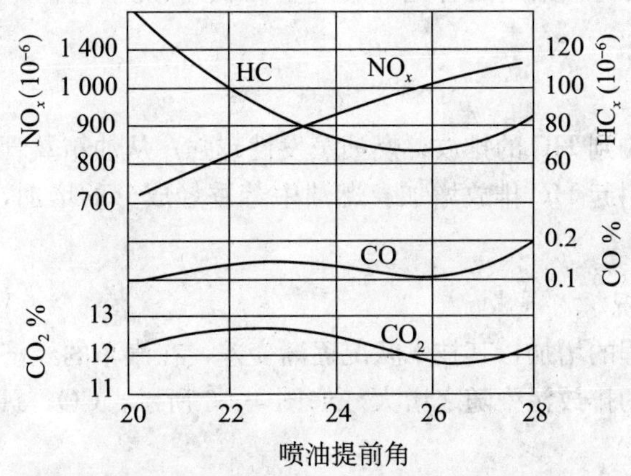

图 4—4　柴油机喷油提前角与排放污染物生成量的关系

排气门早关，会因废气排放不完全，而使 NO_x 的生成量减少，该措施对于高转速时有效。进气门早开会使可燃混合气被废气稀释，而使 NO_x 的生成量减少，该措施在部分负荷或低转速时有效。较长的气门重叠（即早开进气门，晚关排气门），特别在低转速和部分负荷的情况下，因可燃混合气被废气强烈稀释而减少。

气门重叠位置提前（即早开进气门，早关排气门），高速时对 NO_x 的减少有利；气门重叠位置延迟，则在低速时对 NO_x 的减少有利。

4. 压缩比

压缩比对排放污染物生成量的影响，如图 4—5 所示。提高发动机的压缩比可使发动机热效率提高，但燃烧室的最高温度也会相应提高，从而使 NO_x 的生成量增加。因此发动机的压缩比不能过高。

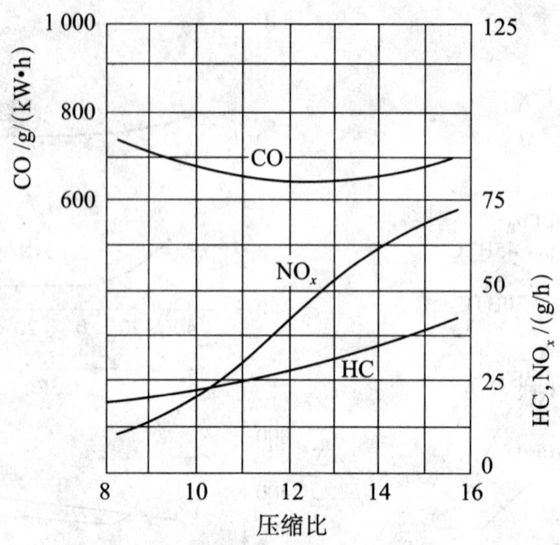

图 4—5　压缩比对排放污染物生成量的影响

5. 燃烧室

燃烧室壁面温度相对较低，在接近燃烧室壁面的可燃混合气，不能充分燃烧，使得 HC 的生成量增加。因此，采用面容比（燃烧室面积/燃烧室容积）小的燃烧室有利于减少 HC 的排放。

6. 燃油性质

燃油的蒸发性影响到 HC 的排放，燃油蒸发性越强，从油箱及管路中溢出燃油蒸气的可能性就越大，容易引起 HC 排放增加。燃油中芳香烃成分的增加，会使 NO_x 的生成量增加。

7. 汽车的技术状况

随着汽车行驶里程的增加，其技术状况逐渐变差，在汽车的经济性、动力性及可靠性等下降的同时，汽车的排放污染随之增大。如图 4—6 所示，CO，HC 的排放量与汽车行驶里程的关系。

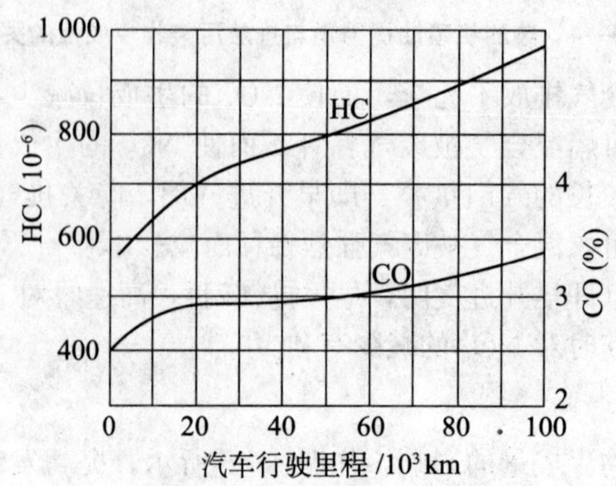

图 4—6　CO，HC 的排放量与汽车行驶里程的关系

三、降低汽车排放污染物的措施

为了降低汽车排放污染物，一方面可通过优化发动机自身结构，减少排放污染物的生成量，即前处理措施；另一方面，可对排放污染物生成之后进行无害化处理，即后处理措施。

1. 前处理措施

前处理措施主要有以下方面：

（1）研制低污染动力源的汽车。

在汽车上采用低污染动力源是排气净化的根本措施。新型动力源汽车主要有电动汽车、太阳能汽车及燃料电池汽车等，可以有效地解决汽车排放问题，但由于各种技术不成熟，目前还没有大量应用。

对现有发动机的改造也能够有效地减少排放污染物。在我国较为普遍的有：在汽油中按一定比例加入乙醇，形成乙醇汽油燃料；采用天然气作为汽车燃料的天然气汽车。

（2）优化发动机结构，采用电控技术。

从汽车排放污染物的生成机理及影响因素出发，通过选择合适的压缩比、优化燃烧室结构、合理选用燃油；再通过电控技术（电控燃油喷射、电控点火等）的应用，精确控制可燃混合气浓度、点火时刻，采用配气相位可变技术、废气再循环；再加上及时对车辆的技术状况进行检查和调整，适时报废等措施均能够有效减少汽车排放污染物的生成量。

采用稀薄燃烧、分层燃烧技术，在火花塞附近供给易燃的浓混合气，在其外面是稀混合气层。能够使发动机在稀混合气的条件下工作，因此 HC 及 CO 生成量较少。同时燃烧的温度低，NO_x 的生成量也较少。

2. 后处理措施

后处理措施是通过设置相应的净化处理装置对汽车排放污染物进行无害化处理，现在应用于汽车上的净化处理装置有很多，例如，二次空气喷射装置、热反应器、三元催化转换器、曲轴箱通风、燃油蒸发净化装置等。

第二节　汽油车排放污染物的检测

学习目标：能够用排放污染物的检测设备对汽油车进行排放污染物的检测。

学习方法：学生分组在实训室由实训指导教师指导完成。

一、汽油车排放污染物检测项目

汽油车排放污染物的检测一般分为怠速和双怠速检测、加速模拟工况（ASM）检测等。

怠速和双怠速检测主要是检测车辆在怠速或者高怠速时尾气中污染物的含量，并通过尾气分析仪将其转化为数字显示出来。加速模拟工况（ASM）检测是检测车辆在加速模拟工况（ASM）时尾气中污染物的含量，并通过尾气分析仪将其转化为数字显示出来。

二、汽油车排放污染物的检测

为了不断改善空气质量，尽量减少汽车尾气污染物的排放，国家质量技术监督局于2005年5月30日发布了GB 18285—2005《点燃式发动机排气污染物排放限值及测量方法》。该标准规定对“装配点燃式发动机的车辆”进行怠速试验、双怠速试验和加速模拟工况（ASM）试验。

1. 怠速和双怠速试验法

怠速工况是指车辆变速箱位于空挡、离合器为接合位置、发动机油门松开、低速空转的状态。怠速检测排放测量方法要求，发动机由怠速工况加速至额定转速的70%，维持60s后降至怠速。将取样探头插入排气管中，维持15s后开始读取30s内的最高值和最低值，取平均值为测量结果。

双怠速检测方法相比较怠速检测法增加了一个高怠速点的排放检测，其检测程序是：发动机由怠速工况加速至额定转速的70%，维持60s后降至高怠速（即额定转速的50%），将尾气分析仪的取样探头插入并固定在排气管中（深度为40cm）。发动机在高怠速状态维持15s后开始读数，读取30s内的最高与最低值，取平均值为怠速排放测量结果。然后发动机从高怠速状态降至怠速状态，在怠速状态维持15s后开始读数，读取30s内的最高值与最低值，其平均值为怠速排放测量结果。若发动机有多个排气管，分别取各排气管高怠速和怠速排放测量结果的平均值。

增加了高怠速点检测的双怠速试验虽然是一个过渡性的检测方法，但它的存在是完全有必要的：一是增加了高怠速点的检测后，扩大了对普通化油器式的车辆的污染物排放的控制范围。用双怠速试验法进行尾气检测更能够有效地发现化油器混合气供给系统中的故障，从而督促人们进一步检查、维护与修理，彻底恢复发动机良好工作状态。二是对于装有电喷和三元催化装置的车辆，用高怠速点测得的CO、HC排放量和过量空气系数值来综合分析与判断车辆的电控系统和催化装置是否工作正常，能及时发现污染物排放控制部件的问题，以彻底排除故障。

汽油发动机怠速污染物的检验，采用不分光红外线吸收型检测仪，按规定程序检测CO和HC的浓度值。

（1）仪器准备。

首先按仪器使用说明的要求做好各项检查工作。然后接通电源，对气体分析仪预热30min以上。

（2）仪器校准。

①用标准气体校准。先让气体分析仪吸入清洁空气，用零点调整旋钮把仪表指针调整到零点；然后把仪器附带的标准气样从标准气样注入口注入，再用标准调整旋钮把仪表指针调到标准指示值。CO校准的标准值就是标准气瓶上标明的CO浓度值；HC校准的标准值，由于是用丙烷（C_3H_8）作为标准气样，因而需要求出正己烷（C_6H_{14}）的换算值作为校准的标准值，其换算公式为：

校准的标准值（即正己烷换算值）＝标准气样（丙烷）浓度×换算系数

其中，校准气样（丙烷）浓度即标准气样瓶上标明的浓度值；换算系数是分析仪的给出值，一般为0.472～0.578。

②仪器的零位校准：取下水分离器，吸入清洁空气，待指针充分稳定后，调整零位旋钮，使指针指到零位。仪器的量具校准：将泵开关拨到"关"位，使标准气瓶喷嘴对准仪器的标准气入口，用力压紧直到指示稳定，一般只需7～8s。取下标准气，密封标准气入口，用螺丝刀调整CO，HC量具旋钮，使其指示与标准瓶标明的气体浓度（或换算浓度）一致。

③仪器的简易校准。如图4—7所示，接通简易校准开关，对于有校准位置刻度线的分析仪，用HC标准调整旋钮1、CO标准调整旋钮2将指示调整到正对校准刻度即可；如果没有校准位置刻度线，则要在标准气样校准时，在标准指示值做上记号，然后立即进行简易校准，使仪表指针与标准指示记号重合即可。

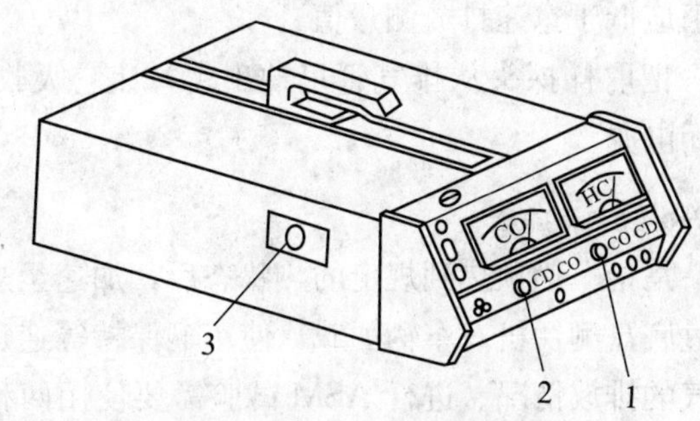

图4—7　废气分析仪简易校准

1—HC标准调整旋钮；2—CO标准调整按钮；3—简易校准开关

④把取样探头和取样导管安装到分析仪上，此时如果仪表指示超过零点，则表明导管内壁吸附有较多的HC，需要用压缩空气或布条清洁取样探头和导管。

（3）车辆或发动机准备。

①进气系统应装有空气滤清器，排气系统应装有排气消声器，并不得有泄漏。

②汽油应符合规定。

③测量时发动机冷却水和润滑油温度应达到汽车使用说明书所规定的热状态。

（4）怠速测量程序。

①必要时在发动机上安装转速计、点火正时仪、冷却水和润滑油测量等测试仪器。

②发动机由怠速工况加速至0.7额定转速，维持60s后降至怠速状态。

③发动机降至怠速状态后，将取样探头插入排气管中，深度等于400mm，并固定于排气管上。

④发动机在怠速状态，维持15s后开始读数，读取30s内的最高值和最低值，其平均值即为测量结果。

⑤若为多排气管时，取各排气管测量结果的算术平均值。

⑥测量工作结束后，把取样探头从排气管里抽出来，让它吸入新鲜空气5min，待仪

器指针回到零点后再关闭电源。

(5) 双怠速测量程序。

①必要时在发动机上安装转速计、点火正时仪、冷却水和润滑油测温计等测试仪器。

②发动机由怠速工况加速至 0.7 额定转速，维持 60s 后降至高怠速（即 0.5 额定转速）。

③发动机降至高怠速状态后，将取样探头插入排气管中，深度等于 400mm，并固定于排气管上。

④发动机在高怠速状态维持 15s 后开始读数，读取 30s 内的最高值和最低值。取平均值即为高怠速排放测量结果。

⑤发动机从高怠速状态降至怠速状态，在怠速状态维持 15s 后开始读数，读取 30s 内的最高值和最低值，其平均值即位怠速排放测量结果。

⑥若为多排放气管时，分别取各排气管高怠速排放结果的平均值和怠速排放结果的平均值（高怠速排放测量值应低于怠速排放测量值）。

⑦测量工作结束后，把取样探头从排气管里抽出来，让它吸收新鲜空气 5min，待仪器指针回到零点后再关闭电源。

2. 加速模拟工况（ASM）试验法

所谓加速模拟工况，是指车辆预热到规定的热状态后，加速至规定车速，根据车辆规定车速的加速负荷，通过底盘测功机对车辆加载，使车辆保持等速运转的运行状态。在这样的工况下测试汽车尾气的排放情况。进行 ASM 试验需要使用两种设备：底盘测功机和排气分析仪。

加速模拟工况试验方法简称工况法。工况法由两个试验工况组成，分别称为 ASM5025 和 ASM2540。试验过程如图 4—8 所示。表 4—1 为加速模拟工况运转循环表。

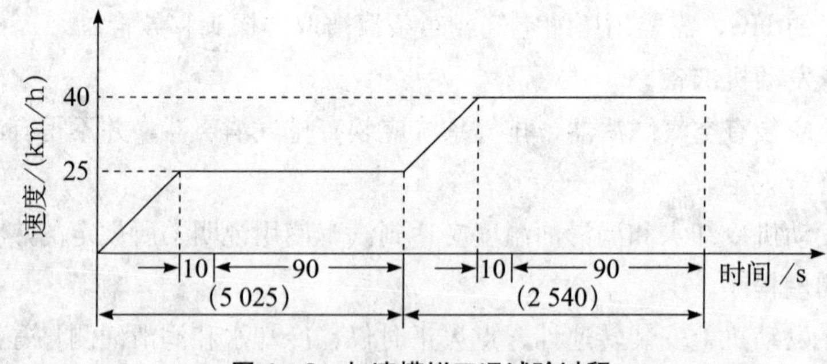

图 4—8 加速模拟工况试验过程

(1) ASM5025 工况。车辆驱动轮位于测功机滚筒上，将分析仪取样探头插入排气管中，深度为 400mm，并固定于排气管上，对独立工作的多排气管应同时取样。

经预热后的车辆加速至 25.0km/h，测功机以车辆速度为 25.0km/h，加速度为 1.475m/s^2 时的输出功率的 50% 作为设定功率对车辆加载，工况计时器开始计时（t=0s）。车辆以 25.0±1.5km/h 的速度持续运转 5s，如果底盘测功机模拟的惯量值在计时开始后持续 3s 超出所规定误差范围，工况计时器将重新开始计时（t=0s）。如果再次出现该情况，检测将被停止。系统将根据分析仪最长响应时间进行预置，（如果分析仪响应时间为 10s，则预置时间为 10s，$t=15$s）然后系统开始取样，持续运行 10s（$t=25$s）即为 ASM5025 快速检查工况。ASM5025 快速检查工况结束后继续运行至 90s（$t=90$s）。

（2）ASM2540 工况。在 ASM5025 工况试验结束后，车辆立即加速至 40.0km/h，测功机以车辆速度为 40.0km/h，加速度为 1.475m/s^2 时输出功率的 25%作为设定功率对车辆加载。工况计时器开始计时（$t=0$s）。车辆以 40.0±1.5km/h 的速度持续运转 5s，如果底盘测功机模拟的惯量值在计时开始后持续 3s 超出所规定误差范围，工况计时器将重新开始计时（$t=0$）。如果再次出现该情况，检测将被停止。系统将根据分析仪最长响应时间进行预制，（如果分析仪响应时间为 10s，则预时间为 10s，$t=15$s）然后系统开始取样，持续运行 10s（$t=25$s）即为 ASM2540 快速检查工况。ASM2540 快速检查工况结束后继续运行至 90s（$t=90$s）即为 ASM2540 工况。

在测量过程中，任意连续 10s 内第一秒至第十秒的车速变化相对于第一秒小于±0.5km/h 时，测试结果有效。快速检查工况的 10s 内的排放平均值经修正后如果等于或低于限值的 50%，则测试合格，检测结束；否则应继续进行至 90s 工况。如果所有检测污染物连续 10s 的平均值均低于或等于限值，则该车应判定为合格。如任何一种污染物连续 10s 的平均值超过限值，则测试不合格，检测结束。在检测过程中如任意连续 10s 内的任何一种污染物 10 次排放值经修正后如高于限值的 500%，则测试不合格，检测结束。

表 4—1　　加速模拟工况运转循环表

工　况	运转次序	速度/(km/h)	操作时间/s	测试时间/s
5025	1	0～25	5	—
	2	25	15	
	3	25	25	10
	4	25	90	65
2540	5	40	5	—
	6	40	15	
	7	40	24	10
	8	40	90	65

3. 检测标准

国家标准 GB 18285—2005《点燃式发动机汽车排气污染物排放限值及测量方法》规定，对于装配点燃四冲程发动机，最大总质量大于 400kg，最大设计车速等于或大于 50km/h的在用汽车。排放污染物限值如下表 4—2、4—3 所示。

表 4—2　　新生产汽车排气污染物排放限制（体积分数）

车辆类型	类别			
	怠速		高怠速	
	CO（%）	HC（10^{-6}）	CO（%）	HC（10^{-6}）
2005 年 7 月 1 日起新生产的第一类轻型汽车	0.5	100	0.3	100
2005 年 7 月 1 日起新生产的第二类轻型汽车	0.8	150	0.5	150
2005 年 7 月 1 日起新生产的重型汽车	1.0	200	0.7	200

表 4—3 在用汽车排气污染物排放限制（体积分数）

车辆类型	类别			
	怠速		高怠速	
	CO（%）	HC（10^{-6}）	CO（%）	HC（10^{-6}）
1995 年 7 月 1 日前生产的轻型汽车	4.5	1 200	3.0	900
1995 年 7 月 1 日起生产的轻型汽车	4.5	900	3.0	900
2000 年 7 月 1 日起生产的第一类轻型汽车	0.8	150	0.3	100
2001 年 10 月 1 日起生产的第二类轻型汽车	1.0	200	0.5	150
1995 年 7 月 1 日前生产的重型汽车	5.0	2 000	3.5	1 200
1995 年 7 月 1 日起生产的重型汽车	4.5	1 200	3.0	900
2004 年 9 月 1 日起生产的重型汽车	1.5	250	0.7	200

注：1. 对于 2001 年 5 月 31 日以前生产的 5 座以下（含 5 座）的微型面包车，执行 1995 年 7 月 1 日起生产的轻型汽车的排放限值。

2. 轻型汽车：

指最大总质量不超过 3 500kg 的 M1 类、M2 类和 N1 类车辆。

3. M1、M2、N1 类车辆：

M1 类车指至少有四个车轮，或有三个车轮且厂定最大总质量超过 1 000kg，除驾驶员座位外，乘客座位不超过 8 个的载客车辆。

M2 类车指至少有四个车轮，或有三个车轮且厂定最大总质量超过 1 000kg，除驾驶员座位外，乘客座位超过 8 个，且厂定最大总质量不超过 5 000kg 的载客车辆。

N1 类车指至少有四个车轮，或有三个车轮且厂定最大总质量超过 1 000kg，厂定最大总质量不超过 3 500kg 的载货车辆。

4. 重型汽车：

指最大总质量超过 3 500kg 的车辆。

5. 第一类轻型汽车：

是指设计乘员数不超过 6 人（包括司机），且最大总质量≤2 500kg 的 M1 类车。

6. 第二类轻型汽车：

本标准适用范围内除第一类车以外的其他所有轻型汽车。

7. 新生产汽车：

本标准中是指制造厂合格入库或出厂的汽车。

8. 在用汽车：

指已经登记注册并取得号牌的汽车。

一般情况下，当汽油机供油系统调整不当时，怠速污染物会偏高；另外，点火系统、冷却系统工作状况以及曲柄连杆机构技术状况也会对 CO，CH 的浓度产生影响。

4. 检测时注意事项

（1）汽油车怠速污染物的检测一定要把发动机怠速和温度控制在规定范围之内。

（2）取样探头、导管分为低浓度用和高浓度用两种，两者要分别使用。

（3）检测时导管不要发生弯折现象。

（4）多部车辆连续检测时，一定要把取样探头从排气管里抽出并待仪表指针回到零点后，再进行下一部车的测量。

（5）不要在有油或有有机溶剂的地方进行检测。

（6）要注意检测地点室内通风换气，以防人员中毒。

（7）检测结束后，要立即把取样探头从排气管里抽出来。

（8）取样探头不用时要垂直吊挂，不要平放，以防管内的积水腐蚀取样探头。

（9）分析仪不要放置在湿度大、温度变化大、震动大或有倾斜的地方。

（10）分析仪器定时保养，以确保使用精度。

（11）校准用的标准气样是有毒的，要注意保管。

知识与能力拓展

目前，在汽车尾气分析仪中，测定汽油车的有不分光红外线分析仪、氢火焰离子型分析仪、化学发光分析仪等。根据国家标准 GB 18285—2005 的规定，CO，HC 采用不分光红外线吸收型（NDIR）分析仪检测。

1. 不分光红外线吸收型（NDIR）分析仪的结构和工作原理

汽油机排气中的 CO，HC，NO 和 CO_2 等气体，都分别具有能吸收一定波长范围红外线的性质，如图 4—9 所示。而且，红外线被吸收的程度与排气浓度之间有一定的关系。不分光红外线分析法就是利用这一原理，即根据检测红外线后能量的变化，来检测排气中各种污染物的含量。在各种气体混在一起的情况下，这种检测方法具有测量值不受影响的特点。

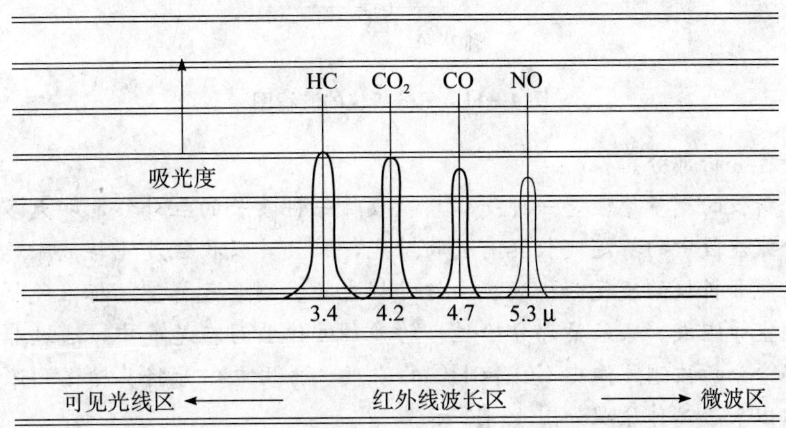

图 4—9　四种气体吸收红外线的情况

不分光红外线 CO 和 HC 两气体分析仪是从汽车排气管中采集气样，并对其中 CO 和 HC 含量进行连续测量。常用的有 MEXA—324F 型汽车尾气分析仪，如图 4—10 所示，主要由尾气取样装置、尾气分析装置、含量指示装置和校准装置等组成。

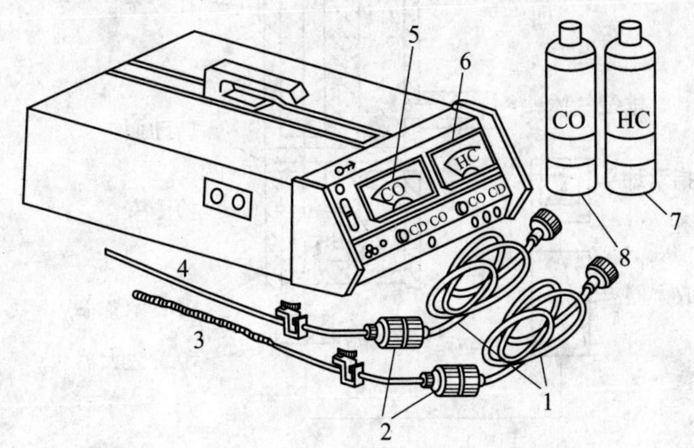

图 4—10　MEXA—324F 型汽车尾气分析仪

1—导管；2—滤清器；3—低含量取样探头；4—高含量取样探头；5—CO 指示仪表；6—HC 指示仪表；7—标准 HC 气样瓶；8—标准 CO 气样瓶

(1) 废气取样装置。

如图 4—11 所示，尾气取样装置主要由探头、滤清器、导管、水分离器和气泵等组成的。该装置通过探头、导管和泵从车辆排气管中采集废气，再用滤清器和水分离器滤掉废气中的粉尘和少量的水，只把废气送入分析装置。

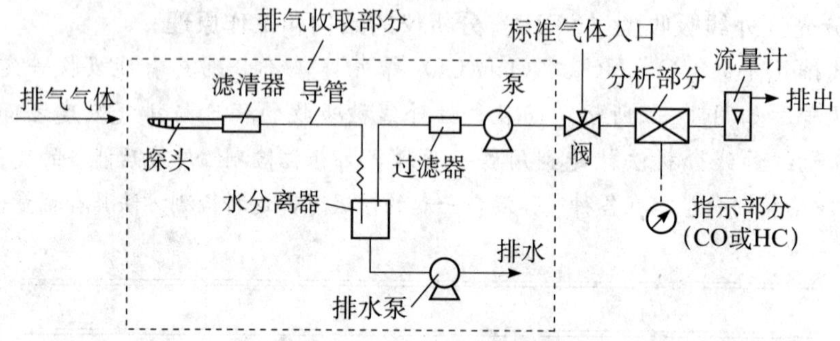

图 4—11　气分析仪的流程图

(2) 废气分析部分。

这种分析仪的测量原理是一种气体只能吸收一种波长的红外线，即大多数非对称分子对红外线波段中的特定波长具有吸收功能，并且其吸收程度还与被测气体的浓度有关。该废气分析仪的废气分析装置由红外线光源、测量气样室、标准气样室，遮光扇轮和检测室等组成。从采集部分输送来的多种气体共存在尾气中，通过非分散性红外线分析部分分析被测气体中 CO 和 HC 的浓度，再用电信号将其输送到浓度指示部分，并显示出来，工作原理如图 4—12 示。

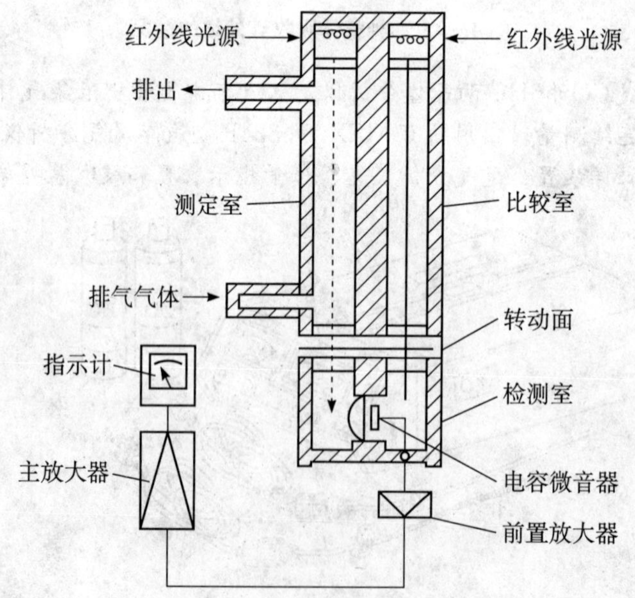

图 4—12　电容微音器式分析装置

它由两个同样的红外线光源发出同等量的红外线光束，一束穿过测量气体室；一束穿过标准气样室。在标准气样室内充满不吸收红外线的氮气，使红外线能顺利通过；

在测量气体室，连续填充被测试的尾气，由于尾气中含有CO和HC，当红外线光束穿过时，红外线光能受损。从而使两束红外线光分别穿过测量气样室后到达检测室时，两束光的能量形成差异。检测室内充以适当浓度的与被测气体相同的气体（测量一氧化碳的仪器内充CO；测碳氢化合物的仪器内充正己烷），并在检测室中部设有隔膜，将检测室分隔成两个独立的封闭腔。测量时，由于两个腔所接受的红外线光能不相等，因而两个腔内气体膨胀也不一致，致使两腔之间的膜片弯曲。该膜片与电容器的一只金属片相连，由金属片的位移引起电容量变化，这一微弱信号经过放大器放大，即可在显示仪表上指示出来。也就是说，发动机废气中CO（或HC）含量越多，红外光束在测量气样室内损失的光能就越多，从而导致检测室两个腔内气体膨胀差异越大，金属片电容器所产生的变化也随之加大，以此来测量废气中CO（或HC）的含量。

（3）浓度指示装置。

浓度指示装置室把废气分析装置送来的电信号，在CO测量仪上用CO浓度容积的百分数显示出来；在HC测量仪上用HC换算成正己烷浓度容积的10^{-6}为单位直接显示出来。图4—13用零点调整旋钮，标准气体校正调整旋钮、量程转换开关，使仪表指示零位及指示值量程得到调节。另外，由于流程系统的一端设置有流量计，因而能够了解到尾气在流经仪器测试系统过程中的异常情况。

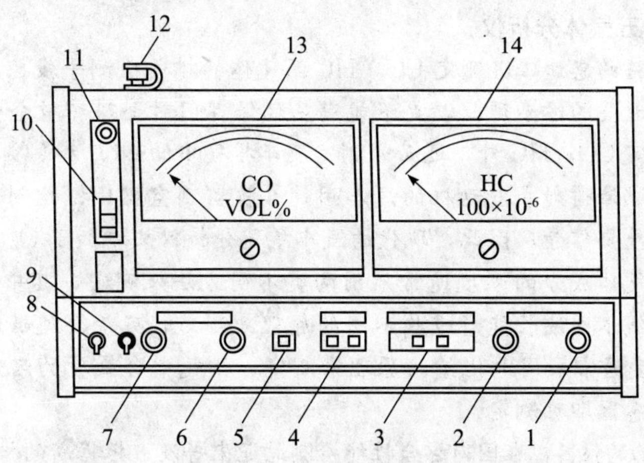

图4—13 废气分析仪面板图

1—HC标准调整旋钮；2—HC零点调整旋钮；3—HC量程转换开关；4—CO量程转换开关；5—简易校正开关；6—CO标准调整旋钮；7—CO零点调整旋钮；8—电源开关；9—泵开关；10—流量计；11—指示计；12—标准气样注入口；13—CO指示表；14—HC指示表

（4）校准装置。

校准装置是为了维持分析仪的指示精度，使其能正确显示指示值的一种装置。校准装置分为加入标准气样进行校准的校准装置和直接对指示值进行机械校正的简易校准装置。

标准气样校准装置是把标准气样从分析仪的一个专用注入口中直接送到废气分析装置，再通过比较标准气样浓度值和仪表指示值的方法进行校准的装置。

简易校准装置通常是用遮光板来改变通过分析仪测定室侧的红外线数量，从而进行简单校准的装置。

2. 不分光红外线 CO 和 HC 气体分析仪的维护

(1) 在不输入电源的情况下，检查指针的机械零点。若有偏离，调节零点校准螺钉，直至合格。

(2) 从气体口取下导管，用手遮住进气口，检查动作状态。若发现不能正常动作时，应由专业厂家修理。

(3) 检查探测器和导管，是否有压扁、割坏、污染等情况。若发现有压扁、割坏现象，应更换新品；若有污染和堵塞时，用布和压缩空气清扫。

(4) 检查滤清器是否有脏物，如有应更换新品。

(5) 检查水分离器是否有存水，如有应立即将水排净。

(6) 当接通电源进行必要的预热，吸进清洁空气，检查零点调整能否进行，如不能进行，应送专业厂家维修。

(7) 当关闭泵开关注入标准气体，检查能否进行标准气体校正，如不能进行，应送专业厂家修理。

(8) 打开简易装置开关，检查动作状态和指针的指示位置是否正常，如不正常，应送专业厂家修理。

(9) 检查接线有无损伤和接触不良的地方，如有应更换新线。

3. 四气体与五气体分析仪

鉴于目前实施的怠速工况测定 CO，HC 两气体的排气检测手段已无法有效反映汽车排气污染物对大气的污染现状，更不能满足环保部门对全球环境全面严格监测的要求。因此，除测定 CO，HC 外，还必须测定汽车排气中的 NO_x 和 CO_2。汽车尾气中氧含量是装有电控燃油喷射式发动机的汽车用计算机监测空燃比、控制排放量、保护三元催化反应器的重要信号，因此，现代的汽车尾气分析仪又增加了 O_2 的测试功能。

对于这五种气体成分的浓度通常采用两类不同方法来测定，其中 CO，CO_2，HC 通过不分光红外线不同波长能量吸收不同的原理来测定，可获得足够的测试精度。而 NO_x 与 O_2 的浓度通常采用电化学的原理来测定，排气中含氧量的浓度通过在测试通道中设置氧化传感器即可测定。

分析氮氧化物的仪器，在国内综合性能检测站还未普及，根据新的排放标准要求，今后将逐步应用到检测站。国内外现在使用的氮氧化物测试仪主要是化学发光分析仪（CLD）。

目前，市场上提供的四气体分析仪所测气体为 CO，CO_2，HC 与 O_2 的浓度。因 CLD 法测定 NO_x 浓度的设备结构较复杂，市场上提供的在线快速检测用五气体分析仪没有采用，而多采用与 CO，CO_2，HC 相同的不分光红外线原理，但需说明的是对 NO_x 来说这种方法测定的精度较低。

第三节　柴油机排放污染物的检测

学习目标：能够用排放污染物的检测设备对柴油车进行排放污染物的检测。

学习方法：学生分组在实训室由实训指导教师指导完成。

一、柴油机排放污染物的检测设备

柴油机排放的污染物以颗粒状烟雾（主要成分为碳烟）为主，因此测量柴油机排烟的设备主要是烟度计，目前烟度计可分为滤纸式烟度计测试和不透光式烟度计，我国汽车行业规定滤纸式烟度计为测量柴油机排烟的标准仪器。当前也有很多采用不透光式烟度计测量柴油机自由加速工况时的排放情况。GB 3847—2005《车用压燃式发动机和压燃式发动机汽车排气烟度排放限值及测试方法》规定的限值主要是以不透光式烟度计测量的不透光系数表示的。下面主要介绍滤纸式烟度计的测量方法。

1. 滤纸式烟度计的工作原理

滤纸式烟度计利用活塞式抽气泵，从柴油机排气管中抽取一定容积的废气，并使这部分废气通过一定面积的滤纸，使废气中的碳烟粒子吸附在滤纸上，使滤纸变黑，然后用一定的光线照射滤纸，并用光电池反射光，再根据光电产生的电流使仪表指针偏转，把烟度用污染度百分比的形式显示出来。

2. 滤纸烟度计的结构

滤纸式烟度计如图 4—14 所示，主要有采样器、检测器和控制器三部分组成。

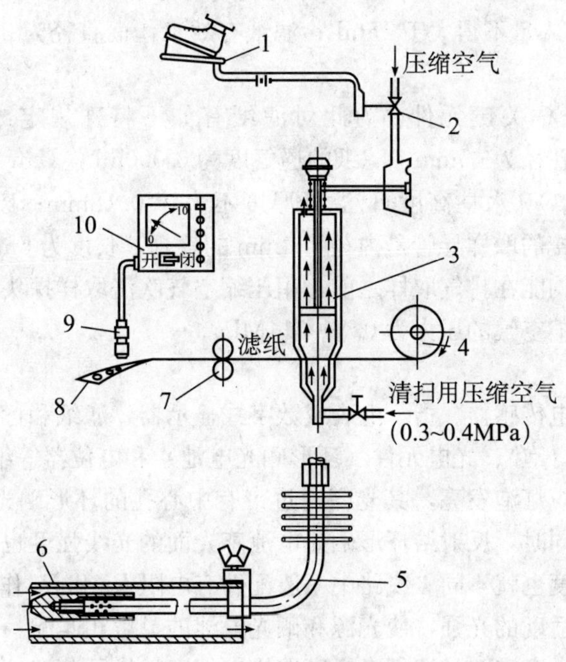

图 4—14　滤纸式烟度计

1—脚踏开关；2—电磁阀；3—抽气泵；4—滤纸卷；5—取样探头；6—排气管；
7—进给机构；8—染黑的滤纸；9—光电传感器；10—指示仪表

(1) 采样器。

采样器由取样探头、活塞式抽气泵、取样软管和清洗机构组成，如图 4—15 所示。取样探头由装在加速踏板上的脚踏开关来控制抽气泵取样开始时刻与发动机加速同步。

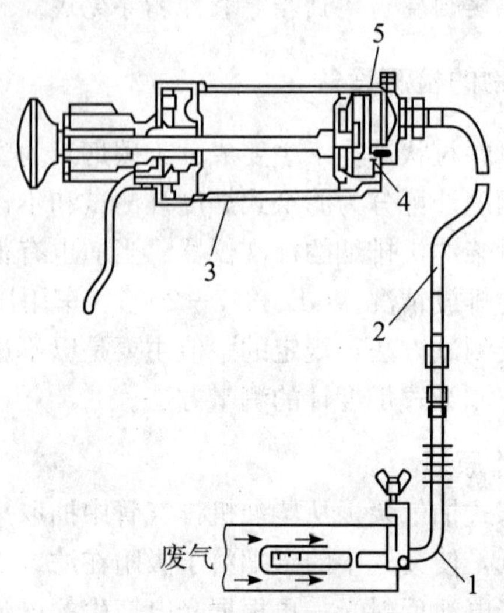

图 4—15　取样探头结构

1—取样头；2—导管；3—气泵；4—滤纸压紧器；5—滤纸插入口

抽气泵要保证气量相等、速度一致和烟粒吸附面积相同。为此抽气泵规定如下：抽气泵应保证每次定容量吸气为 300±15mL；每次吸气速度一致，吸气时间为 1.4±0.2s；在 1min 内，外界空气渗入量不得大于 15mL；滤纸有效工作面直径为 32mm，滤纸夹紧器工作可靠，密封良好。

滤纸是烟度计采样关键元件，为此对滤纸有如下特殊规定：滤纸白度为（85±2.5)%；滤纸的当量孔径为 45mm；滤纸的透气度为 3 000mL/（cm^2 · min)；滤纸前后压差为 200～400mm H_2O（水柱高度)；滤纸厚度不大于 0.18mm；废气经取样头、导管，被吸入抽气泵，其连接的取样导管是内径为 4mm 的软管，长度为 5m。

压缩空气清洗机构能在排气取样之前，用压缩空气吹洗取样探头和取样软管内的残留排气碳粒。清洗用压缩空气的压力为 0.3～0.4MPa。

(2) 检测器。

检测器主要由光电传感器、指示电表或数字式显示器、滤纸和标准烟样等组成，光电传感器由光源（白炽灯泡）、光电元件（环形硒光电池）和电位器等组成，原理如图 4—16 所示，电源接通后白炽灯泡发亮，其光亮通过带有中心孔的环形硒光电池照射到滤液上。当滤纸的染发黑度不同时，反射给环形硒光电池感光面的光线强度也不同，因而环形硒光电池产生的光电流强度也就不同。线路中一般配件有电阻 R_1 和 R_2 作为白炽灯泡电流的粗调和细调，以便获得适度的光强，使光源和硒光电池的灵敏相匹配。

指示仪表是一个微安表，是滤纸染黑度即排气烟度的指示装置。当环形硒光电池送来的光电流强度不同时，指示仪表的位置也不同。指示头以 Rb0～Rb10 表示。其中，0 是全白滤纸的 Rb 单位，10 表示全黑滤纸的 Rb 单位，从 0～10 均匀分布。

(3) 控制器。

控制器包括用脚操纵的抽气泵脚踏开关和滤纸进给机构，如图 4—14 所示。

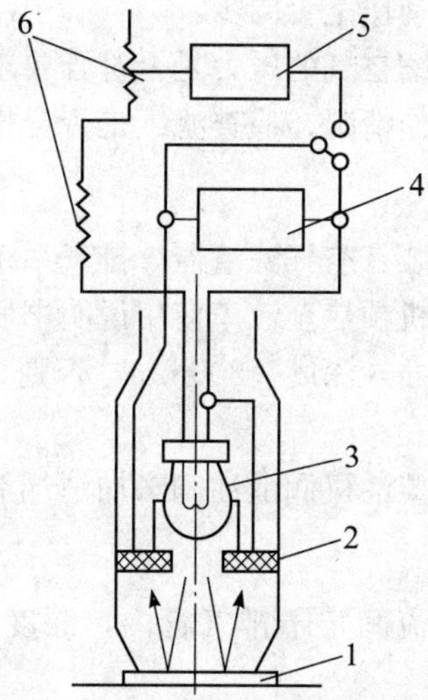

图 4—16　光电传感器原理图

1—滤纸；2—光电元件；3—光源；4—指示仪表；5—电源；6—电阻

3. 注意事项

烟度计使用之前，需按规定进行检查，然后做好准备工作。注意事项如下：

（1）不检测时，勿把踏板开关装到加速踏板上。

（2）检测污染度时，要使测量装置与滤纸贴紧（最好在已附有碳粒的滤纸下面，垫上十几张空白纸）。

（3）取样头、导管注意不要弯折，测量结束时，抽出取样头，并罩好取样头盖。

（4）测量装置内有灯泡和半导体光电池，存放时避免强光照射和防止震动。

（5）滤纸和标准色纸要避免暴晒和防止灰尘污染（标准用标准色纸要定期更换）。

（6）导管长度规定为 5m，不得随意更换长度不合适的导管（导管过短，滤纸上的碳粒增多；导管过长，滤纸上碳粒相对减少；过长过短都会影响测量精度）。

（7）数量、打印、微机系统如有故障，应由专业人员或厂家修理。

二、柴油机排放污染物的检测

柴油车自由加速烟度的检测应在自由加速工况下，采用滤纸式烟度计按测量规程进行。自由加速工况是指：柴油发动机处于怠速工况（发动机运转，离合处于接合位置，加速踏板与手油门处松开位置，当装有自动变速器时需选择在停车或空挡位置），将加速踏板迅速踩到底，维持数秒后松开。

1. 仪器准备

（1）通电之前，检查指示表指针是否在机械零点上，否则用零点调整旋钮使指针与“0”刻度重合。

（2）通电后，使仪器进行预热。用标准色纸（白滤纸和标准烟样）检查指示表指针是否符合染黑度数据，并进行调整。

（3）检查取样装置和控制装置中各部机件的工作情况。

（4）检查脚踏开关与抽气泵动作是否同步。

（5）检查控制用和清水用压缩空气的压力是否符合要求。

（6）检查滤纸进给机构的工作情况；检查滤纸是否合格，洁白无污。

2. 车辆准备

（1）应保证发动机进气系统装有空气滤清器，排气系统装有消声器并且不得有泄漏。

（2）启动发动机，并使发动机预热至汽车使用说明书所规定的热状态。

（3）应保证排气管取样探头插入深度≥300mm，否则，排气管应加接管，并保证接口不漏气。

（4）必须使用生产厂规定的柴油机润滑油和未加消烟剂的柴油。

3. 测量方法

（1）将烟度计取样探头逆气流固定于排气管内，深度等于 300mm，并使其中心线与排气管轴线平行。

（2）将踏板开关引入汽车驾驶室或将手动橡皮球通过远控软管引入汽车驾驶室。

（3）把抽气泵活塞推到最前端锁止，并装入滤纸。

（4）按图 4—17 所示的测量规程进行检测。先由怠速工况将加速踏板踩到底，约 4s 迅即松开，如此重复三次以便把排气管内的碳渣吹掉。

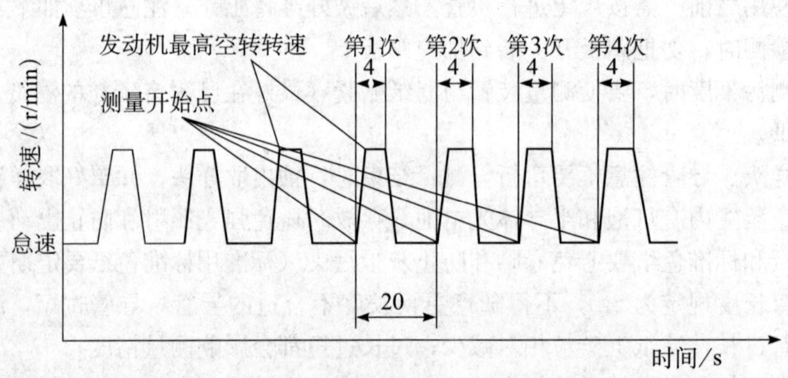

图 4—17　测量烟度时发动机运行工况模式

（5）然后怠速运转约 16s。在此期间内要用压缩空气清洗机构对取样软管和取样探头吹洗 3～4s。

（6）将加速踏板与踏板开关一并迅速踩到底，或在踩下加速踏板的同时急速捏压手动橡皮球，至 4s 时迅即松开加速踏板，要松开手动橡皮球。

（8）再次踩下加速踏板与踏板开关时，距前一次的时间间隔为 20s，如此重复四次。对第一次采样不测量。后 3 次读数的算术平均值，即为该工况下的烟度值。

4. 检测标准

按照国家标准 GB 3847—2005《车用压燃式发动机和压燃式发动机汽车排气烟度排放限值及测试方法》的规定，对于 2005 年 6 月 30 日以前生产的装配柴油发动机的在用汽车，自由加速试验烟度排放限值如表 4—4 所示。对于 2005 年 7 月 1 日及以后的装配柴油发动机的在用汽车和新生产的汽车，自由加速试验烟度排放限值应不大于表 4—5 规定的限值再加 0.5m^{-1}。

表 4—4　　车用压燃式发动机的车辆自由加速试验排放限值表

车辆类型	排气光吸收系数/烟度值	
2001.10.1—2005.6.30 期间生产的在用汽车	自然吸气式	涡轮增压式
	2.5m^{-1}	3.0m^{-1}
1995.6.30 以前生产的在用汽车	4.5Rb	
1995.7.1—2001.9.30 期间生产的在用汽车	5.0Rb	

表 4—5　　稳定转速试验的烟度排放限值

名义流量 G/(L/s)	光吸收系数/(m^{-1})	名义流量 G/(L/s)	光吸收系数/(m^{-1})
≤42	2.26	120	1.37
45	2.19	125	1.345
50	2.08	130	1.32
55	1.985	135	1.30
60	1.90	140	1.27
65	1.84	145	1.25
70	1.775	150	1.225
75	1.72	155	1.205
80	1.665	160	1.19
85	1.62	165	1.17
90	1.575	170	1.155
95	1.535	175	1.14
100	1.495	180	1.125
105	1.465	185	1.11
110	1.425	190	1.095
115	1.395	195	1.08
		≥200	1.065

注：1. 虽然以上数值均修约至最接近的 0.01 至 0.005，但这并不意味着测量也需要精确到这种程度。

2. 名义气体流量的计算方法

对于二冲程发动机：$G=Vn/60$

对于四冲程发动机：$G=Vn/120$

式中：G——名义气体流量，L/s

V——发动机气缸容积，L

N——发动机转速，r/min

3. 名义流量值若不是表 4—5 给出的数值，则适用的限值应根据插值法求得。

4. 光吸收系数校正值的确定

在使用本方法确定光吸收系数的校正值是，其稳定转速的排气光吸收系数已经测定。

$X_L=\frac{S_2}{S_M}\times X_M$ 或 $X_L=X_M+0.5$

式中：X_M——自由加速试验排气光吸收系数值；

X_L——自由加速试验排气光吸收系数之校正值；
S_M——稳定转速试验下测得的排气光吸收系数值中最接近名义流量所对应的规定限值的实测光吸收系数值；
S_L——实测的 S_M 所对应的相同名义流量下规定的排气光吸收系数值。

为了贯彻《中华人民共和国环境保护法》和《中华人民共和国大气污染防治法》，防治柴油车排气对环境的污染，我国将陆续提高柴油机排放的标准，减少对大气的污染，并逐步达到发达国家的排放标准。

5. 检测结果分析

柴油车自由加速烟度超过标准时，其主要原因是柴油机供油系统调整的不当。此外，柴油机气缸活塞组和曲柄连杆机构的技术状况及柴油的质量等对烟度排放也有影响。下面简要介绍排烟故障的原因和诊断。

柴油机工作时黑烟浓重，多由喷油量过大、雾化不良、各缸喷油量不均匀、喷油时刻过早调速器失调和空气滤清器堵塞原因引起。

如发现个别缸喷油量过大，可用分缸停止供油和结合观察排气烟色的方法予以判别。假如某缸停止供油（旋松喷油器）后，烟色减轻，则可判断该缸喷油量过大。在找出喷油量过大的气缸后，检查该缸喷油泵柱塞调节齿扇固定螺钉是否松脱，喷油是否良好。如正常，再检查喷油器，将喷油器由缸体上拆下，仍连接高压油管，用旋具撬动该缸喷油泵柱塞弹簧座，做喷油动作，观察雾化情况和有无滴油现象，若雾化不良，则应将喷油器解体检查。

经检查，若各缸喷油量均过大时，应打开调速器盖，检查调节齿杆的刻度是否向油泵壳内移入过多（刻线应与泵壳后端面平行），同时，还需检查调速器飞块是否卡滞引起喷油量过大。如在柴油机冒黑烟的同时，还可听到气缸内有清脆敲击声，说明喷油时刻过早，应正确校准喷油正时。检查中发现空气滤清器堵塞（滤芯脏污），应即清洗、吹净，并按规定加注新润滑剂油。

此外，柴油机冒黑烟还与柴油质量有关，为使着火性能良好，一般柴油机选用十六烷值为 40～45 的柴油为宜。若十六烷值超过 65，则柴油蒸发性变差，致使燃烧不彻底，工作时也会发生冒黑烟现象。

6. 检测注意事项

（1）从取样探头至抽气泵的取样软管，最好能逐渐向上倾斜，以防止冷凝水流入抽气泵弄湿滤纸。

（2）取样软管的内径和长度有规定，不能随意更换和替代。

（3）测取滤纸染黑度时，要注意光电传感器与滤纸贴紧。

（4）为保护硒光电池的光敏层，光电传感器不用时应该套上测头盖或避开强光放置。

（5）指示装置不用时，应把测量开关旋到“闭”的位置，以免在移动或运输时损坏电表表头。

（6）指示装置应避开在有振动和湿度大的地方放置。

（7）滤纸和校准用标准烟样，不要放置在日光下曝晒或灰尘多的地方。

（8）标准烟样要定期更换。

7. 烟度计的维护

（1）仪器平时应放在阴凉干燥处，避免高温及阳光直射。

（2）应尽量避免在振动及潮湿的环境中使用。

（3）测试时用的滤纸要保存好，严禁受到污染。

（4）标准烟度卡不使用时要放在袋中保存好，不得在日光下暴晒。

（5）每年应对仪器正式检定一次。

第四节　汽车噪声的检测

学习目标： 能够用声级计对汽车进行噪声检测。

学习方法： 学生分组在实训室由实训指导教师指导完成。

一、概述

噪声是一种杂乱无章的声音，它不仅能引起人体的生理改变和损伤，比如头晕、耳鸣、疲乏、失眠、心慌、血压升高等症状，而且能对人的心理、生活和工作产生不利影响。据统计，当环境噪声大于 45dB（dB 称为分贝，是声压级的单位）时，人会感到明显不适，噪声达到 60～80dB 时，会影响睡眠；当超过 90dB 时，就会对身体健康产生明显影响。所以噪声也是一种环境污染，必须加以控制。

一般情况下噪声可以分为交通噪声、工业噪声和生活噪声 3 种。在交通噪声中，又可以分为道路交通噪声、铁路噪声、海河航运噪声和航空交通噪声 4 种。道路交通噪声可以分为车辆噪声和道路噪声两种。车辆产生的噪声，几乎可以占交通噪声的 80%左右。随着交通运输业的发展和汽车保有量的激增，噪声污染越来越严重。我国不少城市的噪声，特别是车辆噪声，已到了非治理不可的程度。

我国于 1979 年公布了国家标准 GB 1495—1979《机动车辆允许噪声》和 GB 1496—1979《机动车辆噪声测量方法》，把控制车辆噪声纳入了环境保护的范畴，2002 年又修订颁布了 GB 1495—2002《汽车加速行驶车外噪声限值及测量方法》，此外，又陆续颁布了汽油机、柴油机等噪声限值及测量方法等标准。一系列标准的实施对行业主管部门控制汽车噪声的过快增长、促进生产企业和社会公众提高环保意识起到了积极作用。

二、汽车噪声的来源

汽车的噪声源有多种，例如发动机、变速器、驱动桥、传动轴、车厢、玻璃窗、轮胎、继电器、喇叭、音响等都会产生噪声。这些噪声有些是被动产生的，有些是主动发生的（如人为按动喇叭）。但是主要来源只有两个方面，一个是发动机，另一个是轮胎，它们都是被动发生的，只要车辆行驶就会产生噪声。具体可以分为下述几种。

1. 发动机噪声

（1）燃烧噪声。

燃烧噪声是由气缸内周期性变化的气体压力的作用而产生的。主要表现为气体燃烧时急剧上升的气缸压力升高通过活塞、连杆、曲柄缸体及缸盖等引起发动机结构表面振动而辐射出来的噪声。压力升高率是影响燃烧噪声的根本因素。因而，燃烧噪声主要集中于速燃期，其次是缓燃期。柴油机由于压缩比高，压力升高率过大，其燃烧噪声比汽油机高得多。

（2）机械噪声。

机械噪声是指由于气体压力及机件的惯性作用，使相对运转零件之间产生撞击和振动而形成的噪声。主要包括：活塞连杆组噪声（活塞、连杆、曲柄等运动件撞击气缸体产生的噪声），配气机构噪声，柴油机供给系统噪声等。

活塞连杆组噪声是发动机最主要的机械噪声源。其噪声大小与活塞和缸壁间隙、发动机转速、负荷、活塞与缸壁润滑条件、活塞的结构及材料、活塞环数及张力、缸套厚度等有关。

配气机构噪声是由于气门开启和关闭时产生的撞击以及系统振动而形成的噪声。气门运动速度、气门间隙、配气机构型式、零部件刚度及质量等是影响配气机构噪声的主要因素。

齿轮机构噪声是由齿轮啮合时所产生的噪声和齿轮固有振动噪声组成的。影响齿轮噪声的因素主要有：齿轮的运转状况、齿轮的设计参数、齿轮的加工精度等。

柴油机供油系统噪声主要是由喷油泵、喷油器和高压油管系统振动引起的。其中喷油泵形成的噪声是主要的供油系统噪声。为降低喷油泵噪声，可提高泵体刚度，采用特种金属或塑料材料，隔声罩等。

（3）进、排气噪声。

进、排气噪声是指发动机在进、排气过程中的气体压力波动和高速气体流动所引起的噪声。进、排气噪声的强、弱受发动机转速和负荷影响较大。随发动机转速的提高，进气噪声增大，负荷对进气噪声影响较小；随发动机的转速的增加，空负荷比满负荷的比率更大些。降低进气噪声的最有效措施是设计合适的空气滤清器，或采用进气消声器。

（4）风扇噪声。

风扇噪声由旋转噪声和涡流噪声所组成。旋转噪声是旋转时叶片切割空气引起振动所产生的。涡流噪声是由风扇旋转时叶片周围产生的空气涡流造成的。影响风扇噪声的主要因素是风扇转速，以及一些机械噪声。

2. 传动机构噪声

变速器噪声主要是由齿轮振动引起的，此外，还包括轴承旋转声、润滑油搅拌声，发动机振动传至变速器箱体而辐射的噪声等。提高齿轮加工精度，选择合适的齿轮材料，设计固有振动频率高、密封性好、隔声性好的齿轮箱等均可减少变速器噪声。

传动轴噪声主要表现为汽车行驶中传动轴发出的周期性响声，且车速越高响声越严重，甚至引起车身发生抖动或使驾驶员握方向盘的手有麻木感，它是由于传动轴变形、轴承松旷及装配不良等原因造成的。提高装配精度，检查平衡片有无脱落，避免超速行驶，可减少传动轴噪声。

驱动桥噪声是在汽车行驶时车后部发出的较大的响声，且车速越高响声越大，主要是由于齿隙不合适、装配不当，轴承调整不当等原因造成的。

3. 制动噪声

制动噪声是汽车在制动过程中由制动器摩擦诱发制动器等部件振动所发出的声响，通常称为制动尖叫声。特别是制动器由热状态转为冷状态时更容易产生这种噪声。该高频噪声不仅影响汽车的舒适性，还会给驾驶员带来不必要的担心。

鼓式制动器比盘式制动器产生的噪声大。通常发生在制动蹄摩擦片端部和根部与制动鼓接触的情况下。其噪声大小取决于制动蹄摩擦片长度方向上的压力分布规律，还受制动系统及零部件刚度的影响。

4. 轮胎噪声

轮胎噪声包括：轮胎花纹噪声、道路噪声、弹性振动噪声以及轮胎旋转时搅动空气引起的风噪声。

花纹噪声和道路噪声都是轮胎和路面相互作用而产生的噪声。汽车行驶时，轮胎接地部分胎面花纹沟槽内的空气以及路面的微小凹凸与地面间的空气，在轮胎离开地面时、受到一种类似于泵的挤压作用引起周围空气压力变化从而产生噪声。弹性振动噪声是由于轮胎不平衡，胎面花纹刚度变化或路面凹凸不平等原因激发胎体振动而产生的噪声。

影响轮胎噪声的主要因素有：轮胎花纹、车速及负荷、轮胎气压、装配情况、轮胎磨损程度、路面状况等。

三、汽车噪声的检测设备

声级计是一种能够把工业噪声、生活噪声和汽车噪声等，按人耳听觉特性近似地测定其噪声级的仪器。噪声级是指用声级计测得的并经过听感修正的声压级（dB）或响度（phon）。

根据声级计在标准条件下测量 1 000Hz 纯音所表现出来的精度国际上将声级计分为精密声级计和普通声级计，我国也采用这种分类方法。另外，根据声级计所用电源的不同，还可将声级计分为交流式声级计和用干电池的电池式声级计。

1. 声级计的构造

声级计一般由传声器，电子线路（包括放大器、衰减器、计权网络、检波器等），指示仪表及电源等组成。其工作原理如图 4—18 所示。

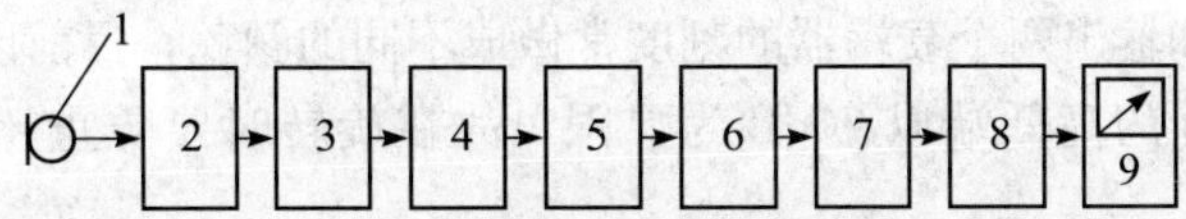

图 4—18　声级计的原理方框图

1—传声器；2—前置放大器；3—输入衰减器；4—输入放大器；5—计权网络；
6—输出衰减器；7—输出放大器；8—检波器；9—表头

（1）传声器。

传声器也称为话筒、麦克风，是将声压信号（机械能）转变为电信号（电能）的传感器，是声级计中关键元器件之一。

传声器的种类很多，按照它们的构造不同，可以分为动圈式、电容式、压电式、半导体式等多种传声器；常用的传声器是动圈式和电容式传声器。图 4—19 为电容式传声器结构示意图。

动圈式传声器由振动膜片、可动线圈、永久磁铁和变压器等组成。振动膜片受到声波压力以后开始振动，并带动着和它装在一起的可动线圈在磁场内振动以产生感应电流，该电流根据振动膜片受到声波压力的大、小而变化，声压越大，产生的电流就越大；声压越

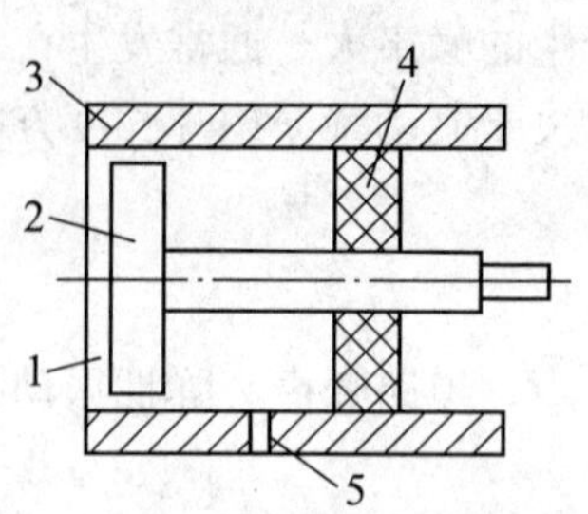

图 4—19　电容式传声器结构示意图

1—金属膜片；2—电极；3—壳体；4—绝缘体；5—平衡孔

小，产生的电流也越小。

电容式传声器主要由金属膜片和靠得近的金属电极组成，实质上是一个平板电容，金属膜片与金属电极构成了平板电容的两个板级。当膜片受到声压作用时，膜片发生变形，使两个极板之间的距离发生了变化，电容量也发生变化。从而产生交变电压，其波形在传声器线性范围内与声压级波形成比例，实现了将声压信号转变为电压信号的作用。

电容式传声器是声学测量中比较理想的传声器，具有动态范围大、频率响应平直、灵敏度高和在一般测量环境下稳定性好等优点，因而应用广泛，由于电容式传声器输出阻抗很高，因而需要通过前置放大器进行阻抗变换，前置放大器装在声级计内部靠近安装电容式传声器的部位。

(2) 放大器和衰减器。

由于传声器将声压转变为电压的能量很小，所以在声级计中安装有低噪声放大器。在放大电路中一般采用两级放大器，即输入放大器和输出放大器，其作用是将微弱的电信号放大。输入衰减器和输出衰减器是用来改变输入信号的衰减量和输出信号的衰减量的，以便使表头指针指在适当的位置，其每一挡的衰减量为 10dB。输入放大器使用的衰减器调节范围为测量低端（如 0～70dB），输出放大器使用的衰减器调节范围为测量高端（如 70～120dB）。输入和输出两个衰竭器的刻度常做成不同的颜色，目前以黑色与透明配对为多。由于许多声级计的高低端以 70dB 为界限，故在旋转时要防止超过界限，以免损坏装置。

(3) 计权网络。

为了模拟人耳听觉在不同频率有不同的灵敏性，在声级计内设有一种能够模拟人耳的听觉特性，把电信号修正为与听觉近似的网络，这种网络称为计权网络。通过计权网络测得的声压级，已不再是客观物理量的声压级，而是经过听感修正的声压级，称为计权声级或噪声计。

计权网络一般有 A，B，C 三种。A 计权声级是模拟人耳对 55dB 以下低强度噪声的频率特性，B 计权声级是模拟 55～85dB 的中等强度噪声的频率特性，C 计权声级是模拟高强度噪声的频率特性。A 计权网络测得的噪声值比较符合人耳对噪声的感觉，在汽车和发动机噪声测试时，大多采用 A 计权网络。

从声级上得出的噪声级读数，必须注明测量的条件，如果单位为 dB，且使用的是 A 计权网络，则应记为 dB（A）。

(4) 检波器。

为了使经过放大的信号通过仪表显示出来，声级计还需要有检波器，以便把迅速变化的电压信号转变成变化比较慢的直流电压信号。这个直流电压的大小正比于输入信号的大小。根据测量的需要，检波器有峰值检波器、平均值检波器和均方根值检波器之分。峰值检波器能给出一定时间间隔中的最大值，平均值检波器能在一定时间间隔中测量其绝对平均值。在多数噪声测量中采用均方根值检波器，均方根值检波器能对交流信号进行平方、平均和开方，得出电压的均方根值，最后将均方根电压信号输送到指示仪表。

（5）指示仪表。

指示仪表是一只电表，对其刻度进行一定的标定，可从表头上直接读出噪声级的 dB 值，声级计表头一般都有“快”和“慢”两个挡。“快”挡的平均时间为 0.27s，很接近于人耳听觉器官的生理平均时间。“慢”挡的平均时间为 1.05s。当对稳态噪声进行测量或需要记录声级变化过程时，使用“快”挡比较合适；在被测噪声的波动比较大时，使用“慢”挡比较合适。

声级计面板上一般还备有一些插孔。这些插孔如果与便携式倍频带滤波器相连，可组成小型现场使用的简易频谱分析系统；如果与录音机组合，则可把现场噪声录制在磁带上储存下来，待以后再进行更详细的研究；如果与示波器组合，则可观察到声压变化的波形，并可储存波形或用照相机把波形摄制下来；还可以把分析仪、记录仪等仪器与声级计组合、配套使用，这要根据测试条件和测试要求而定。

2. 声级计使用前的检查和校准

声级计在使用之前要进行检查和校准，防止在检查时得到不准确的结果。一般情况下，要进行以下检查和校准。

（1）在未接通电源时，先检查仪表指针是否在机械零点上。若不在零点，可用零点调整螺钉使指针和零点重合。

（2）检查电池容量，把声级计功能开关对准“电池”，衰减器任意，此时电表指针应达到额定红线或规定区域，否则读数不准，需更换电池。

（3）打开电源开关，预热仪器约 10min。

（4）对仪器进行校准。每次测量前或使用一段时间后，必须对仪器的电源和传声器进行校准，声级计上一般都配有电路校准的“参考”位置，可校验放大器的工作是否正常。如不正常，应调节微调电位器。电路校准后，再利用标准传声器对声级计上的传声器进行对比校准。

（5）将声级计的功能开关对准“线性”、“快”挡。由于一般办公室内的环境噪声约为 40～60dB，因此声级计上应有相应的示值。变换衰减器刻度盘，表头示值应相应变化 10dB左右。

（6）检查计权网络。按以上步骤，将“线性”位置依次变为“C”，“B”，“A”。由于室内环境噪声多为低频率成分，故经频率计权后的噪声级示值将低于线性值，而且应依次递减。

（7）考察“快”、“慢”挡。将衰减器刻度盘调至高 dB 值处（例如 90dB）。通过操作人员发出声响，并注意观察“快”挡时的指针摆动能否跟上发音速度，“慢”挡时的指针摆动能否明显迟缓。

3. 声级计使用和维护时的注意事项

（1）使用前，应注意查看连线有无损伤和接触不良等。

（2）检测时要注意仪表量程的选择应由高到低，防止指针超出刻度线以外。测量前应根据被测声音的大、小将量程开关置于合适的挡位，如无法估计其大小，应先将量程开关置于最高挡。

（3）检测时要避免声级计受反射声、大风和电磁波的影响。

（4）声级计要避免受振动和冲击，注意防潮和避免阳光直射。

（5）电池式声级计在不使用期间，应将干电池取下。电池已低于规定的工作电压时，需要更换。在更换电池时，要注意将电源开关置于“关”的位置。使用完后应及时关掉电源开关，否则电池的电能将耗尽。

（6）声级计前端的多孔泡沫塑料圆球是风罩，在室外测量或当风速超过 0.5m/s 时应使用风罩，以减少风噪声的影响。风罩还能保护传声器不受尘埃损害，因此在测验站内也应使用风罩。

（7）使用一个月后，应检查传声器有无灰尘。

（8）长期不使用时，因湿度的影响，易发生故障，需对声级计的内部进行干燥。

（9）每年要接受有关部门的检定。

四、汽车噪声的检测方法

国家标准 GB 1495—2002《汽车加速行驶车外噪声限值测量方法》，规定了新生产汽车加速行驶的车外噪声测量。该标准规定声级计误差不超过±2dB，并要求在测量前、后仪器应按规定进行校准。

1. 车外噪声的检测条件

车外噪声的检测场地图如图 4—20 所示，检测时应满足以下几个测量条件：

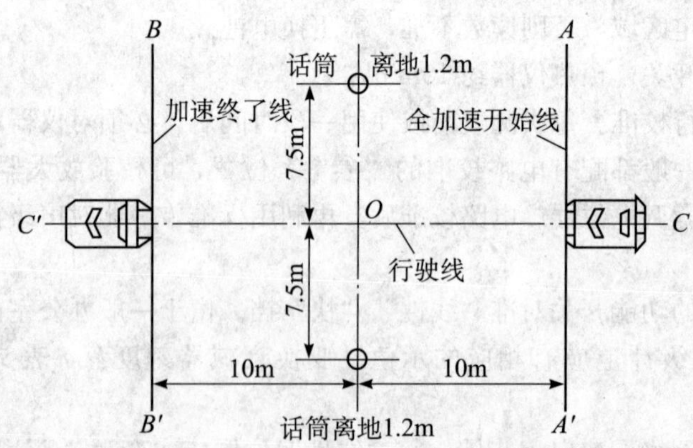

图 4—20　车外噪声的检测场地示意图

（1）测量场地应平坦而空旷，自测量中心以 25m 为半径的范围内，不应有大的反射物，如建筑物、围墙等。

（2）测试场地跑道应有 20m 以上平直、干燥的沥青路面或混凝土路面，路面坡度不超过 0.5%；本地噪声（指当测量对象噪声不存在时周围环境的噪声）应比所测车辆噪声至少低10dB，并保证测量不被其他声源所干扰。

(3) 为避免风噪声干扰，可采用防风罩，但应注意防风罩对声级计灵敏度的影响。

(4) 声级计附近除测量者外，不应有其他人员，如不可缺少时，则必须在测量者背后，而且测量人员的身体离声级计也应尽量远些，以免影响测量的准确性。

(5) 被测车辆不得载重，测量时发动机应处于正常使用情况。

(6) 声级计传声器位于20m跑道中心点两侧，各距中心7.5m，距地面高度1.2m，用三角支架固定。

(7) 传声器平行于路面，其轴线垂直于车辆行驶方向。

2. 加速行驶车辆车外噪声测量方法。

(1) 汽车需按下列规定条件稳定地到达始端线。前进挡为4挡以上的车辆用第5挡；前进挡为4或4挡以下的用第2挡；自动挡汽车用在试验区加速最快的挡位，但最高车速不超过50km/h；发动机转速为其标定转速的3/4。

(2) 当汽车行驶到始端线时，立即全加速行驶。当车辆后端达到终端线时，应该立即停止加速。

(3) 本测量要求被测车辆在后半区域发动机到达标定转速。如果车辆达不到这个要求，可延长距离为15m。如仍不到这个要求，车辆使用挡位要降低一挡。如果车辆在后半区域超过标定转速，可适当降低到达始端线的转速。

(4) 声级计用“A”计权网络、“快”挡进行测量，读取车辆驶过时的声级计表头最大读数。

(5) 同样的测量往返进行一次。车辆同侧的两次测量结果之差，不应大于2dB，并把测量结果记入规定的表格中。取每侧二次声级计、平均值中最大值作为被测车辆的最大噪声级。若只用一个声级计测量，同样的测量应进行4次，即每侧测量2次。

3. 匀速行驶车外噪声测量方法

(1) 车辆用常用的挡位，油门踏板保持稳定，以50km/h的车速匀速通过测量区域。

(2) 声级计用“A”计权网络、“快”挡进行测量，读取车辆驶过时的声级计表头最大读数。

(3) 同样的测量往返进行一次，车辆同侧两次结果之差，不应大于2dB，并把测量结果记入规定的表格中。若只用一个声级计测量，同样的测量应进行4次，即每侧测量2次。

4. 车内噪声测量方法

测试的跑道应在足够长度的平直、干燥的沥青或水泥路面上。测量时风速（指相对于地面）应不大于3m/s且车辆的门窗应关闭，周围的噪声应比所测车辆的噪声至少低10dB。

车内噪声检测通常是在人耳附近布置检测点，传声器朝车辆前进方向。一般情况下车内噪声检测点的位置布置如图4—21所示。

测量方法。车辆以常用的挡位、50km/h以上的不同车速匀速行驶，在室内噪声测点的位置分别进行测量。用声级计“慢”挡测量“A”，“C”计权声级，分别读取表头指针最大读数的平均值，测量结果记入规定的表格中。进行车内噪声频谱分析时，应包括中心频率为31.5Hz，63Hz，125Hz，250Hz，500Hz，1 000Hz，2 000Hz，4 000Hz，8 000Hz的倍频带。

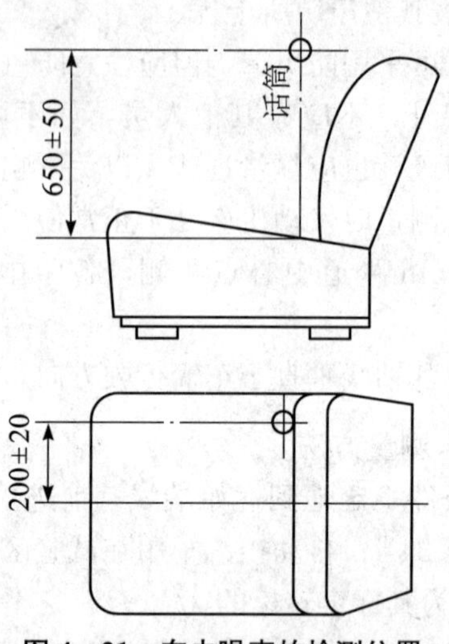

图 4—21 车内噪声的检测位置

5. 驾驶员耳旁噪声的检测

车辆应处于静止状态且变速器置于空挡，发动机处于额定转速状态，测点位置如图 4—15 所示，声级计应置于“A”计权、“快”挡。

知识与能力拓展

车辆噪声检测标准

国家标准 GB 7258—2004《机动车运行安全技术条件》对客车车内噪声级、汽车驾驶员耳旁噪声级和机动车喇叭声级提出了下述要求。

(1) 车外最大允许噪声级。

当汽车在加速行驶时，车外最大噪声级应符合如表 4—6 所示的规定。各类机动车辆变形或改装（消防车除外）的加速行驶车外最大允许噪声级，应符合其基本车型车辆的规定。

表 4—6 汽车加速行驶车外噪声限值/dB（分贝）

车辆分类	噪声限值/dB (A)	
	第一阶段	第二阶段
	2002.10.1—2004.12.31 期间生产的汽车	2005.1.1 以后生产的汽车
M_1	77	74
M_2(GVM≤3.5t)，或 N_1(GVM≤3.5t)：		
GVM≤2t	78	76
2t<GVM≤3.5t	79	77
M_2(3.5t<GVM≤5t)，或 M_3(GVM>5t)：		
P<150km	82	80
P≥150km	85	83
N_2(3.5t<GVM≤12t)，或 N_3(GVM>12t)：		
P<75km	83	81
75km≤P<150km	86	83
P≥150km	88	84

注：1. GVM——最大总质量（t）；

2. P——发动机额定功率；

3. M_1，M_2（GVM≤3.5t）和 N_1 类汽车装用直喷式柴油机时，其限值增加 1dB（A）；

4. 对于越野汽车，其 GVM≥2t 时：

如果 P＜150km，其限值增加 1dB（A）；

如果 P≥150km，其限值增加 2dB（A）；

5. M_1 类汽车，若其变速器多于四个，P＞140km，P/GVM 之比大于 75km/t，并且用第三挡测试时其尾端出线的速度大于 61km/t，则其限值增加 1dB（A）。

（2）车内最大允许噪声级。

客车车内最大噪声级不大于 79dB（A）。

（3）汽车驾驶员耳旁噪声声级不大于 90dB（A）。

（4）机动车喇叭声级

机动车喇叭声级在距车前 2m，离地高 1.2m 处检测，如图 4—22 所示，其值对发动机最大净功率为 7kW 以下的摩托车及轻便摩托车为 80～112dB（A），对其他机动车为 90～115dB（A）。

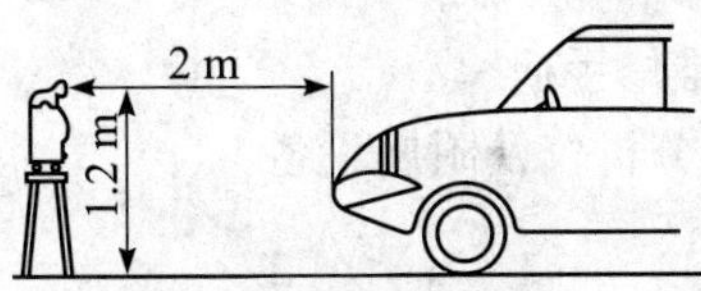

图 4—22　车辆喇叭声的检测位置

由于汽车噪声源中，没有一个是完全密封的（有的仅是部分的被密封起来），因此，汽车整车所辐射出来的噪声，就取决于各声源的强度、特性以及向周围环境传递的情况。研究表明，排气噪声占车外噪声的份额最大，发动机风扇噪声次之。为了降低汽车的加速行驶车外噪声，应首先考虑降低排气系统噪声和冷却风扇运转噪声。

学习测试

学习测试 1：汽车排气中的主要有害成分是什么？危害现象如何？

学习测试 2：汽油车排放污染物的检测步骤是什么？

学习测试 3：如何使用烟度计检测柴油车的排放污染物？

学习测试 4：如何使用声级计检测车辆噪声？

学习测试 5：选择

1. 下列哪一项不是汽油车排放污染物的主要成分（　　）。

A. 一氧化碳　　　　B. 碳氢化合物

C. 氮氧化物　　　　D. 碳烟

2. 在使用不分光红外线吸收型检测仪检测汽油车排放污染物前，应预热（　　）。

A. 15min　　　　B. 30min

C. 60min　　　　D. 不用预热

3. 下列关于柴油机排放污染物的监测哪一项是错误的（　　）。

A. 测取滤纸染黑度时，要使光电传感器与滤纸之间留有一定的距离。

B. 标准烟度卡平时不使用时要放在袋中保存好，不得在日光下暴晒。

C. 指示装置不用时，应把测量开关打到“闭”的位置，以免在移动或运输时损坏电表表头。

D. 指示装置应避开在有振动和湿度大的地方放置。

4. 汽车驾驶员耳旁噪声声级应不大于（　　）。

A. 30dB　　B. 60dB　　C. 90dB　　D. 120dB

工作单 1

姓名＿＿＿＿＿＿＿＿　日期＿＿＿＿＿＿＿＿＿＿＿＿＿＿＿＿

汽油车排放污染物的怠速检测

完成此工作单后，你将应该能够正确使用不分光红外线分析仪检测汽油车的排放污染物。

工具和材料

一辆汽油发动机汽车及其维修手册

MEXA—324F 型汽车尾气分析仪及附属设备

所检测汽车的描述

汽车型号：＿＿＿＿＿＿＿＿＿＿　发动机型号：＿＿＿＿＿＿＿＿＿＿

步骤

1. 仪器准备

（1）用标准气体校准。＿＿＿＿＿＿＿＿＿＿＿＿＿＿＿＿＿＿＿＿＿＿＿。

（2）仪器的零位校准。＿＿＿＿＿＿＿＿＿＿＿＿＿＿＿＿＿＿＿＿＿＿＿。

（3）仪器的简单校准。＿＿＿＿＿＿＿＿＿＿＿＿＿＿＿＿＿＿＿＿＿＿＿。

（4）＿＿＿＿＿＿＿＿＿＿＿＿＿＿＿＿＿＿＿＿＿＿＿＿＿＿＿＿＿＿＿。

2. 车辆准备

（1）＿＿＿＿＿＿＿＿＿＿＿＿＿＿＿＿＿＿＿＿＿＿＿＿＿＿＿＿＿＿＿。

（2）＿＿＿＿＿＿＿＿＿＿＿＿＿＿＿＿＿＿＿＿＿＿＿＿＿＿＿＿＿＿＿。

（3）＿＿＿＿＿＿＿＿＿＿＿＿＿＿＿＿＿＿＿＿＿＿＿＿＿＿＿＿＿＿＿。

（4）＿＿＿＿＿＿＿＿＿＿＿＿＿＿＿＿＿＿＿＿＿＿＿＿＿＿＿＿＿＿＿。

3. 怠速检测

（1）＿＿＿＿＿＿＿＿＿＿＿＿＿＿＿＿＿＿＿＿＿＿＿＿＿＿＿＿＿＿＿。

（2）＿＿＿＿＿＿＿＿＿＿＿＿＿＿＿＿＿＿＿＿＿＿＿＿＿＿＿＿＿＿＿。

（3）＿＿＿＿＿＿＿＿＿＿＿＿＿＿＿＿＿＿＿＿＿＿＿＿＿＿＿＿＿＿＿。

（4）发动机怠速运行 15s 后，记录 30s 内的最大值和最小值分别为＿＿＿和＿＿＿。

（5）若汽车有多个排气管计算个排气管最大值和最小值的平均值分别为＿＿＿和＿＿＿。

（6）＿＿＿＿＿＿＿＿＿＿＿＿＿＿＿＿＿＿＿＿＿＿＿＿＿＿＿＿＿＿＿。

4. 检测结果分析

对照检验标准请对检测结果做出判断并说出可能超标的原因＿＿。

指导老师评语

____

____

____。

汽油车排放污染物的怠速检测考核评分表

时间：20min　　班级：________　　考生姓名：________

序号	考核内容	配分	评分标准	扣分	得分
1	着工装，注意工作场地卫生和工具，设备清洁	15	穿工装　5分 保持场地卫生　5分 保持工具和设备卫生　5分		
2	检测的准备工作	25	接通仪器电源并预热30min以上　10分 仪器校准（包括标准气样校准和零位校准）　10分 将发动机预热一定的时间　5分		
3	检测过程	50	使发动机在0.7额定转速运行约60s　15分 将取样探头插入排气管中，深度400mm　15分 按规定要求读出测量值　10分 计算出平均数作为测量值　10分		
4	注意安全	10	因违规操作发生重大人身、设备事故记0分		
5	按时完成		每超时1分钟扣3分，超时3分钟终止考核		
6	分数合计				

操作时间：________　　考核教师：________

工作单2

姓名________　　日期________

柴油车排放污染物的检测

完成此工作单后，你将应该能够正确使用烟度计检测柴油车的排放污染物。

工具和材料

一辆柴油发动机汽车及其维修手册

烟度计及附属设备

所检测汽车的描述

汽车型号：________　　发动机型号：________

步骤

1. 仪器准备

____

____。

2. 车辆准备

____

____。

3. 检测程序

（1）____。

（2）____。

（3）____。

（4）____。

（5）____。

（6）____。

（7）再次踩下加速踏板与踏板开关时，距前一次的时间间隔为 20s，如此重复四次。对第一次采样不测量。记录后 3 次的读数分别为________、________、________，则该发动机的烟度值为________。

4. 检测结果分析

对照检验标准请对检测结果做出判断并分析可能超标的原因____。

指导老师评语

____

____

____。

柴油车排放污染物检测考核评分表

时间：　20min　　班级：________　　考生姓名：________

序号	考核内容	配分	评分标准	扣分	得分
1	着工装，注意工作场地卫生和工具，设备清洁	15	穿工装　5 分 保持场地卫生　5 分 保持工具和设备卫生　5 分		
2	检测的准备工作	25	仪器机械调零　10 分 仪器通电预热，并检验仪器是否符合要求　10 分 将发动机预热一定的时间　5 分		
3	检测过程	50	将取样探头插入排气管中，深度 300mm　15 分 吹除积存物　15 分 按规定要求读出测量值　10 分 计算出平均数作为测量值　10 分		
4	注意安全	10	因违规操作发生重大人身、设备事故记 0 分		
5	按时完成		每超时 1 分钟扣 3 分，超时 3 分钟终止考核		
6	分数合计				

操作时间：________　　考核教师：________

工作单 3

姓名________　日期________

汽车噪声的检测（车外噪声的检测）

完成此工作单后，你将应该能够正确使用声级计检测汽车的噪声。

工具和材料

一辆实训汽车及其维修手册

两台声级计及附属装置

所检测汽车的描述

汽车型号：________　发动机型号：________

步骤

1. 仪器准备

应首先检查仪器的连接线路有没有损伤和接触不良，保证仪器能够正常使用。

2. 场地准备

测试场地应该平坦而空旷，在测试中心以 25m 为半径的范围内，不应有大的反射物。测试场地应有 20m 以上平直、干燥的沥青路面或混凝土路面，路面坡度不得大于 0.5%；本地噪声不得大于 10dB。

3. 加速行驶车外噪声检测程序

(1) 车辆按规定的条件到达始端线。

(2) 当汽车行驶到始端线时，立即全加速行驶。当车辆后端达到终端线时，应该立即停止加速。

(3) 声级计用“A”计权网络、“快”挡进行测量，读取车辆驶过时的声级计表头最大读数。

(4) 在车辆每侧往返各测量一次，读取车辆驶过时的声级计表头最大读数为填入表格中。

	往/dB	返/dB	平均/dB
左侧			
右侧			

(5) 最后得出该车辆的最大噪声级为________dB。

4. 检测结果分析

对照检验标准请对检测结果做出判断，并分析可能超标的原因____。

指导老师评语

____

____

____。

汽车噪声的检测（车外噪声的检测）考核评分表

时间：__20min__　班级：________　考生姓名：________

序号	考核内容	配分	评分标准	扣分	得分
1	着工装，注意工作场地卫生和工具，设备清洁	15	穿工装　5 分 保持场地卫生　5 分 保持工具和设备卫生　5 分		
2	检测的准备工作	25	检查仪器线路有无损伤和接触不良　10 分 给仪器通电预热约 10min，　5 分 对仪器进行校准　10 分		
3	检测过程	50	仪表量程的选择　15 分 检测时车辆应该按规定车速行驶　15 分 按规定要求读出测量值　10 分 计算出平均值作为该车辆的最大噪声　10 分		
4	注意安全	10	因违规操作发生重大人身、设备事故记 0 分		
5	按时完成		每超时 1 分钟扣 3 分，超时 3 分钟终止考核		
6	分数合计				

操作时间：________________　考核教师：________________

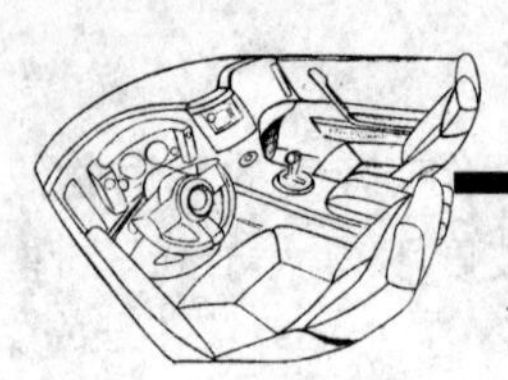

第五章

汽车的行驶安全性

引言

汽车的行驶安全性一般分为主动安全性和被动安全性。主动安全性是指汽车本身防止或减少道路交通事故发生的性能。主要取决于汽车的尺寸和整备质量参数、制动性、操纵性、信息性以及驾驶员工作位置的状况（坐椅舒适性、噪声、温度和通风、操纵轻便性等）。被动安全性是指发生汽车事故后，汽车本身减轻人员受伤和货物受损的性能。又可分为内部被动安全性（减轻车内乘员受伤和货物受损）以及外部被动安全性（减轻对事故所涉及的其他人员和车辆的损坏）。

本章主要讨论影响汽车的主动安全性的制动性、操纵稳定性及其检测。

第一节 汽车的制动性

学习目标：能够正确叙述汽车制动性能的评价指标；正确分析制动时车轮的受力情况和方向稳定性。

汽车行驶时，能在短距离内迅速停车且维持行驶方向稳定性和在下长坡时能维持一定车速，以及在坡道上能长时间保持停住的能力称为汽车的制动性。汽车的制动性直接关系到汽车的行车安全。只有在保证汽车安全的前提下才能充分发挥汽车的其他使用性能，诸如提高汽车车速、汽车的机动性能等。汽车的制动性不仅取决于制动系的性能，还与汽车的操纵性能、轮胎的机械特性、道路的附着条件以及与驾驶员的操作有关系。

汽车制动性主要可由制动效能、制动效能的恒定性和制动时汽车的方向稳定性等三个方面来评价。

一、制动效能

制动效能是汽车制动性最基本的评价指标，是指汽车迅速降低行驶速度直至停车的能力。主要包括制动力、制动减速度、制动距离和制动时间等。

1. 制动力

汽车在制动过程中所需外力由与其接触的地面来提供（空气阻力除

外），这一外力称为地面制动力 F_x。

如图 5—1 所示，为汽车在良好硬路面上制动时的车轮受力图。图中 T_μ为车轮制动器的摩擦力矩，T_j 为汽车回转质量的惯性力矩，T_f 为车轮的滚动阻力矩，F 为车轴对车轮的推力，G 为车轮的垂直载荷，Z 为地面对车轮的法向反作用力，r 为车轮半径。

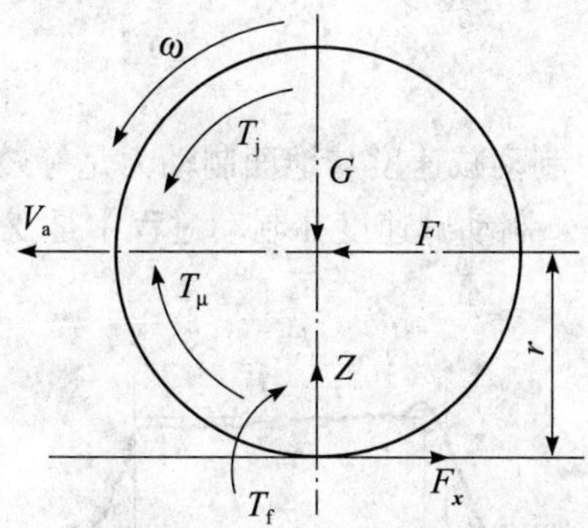

图 5—1　汽车在良好硬路面上制动时的车轮受力图

在制动过程中滚动阻力矩 T_f、惯性力矩 T_j 相对都较小时可忽略不计，由力矩平衡可得

$$F_x = T_\mu / r$$

地面制动力 F_x 是汽车制动时地面作用于车轮的外力，其大小取决于车轮半径与制动器的摩擦力矩 T_μ。制动器摩擦力矩在车轮周缘所形成的力称为制动器制动力 F_μ：

$$F_\mu = T_\mu / r$$

制动器制动力 F_μ 取决于制动器结构、型式、尺寸以及制动器摩擦副摩擦系数和车轮半径。一般情况下其数值与制动踏板力 F_p 成正比。对于结构、尺寸一定的制动器而言，制动器制动力主要取决于制动踏板力和摩擦副的表面状况（接触面大小及表面是否有油污）。

制动器制动力 F_μ 同时也受地面附着力 F_φ 的限制，其值为

$$F_\varphi = Z \cdot \varphi$$

式中：φ——地面附着系数（与路面材料、路面状况、轮胎结构及汽车的行驶速度有关）。

在不考虑附着系数变化的制动过程中，地面制动力 F_x、制动器摩擦副间的摩擦力 F_μ 与地面附着力 F_φ 随着制动踏板力 F_p 的变化关系如图 5—2 所示。

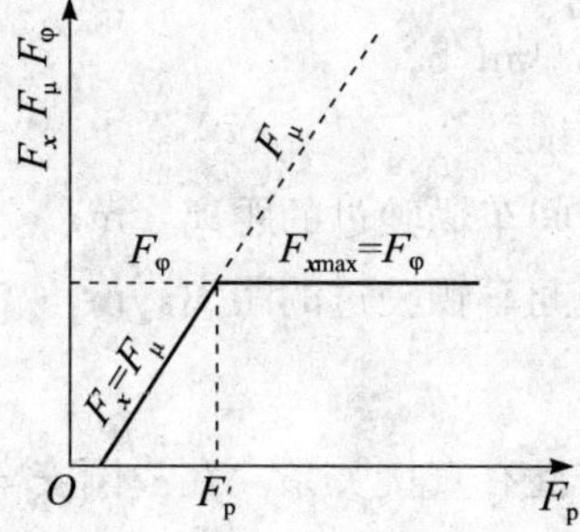

图 5—2　地面制动力 F_x、制动器制动力 F_μ 与地面附着力 F_φ 之间的关系

可见，汽车地面制动力首先取决于制动器制动力，但同时又受到地面附着条件的限

制。只有汽车具有足够的制动器制动力，同时具有良好的地面附着条件时，才能获得足够的地面制动力。

制动力是评价汽车制动性能的最本质因素。制动力便于在制动试验台上进行检测，通过检测不仅能测得各车轮制动力的大小，还可以了解前后轴制动力的合理分配，以及各轴两侧车轮的制动力平衡状况。

2. 制动减速度

对某一具体的汽车而言，制动减速度与地面制动力是等效的。制动减速度 j 与地面制动力 F_x 及车辆总质量 G 有关。制动减速度在制动过程中是变化的（如图 5—3 所示）。

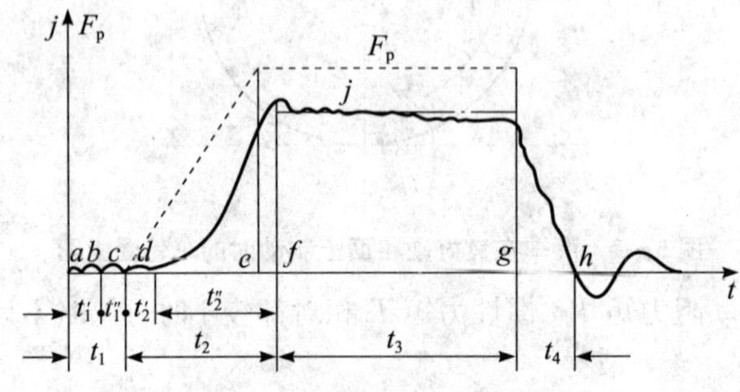

图 5—3 制动过程制动减速度的变化

（1）车轮滚动时

$$j=\frac{g}{\delta\times G}F_x$$

式中：g——重力加速度；

δ——汽车回转质量换算系数。

（2）当车辆制动到全部车轮抱死滑移时，回转质量换算系数 δ 等于 1，而此时地面制动力 $F_x=F_\varphi=G\times\varphi$，由此可得最大减速度：$j_{max}=g\times\varphi$。

（3）车辆检测时用平均减速度或最大减速度作为制动效能的评价指标，在我国的安全法中采用充分发出的平均减速度 MFDD（Mean Fully Development Deceleration）。

$$\text{MFDD}=\frac{v_b^2-v_e^2}{25.92(S_e-S_b)}\ \text{m/s}^2$$

式中：v_b —— $0.8v_0$，车辆速度，km/h；

v_e —— $0.1v_0$，车辆速度，km/h；

v_0 ——制动初速度，km/h ；

S_b ——在速度 v_0 和 v_b 之间车辆驶过的距离，m；

S_e ——在速度 v_0 和 v_e 之间车辆驶过的距离，m。

3. 制动距离

制动距离与汽车行驶的安全性有直接关系。在我国安全法规中，制动距离是指在指定的道路条件下，机动车在规定的初速度下急踩制动时，从驾驶员踏制动踏板开始到汽车停止所行驶过的距离。制动距离与踏板力、附着条件、载荷、车速等因素有关。测试制动距离时必须对制动踏板力或制动系的压力以及轮胎与地面的附着条件作出相应的规定。不同车型对此项制动效能指标的具体要求有很大差异。

4. 制动时间

制动过程所经历的时间即制动时间，很少作为单纯的评价指标。但是作为分析制动过程和评价制动效能又是不可缺少的参数。如对于同一型号的两辆汽车产生同样的制动力所经历的时间不同，在两辆汽车的制动距离就可能相差很大，对行驶安全将产生不同效果。因此通常把制动时间作为一辅助的评价指标。制动过程各阶段的时间分布大致如图 5—3 所示。图中所示时间 t_1 为驾驶员反应时间，从接受制动信号到脚踩到制动踏板为止，一般需要 0.7～1.0s，该时间车辆按原车速继续行驶；t_2 为制动器作用时间（又称制动协调时间），一般为 0.2～0.7s，主要取决于驾驶员踩制动踏板的速度和制动系的形式和结构，该期间制动减速度逐渐增大，直至达到最大制动减速度；t_3 为持续制动时间，该期间制动减速度基本不变；t_4 为制动释放时间，一般在 0.2～1.0s 之间。

二、制动效能的恒定性

制动效能的恒定性就是指抗制动效能下降的能力，主要通过制动系统的抗热衰退性和水衰退性来评价。

1. 热衰退

汽车在高速下制动或短时间内连续制动，尤其是下长坡连续制动时，都可能由于制动器内温度过高，摩擦系数下降而导致制动效能降低，这种现象称为制动效能的热衰退性。因此用制动器处于热状态时能否保持有冷状态时的制动效能来评价汽车制动抗热衰退性能。制动抗热衰退性是衡量制动效能恒定性的一个指标。但由于测试方法较复杂，在一般汽车综合检测站难以实施。对于在用汽车也无需检测制动抗热衰退性。

2. 水衰退

制动器摩擦表面浸水后，将因水的润滑作用使摩擦系数下降，并使汽车制动效能下降，这种现象称为制动效能的水衰退。

汽车制动时产生的热量可使摩擦片干燥，因而制动器浸水后，经过若干次（一般 5～15 次）制动后，制动器可逐渐恢复浸水前的性能。

三、制动时的方向稳定性

汽车在制动过程中维持直线行驶或按照预定弯道行驶的能力称为汽车制动时的方向稳定性。

汽车丧失制动稳定性会出现汽车制动跑偏和制动侧滑等现象，特别是后轴侧滑，是造成交通事故的重要原因。随着现代汽车行驶速度的不断提高，汽车制动时的方向稳定性成为影响交通安全的重要因素。

第二节　汽车制动性的检测

学习目标：能够用汽车制动试验台检测汽车的制动性能。

学习方法：学生分组在实训室由实训指导教师指导完成。

汽车制动性能检测分为台试检测和路试检测，GB 7258—2004《机动车运行安全技术条件》中除了对汽车制动系提出了主要技术条件外，还分别规定了台试检测和路试检测的检测项目、检测方法和相应的技术要求。

一、台试检测

1. 检测项目

主要包括制动力、制动力平衡、车轮阻滞力和制动协调时间等。

2. 制动性能检测台的类型

（1）按测试原理不同，可分为反力式和惯性式两类。

（2）按检验台支撑车轮形式不同，可分为滚筒式和平板式两类。

（3）按检测参数不同，可分为测制动力式、测制动距离式、测制动减速度式和综合式四种。

（4）按检验台的测量、指示装置、传递信号方式不同，可分为机械式、液力式和电气式三类。

目前国内汽车综合性能检测站所用制动检验设备多为反力式滚筒制动检验台和平板式制动检验台。

3. 检测方法

（1）反力式滚筒制动试验台。

检测前仪器及车辆准备：

①检验台滚筒表面清洁，无异物及油污，仪表清零。

②车辆轮胎气压、花纹深度符合标准规定，胎面清洁。

③将踏板力计装到制动踏板上。

检测过程：

①车辆正直居中驶入试验台，将被测轮停放在制动台前后滚筒间，变速器置于空挡。

②降下举升器，启动电机，保持一定采样时间（约 5 秒），测得阻滞力。

③根据提示，踩下制动踏板，测量最大制动力数值。

④电机停转，举升器升起，被测轮驶离。

按以上程序依此测试其他车轴。若检测驻车制动，则拉紧驻车制动操纵装置，测量驻车制动力数值。

⑤卸下踏板力计，车辆驶离。

注意事项：

①车辆进入检验台时，轮胎不得夹有泥、砂等杂物，除驾驶员外不得有其他乘员。

②测制动时不得转动方向盘。

③在制动检验时，车轮如在滚筒上抱死，制动力未达到要求时，可换用路试或其他方法检测。

④空载检测时，气压制动系气压表的指示气压 ≤600kPa；液压制动系踏板力乘用车≤400N；其他机动车 ≤450N。

（2）平板式制动检验台。

检测前仪器及车辆准备：

①检验台滚筒表面清洁、无异物及油污，仪表清零。

②车辆轮胎气压、花纹深度符合标准规定，胎面清洁。

③将踏板力计装到制动踏板上。

检测过程：

驾驶员以5～10km/h速度将车辆对正并驶上平板，置变速器于空挡并紧急制动。系统将给出行车制动测试结果及悬架效率。

车辆继续前进，等后轮驶上平板时（实际操作以设备说明书规定方法为准），置变速器于空挡并驻车制动。系统将给出驻车制动测试结果。

注意事项：

①轴重大于检验台允许重量的汽车，请勿开上检验台。

②车辆进入检验台时，轮胎不得夹有泥、砂等杂物；不应让油水、泥、砂等进入试验台内。

③空载检验时，气压制动系气压表的指示气压 ≤600kPa。液压制动系踏板力乘用车≤400N；其他机动车 ≤450N。

④不要在检验台上进行车辆维修作业。

4. 技术要求

(1) 制动力要求：前轴制动力与前轴荷之比≥60%；制动力总和与整车重量之比，空载≥60%，满载≥50%；乘用车和总质量不大于3 500kg的货车后轴制动力与后轴荷之比≥20%。

(2) 制动平衡要求：在制动力增长的全过程中同时测得的左右轮制动力差的最大值，与全过程中测得的该轴左右轮最大制动力之比，前轴不应大于20%；对后轴（及其他轴）在轴制动力不小于该轴轴荷的60%时，不应大于24%；当后轴（及其他轴）轴制动力小于该轴轴荷的60%时，在制动力增长全过程中同时测得的左右轮制动力差的最大值不应大于该轴轴荷的8%。

(3) 阻滞力要求：进行制动力检测时车辆各轮的阻滞力均不得大于该轴轴荷的5%。

(4) 驻车制动力要求：驻车制动力总和应不小于该车在测试状态下整车重量的20%；对于总质量为整备质量1.2倍以下的车辆此值为15%。

(5) 制动完全释放时间要求：汽车制动完全释放时间（从松开制动踏板到制动消除所需要的时间）不大于0.80s。

二、路试检测

1. 检测项目

主要检验项目有：制动距离、充分发出的平均减速度、制动稳定性、制动协调时间、驻车制动坡度等。

2. 检测方法

(1) 路试检验制动性能应在平坦（坡度不应大于1%）、干燥和清洁的硬路面（轮胎与路面之间的附着系数不应小于0.7）上进行。

（2）在试验路面上画出 GB 7258—2004《机动车运行安全技术条件》规定宽度的试验通道的边线，被测机动车沿着试验车道的中线行驶至高于规定的初速度后，置变速器于空挡（自动变速的机动车可置变速器于 D 挡），当滑行到规定的初速度时，急踩制动，使机动车停止。

（3）用制动距离检验行车制动性能时，采用速度计、第五轮仪或用其他测试方法测量机动车的制动距离，对除气压制动外的机动车还应同时检测踏板力（或手操纵力）。

（4）用充分发出的平均减速度检验行车制动性能时，采用能够检测充分发出的平均减速度（MFDD）和制动协调时间的仪器测量机动车充分发出的平均减速度（MFDD）和制动协调时间，对除气压制动外的机动车还应同时检测踏板力（或手操纵力）。

3. 技术要求

路试检测制动性能应符合表 5—1 至表 5—7 的规定。

表 5—1　　制动距离和制动稳定性要求（摘自 GB 7258—2004）

车辆类型	制动初速度/(km/h)	满载检验制动距离要求/m	空载检验制动距离要求/m	试验通道宽度/m
三轮汽车	20	≤5.0		2.5
乘用车	50	≤20.0	≤19.0	2.5
总质量不大于 3 500kg 的低速货车	30	≤ 9.0	≤ 8.0	2.5
其他总质量不大于 3 500kg 的汽车	50	≤22.0	≤21.0	2.5
其他汽车、汽车列车	30	≤10	≤ 9.0	3.0

表 5—2　　制动减速度和制动稳定性要求

车辆类型	制动初速度/(km/h)	满载检验 MFDD/(m/s²)	空载检验 MFDD/(m/s²)	试验通道宽度/m
三轮汽车	20	≥3.8		2.5
乘用车	50	≥5.9	≥6.2	2.5
总质量不大于 3 500kg 的低速货车	30	≥5.2	≥5.6	2.5
其他总质量不大于 3 500kg 的汽车	50	≥5.4	≥5.8	2.5
其他汽车、汽车列车	30	≥5.0	≥5.4	3.0

表 5—3　　制动性能检验时制动踏板力或制动气压要求

型式 \ 状态		空载	满载
气压制动系气压表指示气压/kPa		≤600	≤额定工作气压
液压制动器踏板力/N	乘用车	≤400	≤500
	其他汽车	≤450	≤700
	三轮汽车	≤600	—

表 5—4　空载状态驻车制动性能要求

车辆类型	轮胎与路面间附着系数	停车坡道坡度（车辆正反向，%）	保持时间/min
总质量/整备质量<1.2	≥0.7	15	≥5
其他车辆	≥0.7	20	≥5

表 5—5　驻车制动性能检验时操纵力

车辆类型	手操纵时操纵力/N	脚操纵时操纵力/N
乘用车	≤400	≤500
其他车辆	≤600	≤700

表 5—6　应急制动性能要求

车辆类型	制动初速度/(km/h)	制动距离/m	充分发出的平均减速度/(m/s^2)	手操纵力/N	脚操纵力/N
乘用车	50	≤38.0	≥2.9	≤400	≤500
客车	30	≤18.0	≥2.5	≤600	≤700
其他汽车（三轮汽车除外）	30	≤20.0	≥2.2	≤600	≤700

表 5—7　制动协调时间

液压制动的汽车	≤0.35s
气压制动的汽车	≤0.60s
汽车列车和铰接客车、铰接无轨电车	≤0.80s

知识与能力拓展

1. 反力式制动试验台

(1) 基本结构。

反力式制动试验台的结构如图 5—4 所示。由结构完全相同的左右两套对称的车轮制动力测试单元和一套指示、控制装置组成。每一套车轮制动力测试单元由框架（多数试验台将左、右测试单元的框架制成一体），驱动装置，滚筒组，举升装置，测量装置等构成。

驱动装置

由电动机、减速器和链传动组成。电动机经过减速器减速后驱动主动滚筒，主动滚筒通过链传动带动从动滚筒旋转。减速器输出轴与主动滚筒同轴连接或通过链条、皮带连接，减速器壳体为浮动连接（即可绕主动滚筒轴自由摆动）。

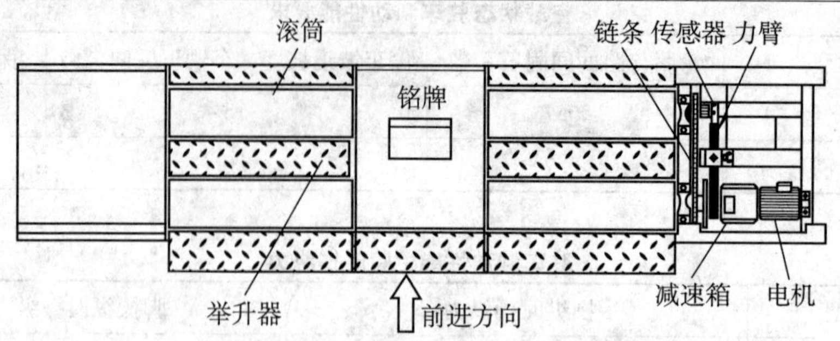

图 5—4　反力式制动检验台结构原理图

由于测试车速低，滚筒转速也较低，一般在 40～100r/min 范围内（日式试验台转速则更低，甚至低于 10r/min）。因此要求减速器减速比较大，一般采用两级齿轮减速或一级蜗轮蜗杆减速与一级齿轮减速。

滚筒组

每一车轮制动力测试单元设置一对主、从动滚筒。每个滚筒的两端分别用滚筒轴承与轴承座支承在框架上，且保持两滚筒轴线平行。滚筒相当于一个活动的路面，用来支承被检车辆的车轮，并承受和传递制动力。汽车轮胎与滚筒间的附着系数将直接影响制动检验台所能测得的制动力大小。为了增大滚筒与轮胎间的附着系数，滚筒表面都进行了相应加工与处理，目前采用较多的有：

①开有纵向浅槽的金属滚筒。在滚筒外圆表面沿轴向开有若干间隔均匀、有一定深度的沟槽。这种滚筒表面附着系数最高可达 0.65。当表面磨损且沾有油、水时附着系数将急剧下降。为改进附着条件可对滚筒表面进一步作拉花和喷涂处理，附着系数可达 0.75 以上。

②表面粘有熔烧铝矾土砂粒的金属滚筒。这种滚筒表面附着系数可达 0.8 以上。

③表面具有嵌砂喷焊层的金属滚筒。喷焊层材料选用 NiCrBSi 自熔性合金粉末及钢砂。这种滚筒附着系数可达 0.9 以上，其耐磨性较好。

④高硅合金铸铁滚筒。这种滚筒表面带槽、耐磨，附着系数可达 0.7～0.8，价格便宜。

⑤表面带有特殊水泥覆盖层的滚筒。这种滚筒比金属滚筒表面耐磨，表面附着系数可达 0.7～0.8，但表面易被油污与橡胶粉粒附着，使附着系数降低。

滚筒直径与两滚筒间中心距的大小对检验台的性能有较大影响。滚筒直径增大有利于改善与车轮之间的附着情况，增加测试车速，使检测过程更接近实际制动状况。但必须相应增加驱动电机的功率。而且随着滚筒直径增大，两滚筒间中心距也需相应增大，才能保证合适的安置角。这样使检验台结构尺寸相应增大，提高了制造要求。

有的滚筒制动检验台在主、从动滚筒之间设置一个直径较小，可自转又可上下摆动的第三滚筒，平时由弹簧使其保持在最高位置。在该制动检验台上大都取消了举升装置。在检验时，被检车辆的车轮置于主、从动滚筒上的同时压下第三滚筒，并与其保持可靠接触。在第三滚筒上装有转速传感器，控制装置通过转速传感器可获知被测车轮的转动情况。当被检车轮制动，转速下降至接近抱死时，且当转速传感器送出的相应电信号计算滑移率达到一定值（如25%）时，控制装置将使驱动电动机停止转动，以防止滚筒剥伤轮胎和保护驱动电机。第三滚筒除了上述作用外，有的检验台上还作为安全保护装置用，只有当两个车轮制动测试单元的第三滚筒同时被压下时，检验台驱动电机电路才能接通。

制动力测试装置

主要由测力杠杆和传感器组成。测力杠杆一端与传感器连接，另一端与减速器壳体连接，被测车轮制动时测力杠杆与减速器壳体将一起绕主动滚筒（或绕减速器输出轴、电动机枢轴）轴线摆动。传感器将测力杠杆传来的、与制动力成比例的力（或位移）转变成电信号输送到指示、控制装置。传感器有应变测力式、自整角电机式、电位计式 、差动变压器式等多种类型。

举升装置

为了便于汽车出入制动检验台，在主、从动两滚筒之间设置有举升装置。由举升器、举升平板和控制开关等组成。举升器常用的有气压式、电动螺旋式、液压式等型式。

控制装置

目前制动试验台控制装置大多数采用电子式。为提高自动化与智能化程度，有的控制装置中配置计算机。指示装置有指针式和数字显示式两种。带计算机的控制装置多配置数字显示器。

(2) 工作原理。

进行车轮制动力检测时，被检汽车驶上制动试验台，车轮置于主、从动滚筒之间，放下举升器或压下第三滚筒，装在第三滚筒支架下的行程开关即被接通。启动电动机，经驱动装置带动车轮低速旋转，待车轮转速稳定后驾驶员踩下制动踏板。车轮在车轮制动器的摩擦力矩作用下开始减速旋转。此时电动机驱动的滚筒对车轮轮胎周缘的切线方向产生制动力以克服制动器摩擦力矩，维持车轮继续旋转。与此同时车轮轮胎对滚筒表面切线方向产生一个与制动力方向反向等值的反作用力，在反作用力的作用下，减速机壳体与测力杠杆一起朝滚筒转动相反方向摆动（如图 5—5 所示），测力杠杆一端的力或位移量经传感器转换成与制动力大小成正比的电信号，经放大滤波后，送往A/D 转换器转换成相应数字量，再经计算机采集、贮存和处理后，检测结果由显示屏显示或由打印机打印出来。

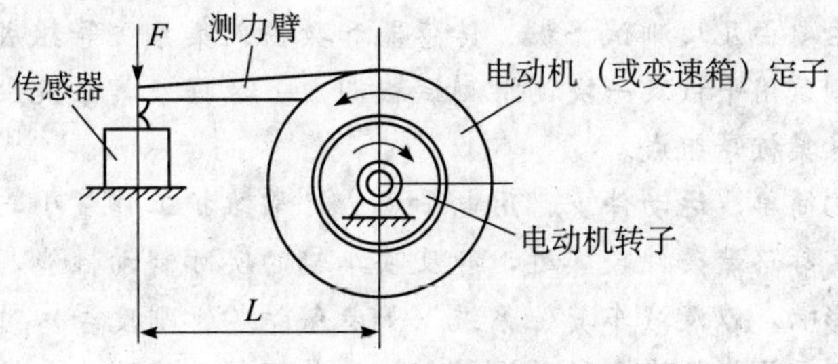

图 5—5 制动力测试原理图

由于制动力检测技术条件要求是以轴制动力占轴荷的百分比来评判的，对总质量不同的汽车来说是比较客观的标准。为此除了设置制动检验台外，还必须配置轴重计或轮重仪，有些复合式滚筒制动试验台装有轴重测量装置。其称重传感器（应变片式）通常安装在每一车轮测试单元框架的4个支承脚处。

GB 7528—2004《机动车安全运行技术条件》中定义制动协调时间是从驾驶员踩下制动踏板的瞬间作为起始计时点，为此，在制动测试过程中必须由驾驶员通过套装在汽车制动踏板上的脚踏开关向试验台指示、控制装置发出一个“开关”信号，开始时计数，直至制动力与轴荷之比达到标准规定值的75%时为止。这段时间即为制动协调时间，通常可通过试验台计算机执行相应程序来实现。

目前，采用的反力式滚筒制动检验台对具有防抱死制动（ABS）系统的汽车制动性能，还无法进行准确的测试。原因是这些试验台的测试车速较低，一般不超过5km/h，而防抱死制动系统均在车速10～20km/h以上起作用，所以在上述试验台上检测车轮制动力时，车辆的防抱死系统不起作用，只能相当于对普通的液压制动系统的检测过程。

2. 平板式制动试验台

(1) 基本结构。

平板式制动试验台结构如图5—6所示。它利用汽车低速驶上平板后突然制动时的惯性力作用，来检测制动性能，属于一种动态惯性式制动试验台。除了能检测制动性能外，还可以测试轮重、前轮侧滑和汽车的悬架性能。

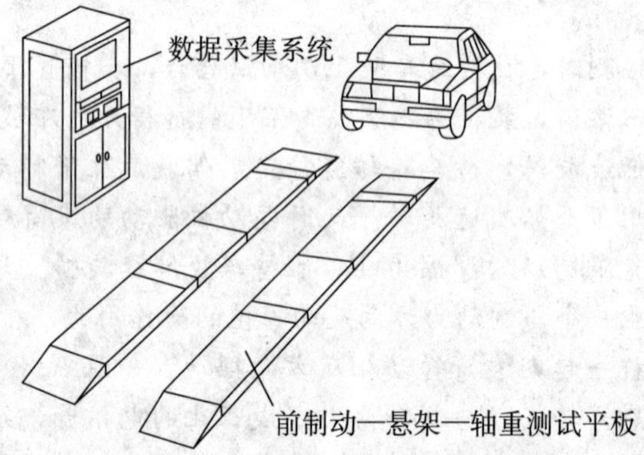

图5—6 平板式制动试验台结构图

这种试验台主要由几块测试平板、传感器和数据采集系统等组成。一般由四块制动—悬架—轴重测试用平板及一块侧滑测试板组成。数据采集系统由力传感器、放大器、多通道数据采集板等组成。

该试验台结构简单、运动件少、用电量少、日常维护工作量小，提高了工作可靠性。测试过程与实际路试条件较接近，能反映车辆的实际制动性能，即能反映制动时轴荷转移带来的影响，以及汽车其他系统（如悬架结构、刚度等）对汽车制动性能的影响。该试验台不需要模拟汽车转动惯量，较容易将制动试验台与轮重仪、侧滑仪组合在一起，使车辆测试方便且效率高。但这种试验台存在测试操作难度较大、对不同轴距车辆适应性差、占地面积大、需要助跑车道等缺点。

(2) 工作原理。

现代汽车在设计上为满足汽车行驶状态的制动要求，提高制动稳定性，减少制动时后轴车轮侧滑和汽车甩尾，前轴制动力一般占50%～70%左右，后轴制动力设计相对较少。除此以外还充分利用汽车制动时惯性力导致车辆重心前移轴荷发生变化的特点，使前轴制动力可达到静态轴重的140%，上述制动特性只有在道路试验时才能体现，在滚筒反力式检验台上，由于受设备结构和检验方法的限制，前轴最大制动力无法测量。

平板制动检验台是一种低速动态检测车辆制动性能的设备。检测时只依靠轴荷与减速度即可求出制动力。从理论上讲制动力与检测时的车速无关，与刹车后的减速度相关。

检验时汽车以5～10km/h速度驶上平板，置变速器于空挡并紧急制动。汽车在惯性作用下，通过车轮在平板上产生与制动力大小相等方向相反的作用力，使平板沿纵向位移，经传感器测出各车轮的制动力、动态轮重并由数据采集系统处理计算出轮重、制动力及悬架性能的各参数值，并显示检测结果。测试原理如图5—7所示，在车辆挂空挡驶上台面时，台面水平方向的测力传感器测量出车轴空挡滑行阻力，称重传感器同步测量出车轴的载荷，即可计算出车辆空挡滑行阻力与荷重的百分比。车辆驶上台板后实施制动，此时前轴因为轴荷前移而制动力与轴荷均迅速增加，同时后轴轴荷减少，制动增长相对前轴较小；前轴轴荷达到最大后，前桥向上反弹，轴荷减小，后桥轴荷增加；经几个周期后前后桥轴荷处于稳定。

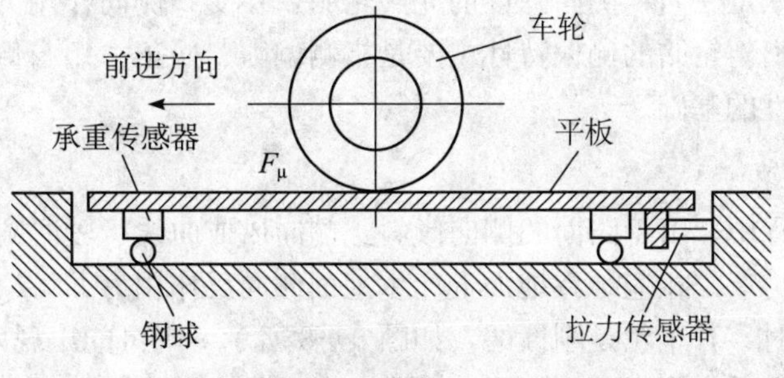

图5—7　平板式制动试验台原理图

第三节　汽车的操纵稳定性

学习目标：能够正确叙述汽车轮胎的侧偏特性及影响因素。

汽车的操纵稳定性是指在驾驶员不感觉过分紧张、疲劳的条件下，汽车能按照驾驶员通过转向系及转向车轮给定的方向（直线或转弯）行驶；且当受到外界干扰（路不平、侧风、货物或乘客偏载）时，汽车能抵抗干扰而保持稳定行驶的性能。汽车的操纵稳定性是对汽车驾驶的操纵轻便程度的评价，是决定汽车安全行驶的主要性能之一。

一、汽车操纵稳定性的评价

汽车操纵稳定性的评价方法有主观评价和客观评价两种。主观评价就是感觉评价，是让试验评价者根据试验时自己的感觉来进行评价，并按规定的项目和评分办法进行评分。客观评价则是通过测试仪器测出表征操纵性能的物理量，如横摆角速度、侧向加速度、侧倾角及转向力等来评价操纵稳定性。

汽车是由人来驾驶的，因此主观评价始终是操纵稳定性的评价方法之一。客观评价中采用的物理量是否可以表征操纵稳定性，就取决于用这些物理量评价性能的结果与主观评价是否一致。有经验的试验评价者在进行主观评价试验时，还能发现仪器所不能检验出来的现象。通常先由试验评价者的感觉发现问题，然后再用仪器测试。

主观评价的缺点之一是，它受到试验评价者个人主观因素的影响，不同试验评价者可能会给出差别较大的评价结果；其另一缺点是，一般情况下，它不能给出“汽车性能”与“汽车结构”二者之间有何种联系。而客观评价中的评价指标，可以通过理论分析确定它们与汽车结构参数的函数关系，因此客观评价可以指出改变汽车结构及结构参数以提高性能的具体途径。

确定稳态响应与瞬态响应的方向盘角阶跃输入试验、确定横摆角速度频率响应特性的方向盘角脉冲输入试验以及方向盘中间位置操纵稳定性试验，就是由长期汽车工程实践与专门的主观评价试验所肯定下来的开路系统客观评价试验方法。轮胎的侧偏特性、汽车的稳态转向特性、汽车行驶的不稳定现象等为汽车操纵稳定性客观评价的主要内容。

二、轮胎的侧偏特性

汽车轮胎是有一定径向和侧向弹性的充气轮胎，在受到侧向作用力滚动时，将因侧向变形而引起侧向偏离。轮胎的侧偏特性主要是指侧偏力、回正力矩与侧偏角的关系，它是研究汽车操纵稳定性的基础。

1. 轮胎的滚动轨迹

汽车在行驶过程中，由于路面的侧向倾斜、侧向风或曲线行驶时离心力等的作用，车轮中心将产生侧向力 F_y，相应地在地面上产生地面侧向反作用力 F_y，F_y 也称侧偏力。当有地面侧向反作用力时，若车轮是刚性的，如图 5—8 所示，则可能出现两种情况：

（1）当地面侧向反作用力 F_y 未超过车轮与地面间的附着极限时，车轮与地面间没有滑动，车轮仍沿其本身平面 cc 的方向行驶。

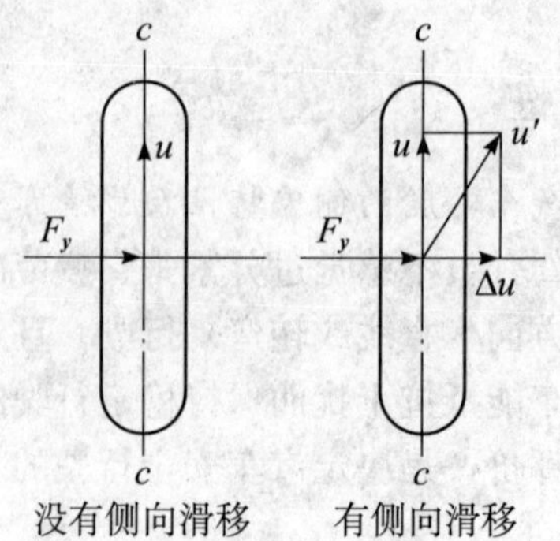

图 5—8　有侧偏力作用刚性车轮的滚动

(2) 当地面侧向反作用力 F_y 超过车轮与地面间的附着极限时，车轮发生侧向滑动，若滑动速度为 Δu，车轮便沿合成速度 u' 的方向行驶，偏离了 cc 方向。

2. 轮胎的侧偏现象

实际的轮胎具有侧向弹性，即使 F_y 没有达到附着极限，车轮行驶方向也将偏离车轮平面 cc 的方向，这就是弹性轮胎的侧偏现象，对应有两种情况。

(1) 轮胎静止不滚动时。由于车轮有侧向弹性，轮胎发生侧向变形，轮胎胎面接地印迹的中心线 aa 与车轮平面 cc 不重合。如图 5—9 所示，错开 Δh，但 aa 仍平行于 cc。

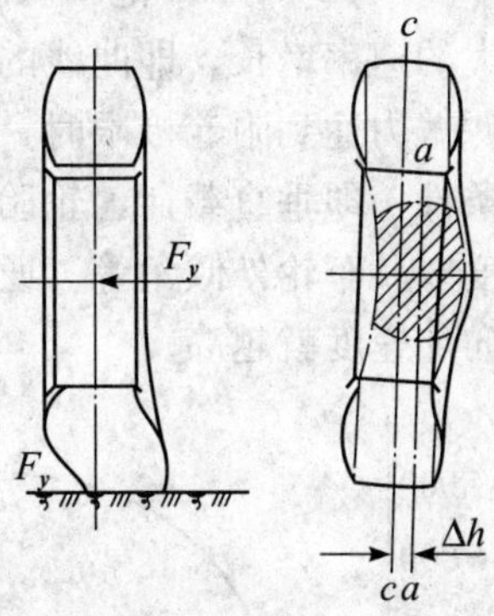

图 5—9　弹性车轮静止时的侧向偏离

(2) 车轮滚动时。接触印迹的中心线 aa 不只是和车轮平面错开一定距离，而且不再与车轮平面 cc 平行，aa 与 cc 的夹角即为侧偏角。此时，车轮就是沿着 aa 方向滚动，如图 5—10 所示。侧偏角 α 值与侧向力 F_y 的大小有关，亦即与侧偏力 F_y 的大小有关。

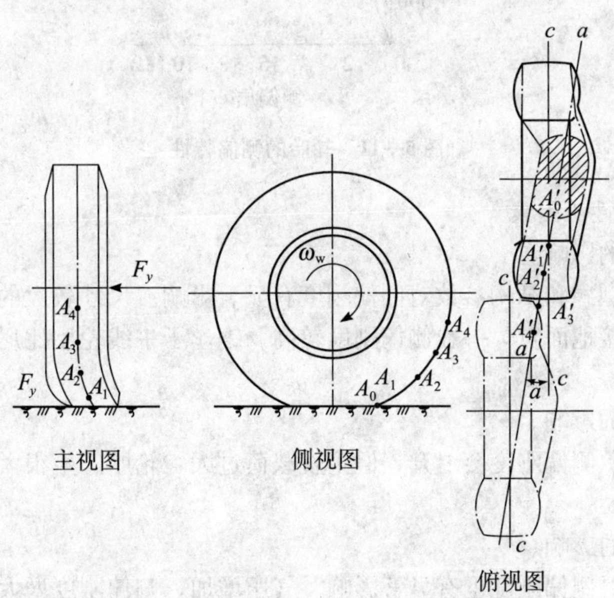

图 5—10　弹性车轮滚动时的侧偏现象

3. 轮胎的侧偏特性

由试验得出的侧偏力—侧偏角曲线称为轮胎的侧偏特性，如图 5—11 所示。曲线表明，侧偏角 α 不超过 5°时，F_y 与 α 呈线性关系。汽车正常行驶时，侧向加速度不超过 $0.4g$，侧偏角不超过 4°～5°，可以认为侧偏角与侧偏力呈线性关系。$F_y-\alpha$ 曲线在 $\alpha=0°$ 处的斜率，称为侧偏刚度 k，单位为 N/rad 或 N/（°）。F_y 与 α 的关系式为：

$$F_y = k\alpha$$

式中：F_y ——侧偏力，N；

k ——侧偏刚度，N/rad 或 N/（°）

α ——侧偏角，rad 或（°）。

轿车轮胎 k 值约在－(28 000～80 000)N/rad 范围内。轮胎尺寸越大，k 值也越大。

侧偏力较大时，侧偏角以较大的速率增长，即曲线的斜率逐渐减小。这时，轮胎在接地面处已发生部分侧滑。最后，侧偏力达到附着极限时，整个轮胎侧滑（见图 5—10）。显然，轮胎最大侧偏力决定于附着条件，即垂直载荷，轮胎胎面花纹、材料、结构、充气压力，路面的材料、结构、潮湿程度以及车轮外倾角等。通常最大侧偏力越大，汽车极限性能越好，汽车圆周行驶的极限侧向加速度就越高。

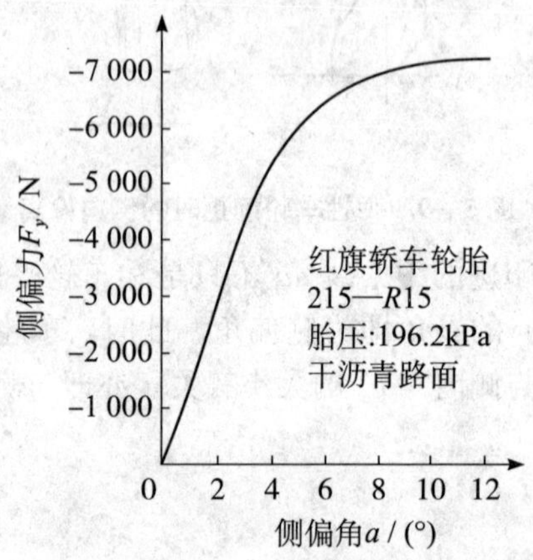

图 5—11　轮胎的侧偏特性

4. 影响侧偏特性的因素

(1) 轮胎结构的影响。

轮胎的尺寸、型式和结构参数对侧偏刚度有显著影响。尺寸较大的轮胎有较高的侧偏刚度。子午线轮胎接地面宽，一般侧偏刚度较高。钢丝子午线轮胎比尼龙子午线的侧偏刚度高。

(2) 垂直载荷的影响。

垂直载荷增加，侧偏刚度会上升，但垂直载荷过大，轮胎产生很大的径向变形，侧偏刚度反而有所减小。

(3) 充气压力的影响。

轮胎充气压力对侧偏刚度也有显著影响。气压增加，侧偏刚度增大；但气压过高后刚度不再变化。行驶速度对侧偏刚度的影响很小。

(4) 地面切向反作用力的影响。

当有地面切向反作用力（制动力或驱动力）作用时，轮胎侧偏力的极限值会因此而下降；同样，当有侧偏力存在时，无论制动还是驱动，所能获得的切向反作用力的极限值

（即纵向附着能力）也会下降。并且地面切向作用力越大，侧偏力的极限值越小；侧偏力越大，所能产生的切向反作用力的极限值就越小。

（5）路面状况的影响。

粗糙的路面使最大侧偏力增加；干路面的最大侧偏力比湿路面大；当路面有薄水时，车速达到一定值，会出现“滑水”现象而完全丧失侧偏力。

此外，车轮外倾角也会对侧偏特性产生影响。当车轮外倾角为正时，有助于减小侧偏角；当车轮外倾角为负时，侧偏角会加大。

三、汽车的稳态转向特性

1. 车轮转向的几何关系

如图 5—12 所示，汽车转弯过程中，在不考虑轮胎侧向偏离的情况下，要保持每个车轮都处于纯滚动，应使各轮均绕同一中心 O 作圆周运动。内外转向轮转角关系应满足：

$$\mathrm{ctan}\delta_0 - \mathrm{ctan}\delta_1 = d/L$$

式中：δ_0 ——前外轮转角；

δ_1 ——前内轮转角；

d ——两主销中心线延长线与地面交点之间的距离；

L ——轴距。

从转向中心 O 到汽车纵向对称轴 AB 之间的距离 R_0，称为转向半径。

$$R_0 = L/\tan\delta$$

式中：δ ——前轴中点速度方向与 AB 间的夹角。

若考虑到轮胎的侧偏，汽车转弯半径和瞬时转动中心位置都会发生变化，如图 5—13 所示。取前后轴中点的速度来确定瞬心位置。δ 为两转向轮平均转角，α_1，α_2 为前、后轴两轮的平均侧偏角。瞬心位置 O' 如图 5—13 所示，此时的转弯半径为：

$$R = \frac{L}{\tan(\delta - \alpha_1) + \tan\alpha_2}$$

当转角 δ 不大时，α_1，α_2 相应也较小，因而：

$$R = \frac{L}{\delta - (\alpha_1 - \alpha_2)}$$

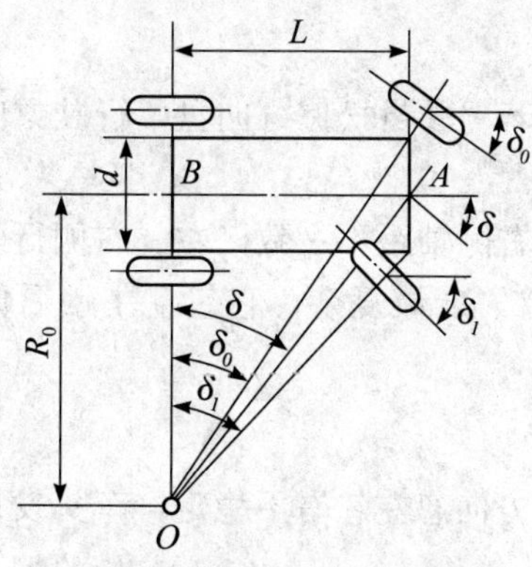

图 5—12　刚性车轮的转向简图

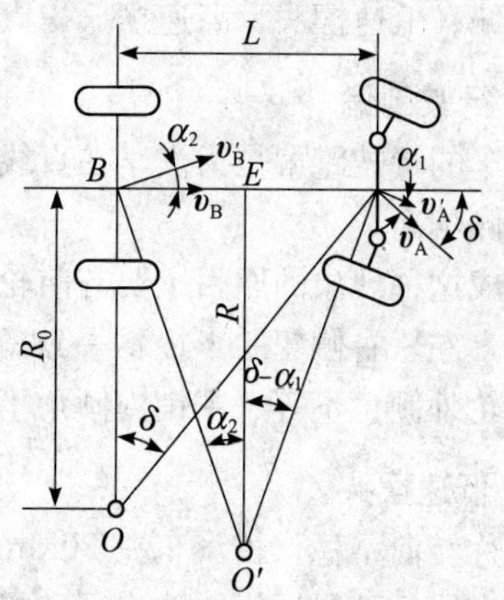

图 5—13　弹性车轮的转向简图

2. 汽车的稳态转向特性

汽车前后轮的侧偏角不同，其转弯半径的大小也不同。因此汽车的稳态转向特性有以下三种类型，如图 5—14 所示。

(1) 中性转向。

当 $\alpha_1=\alpha_2$ 时，$R_0=R$，汽车具有中性转向特性，转向半径不随车速变化，始终等于 R_0。

(2) 不足转向。

当 $\alpha_1>\alpha_2$ 时，$R_0<R$，汽车具有不足转向特性，转向半径随车速的增加而增大。

(3) 过度转向。

当 $\alpha_1<\alpha_2$ 时，$R_0>R$，汽车具有过度转向特性，转向半径随车速的增加而减小。

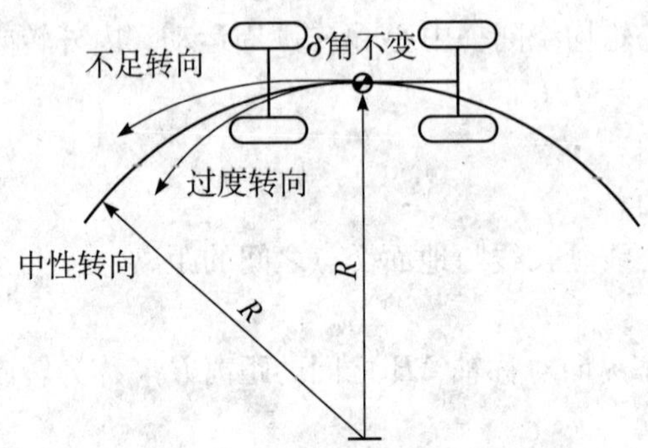

图 5—14　汽车的三种稳态转向特性

操纵稳定性良好的汽车应具有适度的不足转向特性。一般汽车不应具有过度转向特性，也不应具有中性转向特性。因为中性转向汽车在使用条件变动时，有可能转变为过度转向特性。

四、汽车行驶中的不稳定现象

汽车在平直良好路面上行驶时，若驾驶员保持方向盘转角不变，汽车能自行抵抗侧向风、微小路面不平等外界干扰，保持直线稳定行驶。但在上述条件下，有的汽车也会出现行驶跑偏、低速摆头、高速摆振、汽车的纵翻与侧翻等行驶不稳定的现象。

1. 行驶跑偏

汽车的行驶跑偏是指汽车在直线道路上行驶时，若驾驶员松握方向盘，行驶方向会自动朝一侧偏离。

造成这种现象的原因主要有前轮定位失准，左、右侧轴距不一致，左、右侧行驶阻力不一致，左、右侧轮胎半径不一致等。其中前轮定位失准最复杂，它包括主销后倾角不等、前轮外倾角不等、主销内倾角不等。

2. 低速摆头

又称转向不稳，指汽车在 20km/h 以下时就感到方向忽左忽右不稳定，车头发摆，不能保证直线行驶，运行轨迹出现“蛇形”现象。

造成低速摆头现象既有结构因素，也有使用因素。其中结构因素包括非独立悬架因陀螺效应而产生的“轴转向”；因悬架与转向传动机构的运动关系不协调而引起转向轮左右摆动等。使用因素包括车架变形引起前轮定位失准，转向器和传动机构间隙过大，连接松动，后轮超载或后轮胎气压不足等。

3. 高速摆振

汽车高速摆振是指汽车高速行驶，或在某一较高车速行驶时，出现行驶不稳定、车头发摆、甚至方向盘抖动的现象。

高速摆振有两种情况：一种是随着车速的提高，摆振逐渐加剧；另一种是在某一特定的车速范围内出现摆振，偏离该车速范围，摆振消失。

引起低速摆头的各种原因常常也是引起高速摆振的重要原因，除此之外，轮胎的动不平衡、外界激振频率与汽车振动系统频率接近而发生共振也是高速摆振的主要因素。

4. 汽车的纵翻与侧翻

汽车的纵翻与侧翻是汽车运行过程中的两种极限状态。汽车的纵翻是指汽车在纵向坡道上行驶，当某一轴的法向反作用力等于零时汽车将绕另一轴翻转的现象。汽车的结构、装载情况、道路条件等是汽车纵翻的主要影响因素。

汽车的侧翻是指在行驶过程中其纵轴线转动 90°或更大角度，以至车身与地面相接触的一种极其危险的侧向运动。有很多因素可能引起汽车的侧翻，包括汽车的结构、驾驶和道路条件等。

汽车侧翻大体上可分为两类：一是曲线运动引起的侧翻；二是绊倒侧翻。前者指汽车在道路（包括侧向坡道）上行驶时，由于汽车的侧向加速度超过一定限值，使得汽车内侧车轮的垂直反力为零而引起的侧翻；后者是指汽车行驶时产生侧向滑移，与路面上的障碍物侧向撞击，而将其“绊倒”。

五、操纵稳定性试验

操纵稳定性试验可以在试车场或实际路面上进行，测定的参数是：车速、侧向加速度、侧倾角、侧倾角速度、车轮轨迹、航向角、方向盘操纵力等。仪器一般采用第五车轮、侧力方向盘、加速度计以及陀螺测量仪等。

1. 稳态转向特性试验

（1）定方向盘转角试验。

试验时固定方向盘转角，在水平场地上作等速圆周行驶，测定车速。汽车速度由低逐级提高，直到侧向加速度值达到要求值为止。也可以把汽车连续加速，根据汽车行经轨迹判断其转向特性，如图 5—15 所示。

（2）定侧向加速度试验。

试验时车速分别为 40km/h、80km/h、110km/h，调整方向盘转角使汽车的侧向加速度保持 0.4g，汽车作等速圆周行驶。测定方向盘转角 θ、车速 v_a 和横摆角速度 ω_0。计算出前轮转向角 δ（$\delta=\theta/i$，i 为转向系传动比），在图 5—16 所示的 ω_0-v 曲线图上判断其转向特性。

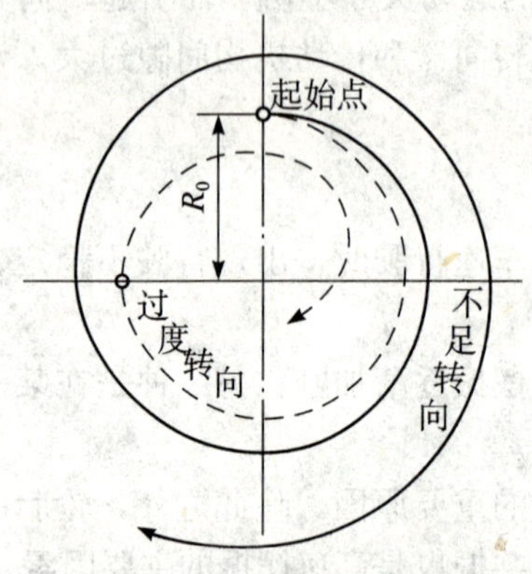

图 5—15　定方向盘连续加速试验中汽车行驶过的轨迹

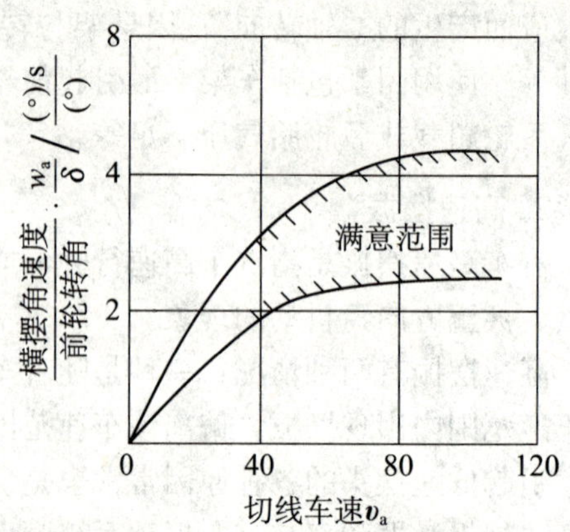

图 5—16　稳态转向特性试验（侧向加速度为 0.4g）

2. 瞬态横摆响应试验

在定侧向加速度试验中，40km/h 和 110km/h 车速下达到稳态圆周行驶侧向加速度为 0.4g 时的方向盘转角值。在此基础上，可用阶跃试验法来确定汽车瞬态横摆响应。试验时，汽车先以直线行驶，达到 40km/h 或 110km/h 时，以不小于 500deg/s 的角速度转动方向盘到上述转角值，保持不变。测定从直线行驶过渡到稳态圆周行驶过程中的各瞬时横摆角速度 ω_a 和方向盘转角 θ，求出瞬时的 ω_a/δ 值，按图 5—17 所示曲线判断瞬态特性。

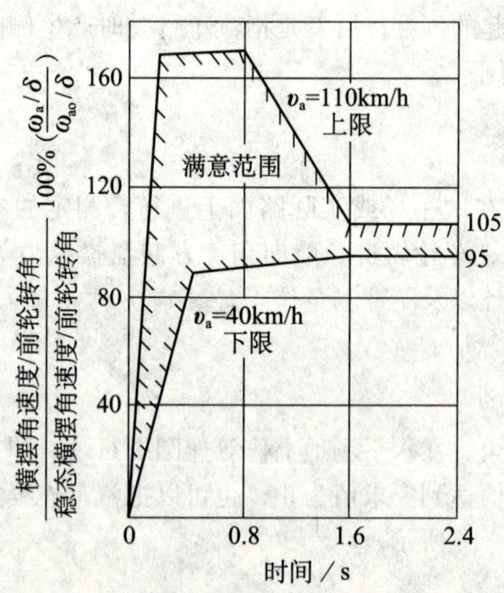

图 5—17　瞬态横摆响应试验

3. 回正能力试验

在平坦场地上，汽车以 40km/h 和 80km/h 作等圆周行驶，方向盘转角应使其侧向加速度保持 0.4g，然后完全松开方向盘，汽车将从圆周行驶回复到直线行驶。按图5—18所示要求判断回正能力。

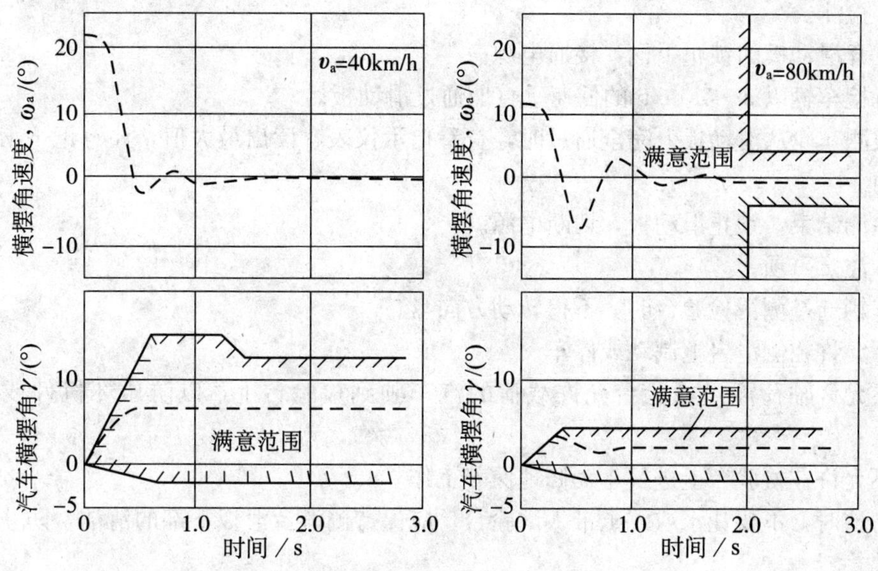

图 5—18　回正能力试验

第四节　汽车车轮侧滑的检测

学习目标：能够用车轮侧滑检验台检测汽车的侧滑。

学习方法：学生分组在实训室，由实训指导教师指导完成。

一、车轮侧滑检验台的作用及类型

为保证汽车转向轮无横向滑移的直线滚动，要求车轮外倾角和车轮前束有适当匹配，当车轮前束值与车轮外倾角匹配不当时，车轮就可能在直线行驶过程中不作纯滚动，产生侧向滑移现象。当这种滑移现象过于严重时，将破坏车轮的附着条件，丧失定向行驶能力，引发交通事故并导致轮胎的异常磨损。侧向滑移量的大小与方向可用汽车前轮侧滑检验台来检测。

目前使用的侧滑检验台主要有双板联动和单板侧滑两种。

二、车轮侧滑检测

1. 侧滑检验台操作

（1）检测前准备。

①仪表调零及键校准。

②检查侧滑台及周围场地有无机油、石子、泥污等杂物，并清除干净。

③检查各种导线有无损伤而造成接触不良的部位，必要时应进行修理或更换。

④检查车辆轮胎气压是否符合规定。

⑤检查并清除轮胎上的油污、水渍和嵌入的石子、杂物等。

（2）检测。

①打开滑动板的锁止手柄，接通电源。

②待检车辆以 3～5km/h 的低速垂直地通过滑动板。

③被测车轮从滑动板上完全通过时，查看指示仪表，读出最大值，注意记下滑动板的运动方向。

④检测结束，锁止滑动板，切断电源。

（3）注意事项。

①车辆通过侧滑检验台时，不得转动方向盘。

②不允许在侧滑台上制动或停车。

③不允许轴荷超过检验台允许载荷的汽车驶到检验台上，以防压坏机件或压弯滑动板。

④不允许在检验台上进行车辆修理保养工作。

⑤清洁时，不要让水或泥土带入试验台。应保持侧滑台滑板下部的清洁，防止锈蚀或阻滞。

2. 侧滑检测标准

GB 7258—2004《机动车运行安全技术条件》规定：汽车的车轮定位应符合该车有关技术条件。车轮定位值应在产品使用说明书中标明。前轴采用非独立悬架的汽车，用侧滑台检测时其转向轮的横向滑移量值应在±5m/km 之间。规定侧滑量方向为外正内负。

三、侧滑检验台维护与调整

1. 侧滑检验台的维护

（1）使用前清除检验台盖板，滑动板上的油水、泥、砂等杂物，检查活动滑动板运动是否灵活。

（2）每月检查连杆机构的工作状态，各接触部位不得有移动和窜动等不良现象。

（3）当不检测时，应将滑动板锁止，待测试时再打开。

（4）每三个月检查测量机构的杠杆及回位情况，如果杠杆动作不够灵活，需进行清洁与润滑工作，调整回位弹簧拉力。

（5）每六个月检查滑动板下面的滚轮、轨道，清洁泥污，紧固润滑。保养方法为拆下滑板，用溶剂清除滚轮、轨道等处的旧油，再涂上新润滑油。对磨损严重的滚轮、导向轴轨道等可据情更换。

2. 侧滑试验台的调整

检定侧滑试验台时，往往会发现示值超差，其产生的原因基本上有两个方面：一是机械方面的原因，主要是滑动板、联动机构及回零机构机件磨损，间隙增大所致；二是电气方面的原因，测试仪表或传感器内的电子器件老化、零点漂移、阻值变化或元件损坏所致。调整方法如下：

（1）机械方面的检查。

①用弹簧拉力计检查拉力和回零情况。

拉力的大小和回零的好坏取决于两个方面的因素，一是润滑系统的好坏，二是回零弹簧的松紧。针对第一因素，应采取的措施是：检查滑板下面的滚轮和导轨并加以清洗或更换，检查两块滑动板中间的导向轴承及其他轴承并加以清洗或更换。针对第二因素，应采取的措施是：在保证回零误差不超标的前提下调松“回零弹簧”。由于结构上的原因，拉力的大小和回零的好坏是一对矛盾，调紧“回零弹簧”则回零好，但是拉力变大，调松“回零弹簧”则拉力小，但是回零不好。所以在调整“回零弹簧”时一定要兼顾拉力和回零两个指标。

②同步性的检查与调整。

用两块百分表检查。每块滑动板各安装一个百分表，调零完成后推主动板（装有传感器的一侧），检查两块百分表的示值，就可读取同步性的好坏。在只有一块百分表时，将百分表装在从动板上，与传感器直接相连的主动板位移量可通过检测仪表来显示。同步性误差产生的原因有以下两个方面，一方面是滑动板导向机构的轴承间隙造成的，其次是联动机构同步杠杆不等距造成的。其表现形式也不相同，轴承间隙造成的不同步一般是两块滑动板相差一个常数，跟滑动板推动的长度无关，而联动机构同步杠杆造成的误差是一个变数，误差会随着滑动板移动的增加而增大。如果从动板的数值较大，说明从动板杠杆距中心轴较远，如果从动板的数值较小，说明从动板杠杆距中心轴较近，调整任意一个滑动板都可以，只是需要注意调整的方向。

（2）电气方面的检查。

①调整仪表零点。利用仪表上的调零电位器调整（软标定时可直接用工位机或主控计算机的软件清零功能实现）。

②机械零位调整。当调整仪表上的调零电位器无法使指针调零时，要通过机械的方法来调整，如改变传感器的安装位置（软标定时，如果与原来的零点差别过大也可以用调整传感器位置的方法来解决）。

③调整示值超差。调整仪表上的增益电位器，使之在误差范围之内（软标定的，可以重新标定）。

知识与能力拓展

1. 侧滑检验台的结构

（1）双板联动式侧滑检验台。

侧滑检验台是使汽车在滑动板上驶过时，用测量滑动板左右移动量的方法来测量前轮侧滑量的大小和方向，并判断汽车是否合格的一种检测设备。目前，国内侧滑检验台有单板侧滑检验台和双板联动式侧滑检验台两种。

如图 5—19 所示，双板联动侧滑检验台主要由机械和电气两部分组成。机械部分主要由两块滑动板、联动机构、回零机构、滚轮及导向机构、限位装置及锁零机构组成。电气部分包括位移传感器和电气仪表。

机械部分

左右两块滑动板分别支撑在各自的四个滚轮上，每块滑动板与其连接的导向轴承在轨道内滚动，保证了滑动板只能沿左右方向滑动而限制了其纵向的运动（如图 5—19）。两块滑动板通过中间的联动机构连接起来，从而保证了两块滑动板同时向内或同时向外运

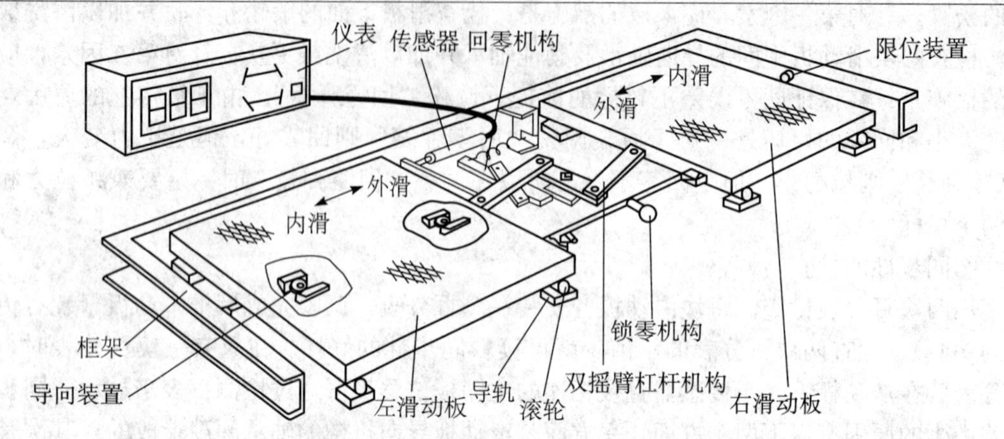

图 5—19　双板联动式侧滑检验台结构

动。相应的位移量通过位移传感器转变成电信号送入仪表。回零机构保证汽车前轮通过后滑动板能够自动回零。限位装置是限制滑动板过分移动而超过传感器的允许范围，起保护传感器的作用。锁零机构能在设备空闲或设备运输时保护传感器。润滑机构能够保证滑动板轻便自如地移动。

电气部分

电气部分按传感器的种类不同而有所区别。目前常用的位移传感器有电位计式和差动变压器式两种。早期的侧滑台也有用自整角电机的，现已很少用。

电位计式测量装置：其原理非常简单，将一个可调电阻安装在侧滑检验台底座上，其活动触点通过传动机构与滑动板相连，电位计两端输入一个固定电压（比如 5V），中间触点随着滑动板的内外移动也发生变化，输出电压也随之在 0～5V 之间变化，把 2.5V 左右的位置作为侧滑台的零点，如果滑动板向外移动，输出电压大于 2.5V，达到外侧极限位置输出电压为 5V。滑动板向内移动，输出电压小于 2.5V，达到内侧极限输出电压为 0V。这样仪表就可以通过 A/D 转换将侧滑传感器电压转换成数字量，并送入单片机处理，得出侧滑量的大小。

差动变压器式测量装置：原理与电位计式类似，只是电位计式输出一个正电压信号，而差动变压器式输出的是正负两种信号。把电压为 0V 时的位置作为零点。滑动板向外移动输出一个大于 0V 的正电压，向内移动输出一个小于 0V 的负电压。同样，仪表就可以通过 A/D 转换将侧滑传感器电压转换成数字量，并送入单片机处理，得出侧滑量的大小。

指示仪表可分为数字式和指针式两种，目前检测站普遍使用的是数字式仪表，早期自整角电机式测量装置一般采用指针式仪表。数字式仪表多为智能仪表，实际就是一个单片机系统。

(2) 便携式单板侧滑试验台。

结构如图 5—20 所示，在上下滑动板之间装有棍棒，从而可以使得滑动板沿横向（左右方向）自由滑动，但纵向不能移到，当被测车轮从上滑动板上通过时，车轮的侧滑通过轮胎与上滑动板间的附着作用传递给上滑动板，使上滑动板左右横向滑动（关于上滑动板滑动的原因同双板联动式侧滑试验台的侧滑板滑动原因相同），通过杠杆机构带动指示偏转，从而在刻度尺上显出侧滑量的大小和方向，为了防止滚棒滑出上下板之外，在两板间设有导轨。当车轮通过上滑动板后，在回位弹簧的作用下，上滑动板重新回位。

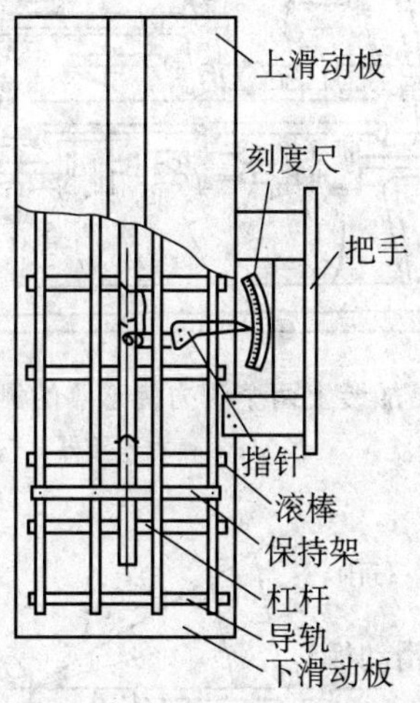

图 5—20　便携式单板侧滑检验台

另外一种单板式侧滑试验台是固定在地面上使用的，其结构主要特点是在上下滑动板之间装有位移传感器，其工作原理同前面双板联动式侧滑台的一致。这种试验台结构简单、磨损件少、工作可靠，单板式侧滑检验台及其显示仪表部分结构外观如图5—21所示。

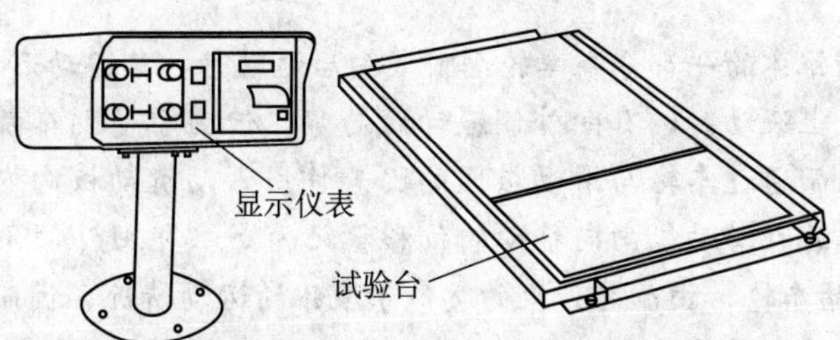

图 5—21　单板式侧滑检验台及其显示仪表

(3) 侧向力与侧滑量双功能检验台。

结构如图 5—22 所示。该检验台能够更准确地测出轮胎与地面间的侧向力的大小和方向，在原有侧滑台的基础上，加装上两个测力传感器（如图 5—22），测量车轮与地面间的侧向力。在左右滑动板旁边安装了两传感器，传感器通过联接器与两滑动板相连。联接器松开时，滑动板可以移动，恢复其原有侧滑台的功能，此时的侧滑量由位移传感器测出；联接器连接时，两侧滑板被测力传感器连接在一起，此时所测得的力就是行驶时受到的车轮侧向力。因而采用两个传感器可以同时测出左右车轮所受到的侧向力的大小。

2. 双板联动侧滑检验台的工作原理

(1) 侧滑板仅受到车轮外倾角的作用。

如图 5—23 所示，以右前轮为例，其中心线的延长线与地面有一个交点 O，此时

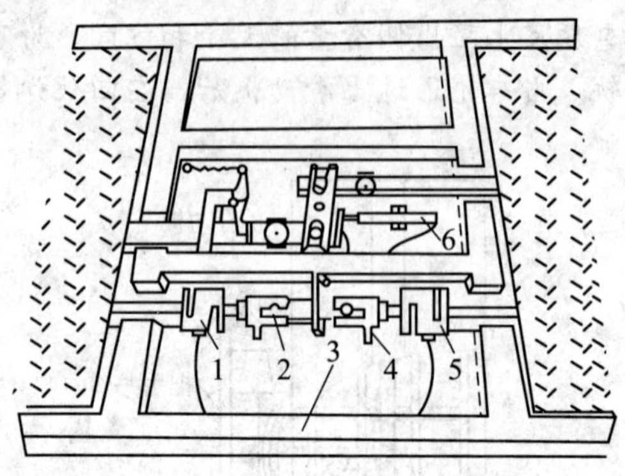

图 5—22　加装上两个测力传感器的侧滑检测台

1—左侧加力传感器；2—左连接器；3—框架；4—右连接器；5—右侧向力传感器；6—位移传感器

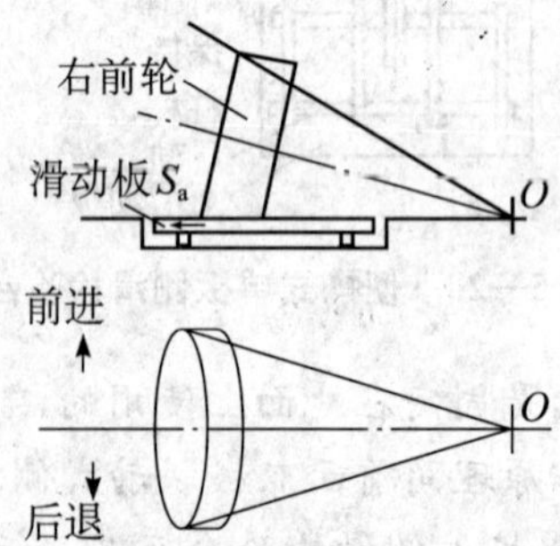

图 5—23　具有外倾角的车轮在滑动板上滚动的情况

的车轮相当于一圆锥体的一部分在车轮向前或向后运动时，其运动形式均类似于滚锥。

车轮在滑动板上滚动时，有向外侧滚动的趋势，但由于受到车桥的约束，车轮不可能向外移动，从而通过车轮与滑动板间的附着作用带动滑动板向内运动，运动方向如图 5—23 所示。此时滑动板向内移动的位移量记为 S_a（即由外倾角所引起的侧滑分量）。具有外倾角的车轮，由于其产生的类似于滚锥的运动情况，因而无论其前进还是后退时所引起的侧滑分量均为负。反之，内倾车轮引起的侧滑分量均为正。

（2）滑动板仅受到车轮前束的作用。

这里仅讨论车轮只存在前束角，而外倾角为零时的情况。前束是为了消除具有外倾角的车轮类似于滚锥运动所带来的不良后果而设计的。

具有前束的车轮在前进时，会通过车轮与滑动板间的附着作用带动滑动板向外侧运动。此时，车轮在滑动板上作纯滚动，滑动板相对于地面有侧向移动，其运动方向如图 5—24 所示，此时测得的滑动板的横向位移量记为 S_t（即由前束所引起的侧滑分量）。前进时，由车轮前束引起的侧滑分量 S_t 大于或等于零。仅具有前张角的车轮在前进时，由车轮前张（负前束）引起的侧滑分量 S_t 小于或等于零。

当具有前束的车轮后退时，会通过其与滑动板间的附着作用带动滑动板向内侧移动，其运动方向如图 5—24 所示，此时测得滑动板向内的位移记为 S_t。仅具有前束角的车轮在后退时，通过侧滑台所引起的侧滑分量 S_t 小于或等于零。反之，仅具有前张

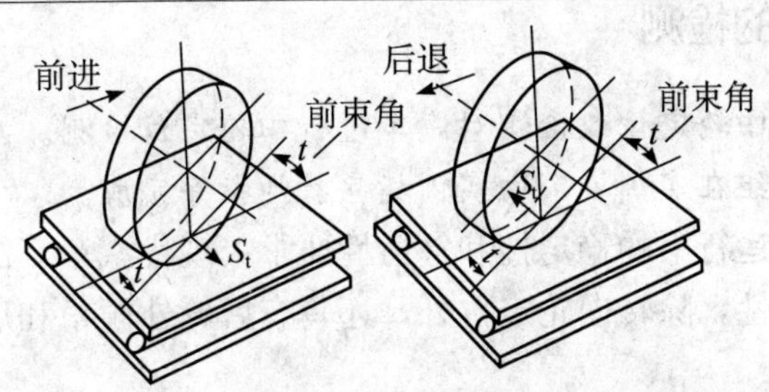

图 5—24　具有前束的车轮在滑板上滚动的情况

角的车轮在后退时，通过侧滑台所引起的侧滑分量 S_t 大于或等于零。

综上所述，具有前束的车轮，在前进时驶过侧滑台时所引起的侧滑量为正值，在后退时驶过侧滑台所引起侧滑量分量为负值。反之，具有前张的车轮，在前进时驶过侧滑台时所引起的侧滑分量为负值，在后退时驶过侧滑台所引起的侧滑分量为正值。

(3) 滑动板受到车轮外倾角和前束角的同时作用。

汽车转向轮同时具有外倾角和前束角，在前进时由外倾所引起的侧滑分量 S_a 与由前束所引起的侧滑分量 S_t 的方向相反，因而两者相互抵消。在后退时两者方向相同，两分量相互叠加。

3. 单板侧滑检验台的工作原理

单板侧滑检验台仅用一块滑动板，如图 5—25 所示。汽车左前轮从单滑动板上通过，右前轮从地面上行驶。若右前轮正直行驶无侧滑即侧滑角 β 为零，而左前轮具有侧滑角 α 向内侧滑时，如图 5—25 (a) 所示，通过车轮与滑动板间的附着作用带动滑动板向左移动距离 b。若右前轮也具有侧滑角 β，同样右前轮相对左前轮也会向内侧滑，此时，滑动板向左移动距离 c，并由于左前轮同时向内侧滑的量为 b，则滑动板的移动距离为两前轮向内侧滑量之和，即 $b+c$，如图 5—25 (b) 所示。上述 $b+c$ 距离可反映出汽车左右车轮总的侧滑量及侧滑方向。也就是说，采用单板式侧滑台测量汽车的侧滑量时，虽然是一侧车轮从滑动板上通过，但测量的结果并非是单轮的侧滑量，而是左右轮侧滑量的综合反映。此侧滑量与汽车驶过台板时的偏斜度无关。根据这一侧滑量可以计算出每一边车轮的侧滑量，即单轮的侧滑量为 $(b+c)/2$。

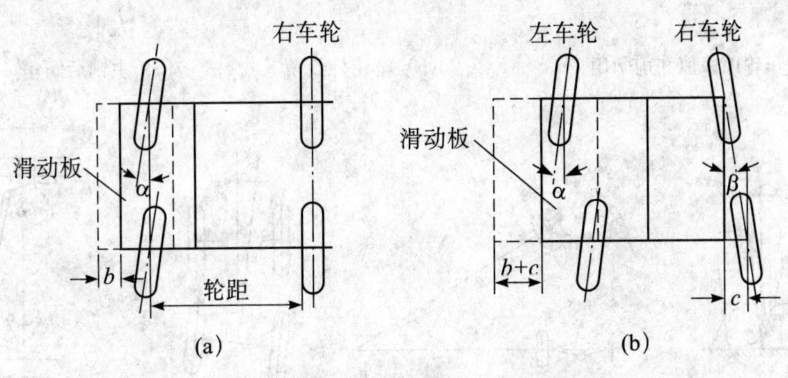

图 5—25　单板侧滑检验台的测量原理分析

第五节 四轮定位的检测

学习目标： 能够用四轮定位仪检测对汽车进行四轮定位检测。

学习方法： 学生分组在实训室，由实训指导教师指导完成。

为了满足汽车高速运行下的稳定性和舒适性要求，现代汽车广泛采用独立悬架。为使汽车具有良好的转向特性，除转向轮定位外，还具有后轮外倾角和后轮前束等参数，称为四轮定位。

四轮定位的前、后轮定位参数依赖于悬架机构有关部件在一个统一基准上的合理匹配而实现的转向系统行驶的稳定效应和汽车具有的良好的行驶平顺性和操纵稳定性。只有当前、后轮定位参数均按照标准值调整得当时，才能保证汽车转向精确、运行平稳、行驶安全、降低油耗并减轻轮胎磨损。

为了防止高速行驶时汽车出现的“激转”及自动转向现象，在结构设计上应确保汽车具有不足转向特性。汽车后轮具有一定程度的外倾角和前束可以使后轮获得合适的侧偏角，从而提高高速行驶的操纵稳定性。如果能对汽车四轮定位参数进行检测，不仅能确定所有车轮定位正确与否，还能确定前轴、后轴、悬架、车架等的技术状况，为底盘不解体诊断提供可靠依据。

一、检测项目

检测项目包括：转向轮前束值/角及前张角、转向轮外倾角、主销后倾角、主销内倾角、后轮前束值/角及前张角、后轮外倾角、轮距、轴距、转向 20°时的前张角、推力角和左右轴距差等，如图 5—26 所示。其中，推力角是后轴中心线与汽车纵向对称线的夹角。转向轮定位参数的检测工作在转向轮定位仪上也能完成。因此，用于检测四轮定位的四轮定位仪不仅可以检测转向轮的定位参数，还可以检测后轮定位参数。

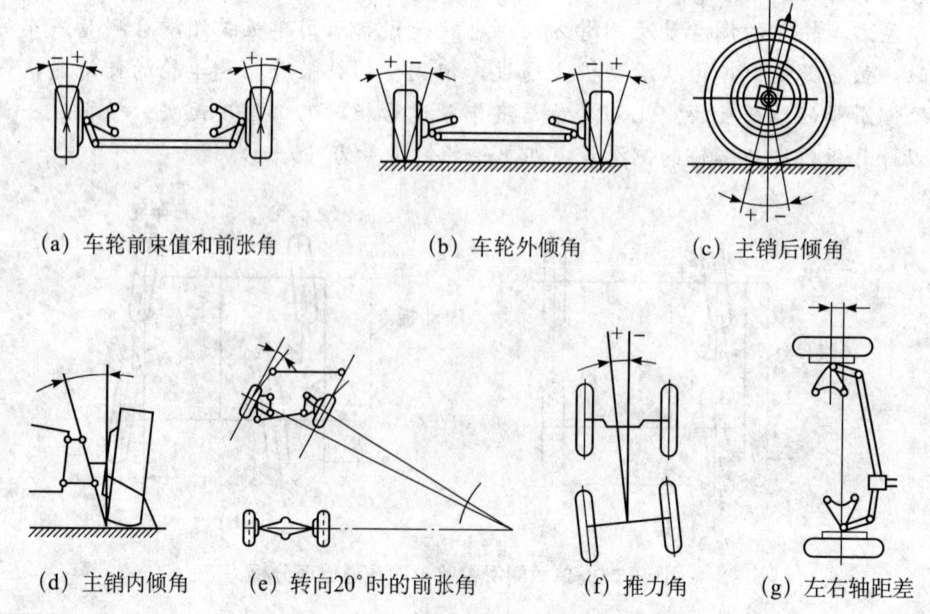

图 5—26 四轮定位的检测项目

二、四轮定位仪的组成及原理

四轮定位仪是专门用来测量车轮定位参数的设备。现代使用的四轮定位仪采用计算机技术和精密传感测量技术，并备有完整齐全的配套附件。它具有图形显示、中文界面、菜单操作等功能以及提供实时帮助的帮助系统，并且可通过互联网对软件进行升级。测试过程中，可通过操作全功能红外线遥控器，在汽车的任何位置实现远距离的测试控制。车轮传感器安装方便，测量原理先进，使用更加可靠。为便于检测和调整，被检汽车需放在地沟上或专用举升机上，地沟或举升机应处于水平状态，四轮定位仪则安装在地沟两旁或举升机上，显示屏指示调整方法，现场车轮定位应符合要求。

目前使用的四轮定位仪有普通式和光学式。使用时应严格按使用说明书的要求和方法进行操作。

1. 普通式四轮定位仪

如图 5—27 所示，一般由主机、显示器、键盘、前后车轮检测传感器、转盘、传感器支架、打印机、刹车锁、方向盘锁及导线和遥控器等组成，常制成可移动式。配有专用软件和数据光盘，可读取近 10 年来世界各地汽车四轮定位参数，且可更新；另外还配有数码视频图像数据库，显示检查和调整位置等。

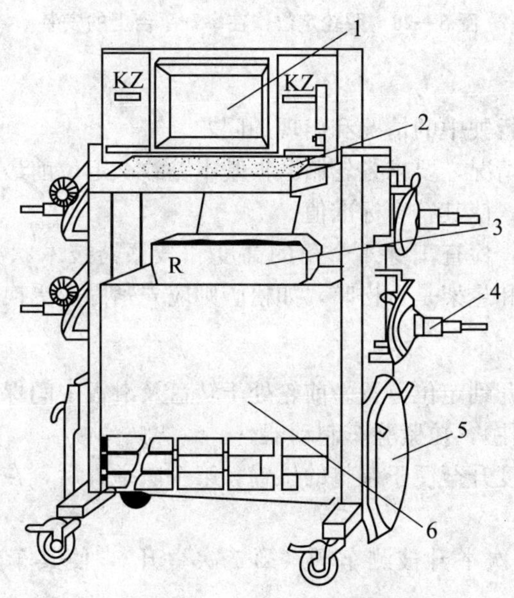

图 5—27　电脑式四轮定位仪外形图

1—显示器；2—键盘；3—打印机；4—自定心卡盘；5—转盘；6—主机柜

2. 光学式四轮定位仪

以计算机为核心，配合标准系统软件，与 4 个传感器之间形成了一个完整的检测系统。通过传感器光学信号的传递和传感器内部单片机的运算处理，将其检测到的总前束值、左右轮前束值、前轴偏移量、主销后倾角、主销内倾角和后轴推力角等多项指标，通过电缆线传输到计算机主机，经运算处理后由彩色显示器显示并由打印机打印输出。光学式四轮定位仪的测量精度和先进性，主要取决于传感器的测量精度、计算机主机使用的标准系统软件的工作性能和各种车型四轮定位标准数据库，在其数据库中存储了世界上数百种至数千种车型的数据和调整方法，以供检测中对照和调整之用，有的还具有数据库扩容功能和数据修改功能。

为了保证检测结果可靠和准确，光学式四轮定位仪在系统内采取了较强的抗干扰措施确保仪器正常工作。

三、四轮定位仪的使用

四轮定位仪在举升平台上的安装如图 5—28 所示。

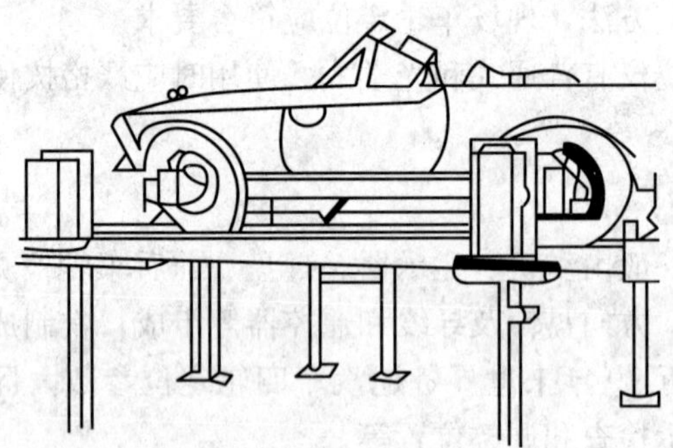

图 5—28　四轮定位仪在举升平台上的安装

1. 检测前的检查

（1）询问被检车辆行驶中的情况和出现的问题。

（2）检查轮胎磨损情况，要求各轮胎磨损基本一致（定位前最好进行车轮平衡）。

（3）检查轮胎气压，使其符合标准值。

（4）检查车身高度，检查车身 4 个角的高度和减振器技术状况，如车身不平应先调平，同时检查转向系统和悬架是否松旷，如松旷则应先紧固或更换零件。

2. 检测的准备

（1）将被检测车辆开到定位位置。前轮处于转盘及滑板中间保持直线行驶位置（此时滑动板锁与转盘锁均锁住），拉紧驻车制动器。

（2）将举升机的高度升至便于调整的位置。第一次举升后，在车下选择好二次举升的支撑点。

（3）操纵举升器二次举升被测车辆（第二次举升），使其车轮离开一次平台 50mm 高度。

（4）接通电源，但暂不要开启四轮定位仪。

（5）松开驻车制动器，前后车轮应转动自如。

（6）将传感器安装在被测汽车的 4 个车轮上，注意传感器的安装位置及传感器的固定。

以驾驶员方向为基准：1 号传感器安装在右前轮上，2 号传感器安装在右后轮上，3 号传感器安装在左前轮上，4 号传感器安装在左后轮上。旋转传感器卡具上的上、下卡爪，使传感器在车轮上固定牢固。

（7）分别将 4 根电缆线插接在 4 个传感器的接线插座上，如图 5—29 所示。

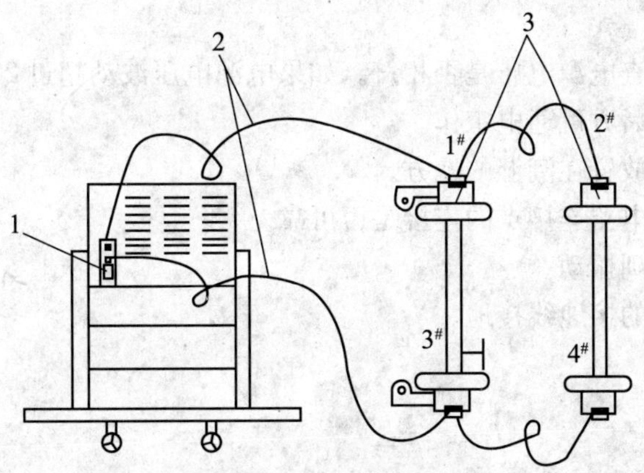

图 5—29　电缆线连接图

1—电源开关；2—电缆线；3—传感器

（8）调整传感器处于水平状态，使面板上的水准仪气泡居于中间位置。

3. 检测步骤

（1）启动主机，系统进入测试程序，约 30s 后进入四轮定位测试系统。

（2）显示器显示检测界面。界面下方显示“F1：测定；F2：修整；F3：输入”的提示后，使主机键盘或遥控器即可操作。

（3）按 F1 键时，提示“请选择汽车生产国家”的界面出现。通过“↑”，“↓”方向键选择被检车辆的生产国家。然后按“Enter”键，出现“请选择汽车公司”的界面，通过“↑”，“↓”方向键选择被检车辆的汽车公司。

（4）选择汽车公司后，选择被检汽车厂牌、车型、生产年代等参数，可通过“↑”，“↓”方向键和“Enter”键进行选择。

（5）进行轮辋变形补偿，方向盘位于直行位置，使每个车轮旋转一周，对固定在车轮上的传感器按 1、4、3、2 的顺序进行轮缘动态补偿操作，即可把轮辋变形误差输入电脑。

（6）降下第二次举升量，使车轮落到转盘中心平台上，把汽车前部和后部向下压动 4～5次，使各部位落到实处，并将传感器水准仪气泡调整在中间位置上。

（7）松开滑板锁与转盘锁，用制动锁压下制动踏板，使汽车处于制动状态。

（8）将方向盘左转至电脑显示“OK”；然后将方向盘右转至电脑显示“OK”；再将方向盘转回中间位置至电脑显示“OK”，然后电脑显示出后轮的前束及外倾角数值。

（9）放开方向盘，并用方向盘锁锁上方向盘，使之不能转动，并将安装在 4 个车轮上的传感器调到水平线上，此时电脑显示出转向轮的主销后倾角、主销内倾角、转向轮外倾角和前束的数值。电脑将比较各测量数值，得出“无偏差”、“在允许范围内”或“超出允范围”的结论。

（10）若“超出允许范围”，按电脑提示的调整方法进行针对性调整。调整后仍不能解决问题，则应更换有关零部件。

（11）按压汽车，将转向轮左、右转动，观察屏幕上数值有无变化，若有变化应重新调整。

（12）拆检仪器，进行路试，检查四轮定位调整的效果。

4. 注意事项

(1) 使用之前检查电源电压是否相符。如果电源电压波动超过200～240V的范围，则必须配备电源稳压器后方可通电工作。

(2) 不要让机器放置在潮湿的地方。

(3) 检查每一个电器连接点的连接是否可靠。

(4) 机器不能受到振动。

(5) 必须有可靠的接地线接地。

学习测试

学习测试1：汽车制动性包括哪些内容？其评价的指标是什么？

学习测试2：什么叫轮胎的侧偏特性？它受哪些因素的影响？

学习测试3：说明车轮不平衡的原因？

学习测试4：四轮定位仪能检测那些项目？

学习测试5：为什么要对汽车的转向轮定位进行检测？

学习测试6：判断

1. 汽车在紧急制动时，制动距离随制动减速度的增加而增大，随道路附着系数的增大而增大。(　　)

2. 当地面制动力达到附着力数值后，地面制动力随着制动踏板力的上升而增加。(　　)

3. 雨天行车制动时，车轮很容易抱死滑拖，这是由于地面的制动力过大。(　　)

4. 为保证行车安全，汽车涉水后应踩几次制动踏板。(　　)

5. 轮胎侧偏刚度绝对值越大，在同样侧偏力作用下，产生的侧偏角越小，相应的操纵稳定性越好。(　　)

学习测试7：填空

1. 行车制动性能的评价指标包括________、________、________。

2. 汽车制动距离随制动初速度的________、车重的________和附着系数的________而增长。

3. 汽车的地面制动力取决于________制动力，同时要受到地面条件的限制。

4. 汽车的稳态转向特性可分为________、________、________三大类。

5. 汽车操纵稳定性的评价方法有________和________两种。其中________方法始终是操纵稳定性的最终评价方法。

6. 侧滑检验台常用的有________和________两种结构形式。

7. 四轮定位的检测项目有：________、________、________、________、________等。

工作单1

姓名________________　日期________________________________

汽车制动性能检测

完成此工作单后，你将应该能够正确使用制动试验台检测汽车的制动性能。

工具和材料

一辆实训用汽车及其维修手册

反力式滚筒制动检验台

所检测汽车的描述

汽车型号：＿＿＿＿＿＿＿＿＿＿ 发动机型号：＿＿＿＿＿＿＿＿＿＿

步骤

（1）将实训汽车驶入试验台，并使两轮位于滚筒中部。

（2）放下举升机构后让实训汽车进一步摆好。

（3）发动机熄火，松开手制动、挂空挡。

（4）压下电机启动键使滚筒转动。

（5）驾驶员踩下制动踏板，进行测试。

（6）记录测试结果或收存打印数据。

注意事项

（1）在实训中，学生不得随意进入实训用汽车。

（2）实训汽车上下台架时应有人指挥，以免发生事故。

结果整理与分析

根据实验数据求出左右轮最大制动力和最大制动力差。有条件时应求出制动协调时间和制动力增长时间等参数，并对实训汽车的制动性能进行分析。实验数据及结果填入实验报告的表中，绘制制动力—踏板力关系曲线。

汽车制动性能检测考核评分表

时间：＿＿40min＿＿ 班级：＿＿＿＿＿＿ 考生姓名：＿＿＿＿＿＿

序号	考核内容	配分	评分标准	扣分	得分
1	正确选择并使用工具	10	工具，仪器选择使用不当一次扣 3 分		
2	检测前的准备	10	检测前应该先预热汽车，并熄火，10 分		
3	经验法的检测	10	仪器检测之前用经验法检测，10 分		
4	检测过程和方法	20	检测左右车轮制动力的最大值；绘制制动力—踏板力关系曲线。20 分		
5	测量结果的处理和分析	30	对以各车速往返测量的制动距离、制动时间、制动减速度取算术平均值，填写并绘制制动减速度特性曲线。30 分		
6	整理工具，清理现场	10	每缺一项扣 10 分		
7	安全文明生产	10	因违规操作，发生重大人身、设备事故，0 分		
8	按时完成		每超时一分钟扣 3 分，超时 3 分钟结束考核		
9	分数合计				

制动力检测记录表

部位 / 参数	前轮			后轮		
	左	右	差值	左	右	差值
最大制动力/N						
踏板力/N						

续前表

参数＼部位	前轮			后轮		
	左	右	差值	左	右	差值
协调时间/s						
制动力增长时间/s						
制动释放时间/s						
汽车轴荷/kg						
制动力轴荷比						

指导老师评语

____

____

____。

工作单 2

姓名________ 日期________

汽车侧滑量检测

完成此工作单后，你将应该能够正确使用侧滑试验台进行侧滑量检测。

工具和材料

一辆实训用汽车及其维修手册

侧滑试验台

所检测汽车的描述

汽车型号：________ 发动机型号：________

步骤

（1）松开试验台限位装置，接通电源。

（2）实训汽车以低速（小于 4km/h），直线通过试验台。

（3）读取并记录实验数据。

（4）如侧滑量不符合国家标准，则调整前轮前束后再进行检测。

（5）实训结束后，切断试验台电源，试验台重新限位。

（6）检查实训汽车轮胎磨损情况。

注意事项：

（1）不允许超过试验台额定载荷的汽车做实验，以防压坏机件或使滑动板变形。

（2）实训汽车在试验台上不得转向或制动，因滑动板只能左右移动，而不能前后移动或转动，否则将会损伤测量机构。

汽车侧滑量检测考核评分表

时间：40min 班级：________ 考生姓名：________

序号	考核内容	配分	评分标准	扣分	得分
1	正确选择并使用工具	10	工具，仪器选择使用不当一次扣 3 分		
2	检测前的准备	10	试验台周围场地的清洁工作，排除杂物，10 分		

续前表

序号	考核内容	配分	评分标准	扣分	得分
3	检测过程和方法	30	检查实训汽车轮胎磨损情况；读取并记录实验数据，如侧滑量不符合国家标准，则调整前轮前束后再试验；实训结束后，切断试验台电源，试验台重新限位。30分		
4	测量结果的处理和分析	30	根据实验数据分析实训汽车前轮前束与外倾的配合情况和调整方法；分析车轮轮胎磨损情况以及造成异常磨损的原因。30分		
5	整理工具，清理现场	10	每缺一项扣5分		
6	安全文明生产	10	因违规操作，发生重大人身和设备事故，记0分		
7	按时完成		每超时一分钟扣3分，超时3分钟结束考核		
8	分数合计				

结果整理与分析

（1）将实验数据填入实训报告内。

（2）根据实验数据分析实训汽车前轮前束与外倾的配合情况和调整方法。

（3）分析车轮轮胎磨损情况以及造成异常磨损的原因。

前轮侧滑量测定实训报告

实训地点：＿＿＿＿＿＿＿＿　　轮胎气压：＿＿＿＿kPa

轮胎花纹深度＿＿＿＿＿＿＿＿mm

实训记录

＿＿＿。

实训结果分析

＿＿＿。

指导老师评语

＿＿＿。

工作单3

姓名＿＿＿＿＿＿＿＿　日期＿＿＿＿＿＿＿＿＿＿＿＿＿＿＿＿

汽车四轮定位检测

完成此工作单后，你应了解车轮定位仪的测试原理、结构及其特点，掌握前轮定位参数的测量方法。初步掌握运用车轮定位仪对车辆的前后轴平行度进行检查的方法。

工具和材料

一辆实训用汽车及其维修手册

车轮定位仪

千斤顶

所检测汽车的描述

汽车型号：＿＿＿＿＿＿＿＿＿＿＿ 发动机型号：＿＿＿＿＿＿＿＿＿＿＿

步骤

1. 前束的测量

(1) 车轮处于直线行驶状态。调节标杆长度，使标牌内间距段略大于实训汽车的轮距，聚光器光束指针大约可投射到标牌的中间位置。标牌间距一定要相等，两根标杆互相平行且垂直于车辆纵轴线。

(2) 将标杆分别放置于被测车桥的前后且平行于该桥，使标杆间距为车轮前束规定测量点直径的7倍。

(3) 把一侧聚光器光束投向前标杆牌某一整数如“20”上，再投向后标杆标牌，左右平行移动标杆，使指针落在与前标杆标牌同一数值上（如“20”），后用另一侧聚光器依次向前、后标杆投射光束，依其指示值计算前束值。若前标杆指示值为22，后标杆指示值为24，则前束值为24－22＝2mm。注：前束的简易测量法：按车辆使用说明书规定的测量部位，在轮胎相应部位分别做一个记号，顶起被测车辆的前桥，转动左右车轮使两个标记处于轴线的前面，用前束尺或钢卷尺测量两个标记间的距离为L；然后将两个车轮分别转动180°，测量两个标记之间的距离为L'，则前束值为$L'-L$。

2. 车轮外倾角的测量

车轮处于直线行驶状态。将水准仪蓝黑箭头所示的定位销轴插入待测车轮上支架中心孔，并使水准仪处于水平状态，拧紧弹簧卡锁紧螺钉，固定水准仪。转动“α”调节盘，直到水准仪气泡处于正中位置。在“α”盘上读出红线所示角度值，即为该车轮的外倾角。

3. 主销后倾角的测量

按“2”的测量，不动水准仪。将车轮向内转20°（左轮向左、右轮向右），松开弹簧卡锁紧螺钉，水准仪平行于地面后固定水准仪。转动“γβ”调节盘，使其红线与0°线重合。

调整相应水准泡组件的调节旋钮，使气泡处于正中位置。然后将车轮向相反方向转动40°，调整“γβ”盘，直至气泡恢复正中位置。在蓝盘上读出“γβ”盘红线所示值，即为该车轮主销后倾角。

4. 主销内倾角的测量

该项测量过程，应使行车制动器始终处于工作状态。

以红黄箭头所示定位销轴插入待测车轮上支架的中心孔中。向内转动车轮20°（左轮向左，右轮向右），水准仪平行地面后，拧紧弹簧卡锁紧螺钉，将水准仪固定。然后转动调节盘“γβ”，使其红线与0°线重合；并调节相应水准仪组件的调节旋钮，使气泡处于正中位置。

再将车轮向相反方向转动40°，调整“γβ”盘，直至气泡恢复正中位置。黄盘线、红盘上所示之值，即为该车轮的主销内倾角，其中左轮在黄盘上读数，右轮在红盘上读数。

5. 后桥（非转向桥）安装位置的测量

车轮均处于直线行驶状态。转盘扇形刻度尺处于零位。将聚光器及支架装于每一后轮，把三角架形式的标尺依前轮中心定位安于左右两侧。其左右两侧标牌相对于前轮中心的距离应相等。转动聚光器，将光束指针投射到标牌上。若左右两侧读数相同，则后桥相对于前轮之几何关系是正确的。某些车辆后桥车轮具有前束和外倾角，其测量方法同前。

6. 注意事项

（1）用千斤顶顶起车轮安放转盘及垫木时，应选好支撑点；在顶起过程中，严禁人员上下车或晃动车辆。

（2）车轮定位仪各部件均需轻拿轻放，严禁磕碰摔打，以防变形、损坏，造成测量失准。

（3）实测车轮定位参数时，不得随意上下车及晃动车辆。

（4）测量主销内倾角过程中，应始终使行车制动器处于工作状态。

汽车四轮定位检测考核评分表

时间：　40min　　班级：＿＿＿＿　　考生姓名：＿＿＿＿

序号	考核内容	配分	评分标准	扣分	得分
1	正确选择并使用工具	10	工具，仪器选择使用不当一次扣 3 分		
2	检测前的准备	10	检测前应该实训汽车转向机构、悬架、制动系统的技术状况，10 分		
3	检测过程和方法	40	前束的测量；车轮外倾角的测量；主销后倾角的测量；主销内倾角的测量。40 分		
4	测量结果的处理和分析	20	按实训汽车技术条件检查实验数据是否符合技术条件；若数据异常，试分析其原因及应采取的措施。20 分		
5	整理工具，清理现场	10	每缺一项扣 3 分		
6	安全文明生产	10	因违规操作，发生重大人身和设备事故，0 分		
7	按时完成		每超时一分钟扣 3 分，超时 3 分钟结束考核		
8	分数合计				

结果整理与分析

（1）将实验数据依次记入实训报告。

（2）按实训汽车技术条件检查实验数据是否合于技术条件。

（3）若数据异常，试分析其原因及应采取的措施。

车轮定位参数测量实训报告

实训地点：＿＿＿＿　　轮胎型号：＿＿＿＿　　轮胎气压：＿＿＿＿

轮胎花纹深度：＿＿＿＿　　仪器设备：＿＿＿＿　　测试地坪：＿＿＿＿

实训记录

＿＿＿＿＿＿＿＿＿＿＿＿＿＿＿＿＿＿＿＿＿＿＿＿

＿＿＿＿＿＿＿＿＿＿＿＿＿＿＿＿＿＿＿＿＿＿＿＿

＿＿＿＿＿＿＿＿＿＿＿＿＿＿＿＿＿＿＿＿＿＿＿＿。

实训结果分析

____
____
____。

指导老师评语

____
____
____。

第六章

汽车车速表及前照灯的检测

引言

汽车车速表及前照灯的技术状态直接影响到汽车的行驶安全。

汽车行驶中，正确掌握行车速度十分重要。行车速度越高，越容易发生交通事故。理论研究与实验表明，汽车的制动距离与汽车制动时的初速度的平方成正比。而车速表在长期使用后，其指示误差会愈来愈大。如果车速表的指示误差过大，驾驶员就难以正确控制车速，且极易因判断失误而造成交通事故。所以，对车速表进行检测、校准，确保其指示精度对行车安全具有重要意义。

汽车前照灯是汽车在夜间或能见度较低的条件下，为驾驶员提供行车道路照明的重要装置，而且也是驾驶员发出警告，进行联络的灯光信号装置。当发光强度不足或光束照射位置偏斜时，会造成夜间行车驾驶员视线不清，或使迎面来车的驾驶员眩目等，从而导致交通事故的发生。所以，对前照灯的发光强度和光束的照射方向的检测，被列为汽车运行安全检测项目之一。

第一节　汽车车速表的检测

学习目标：能够用车速表试验台检测汽车的车速表。

学习方法：学生分组在实训室由实训指导教师指导完成。

一、车速表的测量原理及误差的形成

1. 车速表的测量原理

车速表一般与里程表结合在一起，称为车速里程表，其结构原理如图 6—1 所示。变速器输出轴驱动的软轴与车速里程表相连，软轴驱动车速表内的永久磁铁旋转，使感应盘切割磁力线而产生涡流，建立涡流磁场。涡流磁场与永久磁铁的旋转磁场相互作用，使感应盘产生转动力矩。在转动力矩的作用下，转动盘克服游丝的张力而转动。感应盘的转角随永久磁铁转速的升高而增大，指针与感应盘一起转动，指示了行车速度。

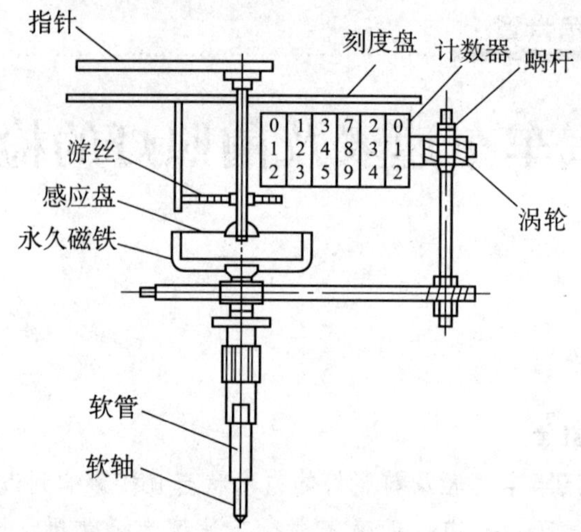

图 6—1　车速里程表的结构原理

2. 车速表误差的形成

机件在使用过程中发生自然磨损、磁性元件的磁性发生变化或轮胎滚动半径发生变化等都会造成车速表指示误差增大。不管是磁性感应式车速表还是电子式车速表，在本身技术状况正常的情况下，轮胎滚动半径的变化是造成车速误差的主要原因。轮胎滚动半径的变化主要是由于轮胎磨损、气压不足或气压过高等原因造成的。

汽车行驶速度用下式计算：

$$V = 0.377\frac{rn}{i_g i_0}$$

式中：V —— 汽车行驶速度，km/h；

r —— 车轮滚动半径，m；

n —— 发动机转速，r/min；

i_g —— 变速器传动比；

i_0 —— 主减速器传动比。

由上式可以看出，汽车实际行驶速度与车轮滚动半径成正比关系。因此，即使车速表的技术状况正常，车速表的指示值也会因车轮滚动半径的变化而形成误差。

二、车速表试验台的结构和测量原理

1. 车速表误差的测量原理

车速表误差的测量需采用滚筒式车速表试验台（以下简称为车速表试验台），是以车速表试验台的滚筒作为连续移动的路面，把被测车轮置于滚筒上使其旋转，来模拟汽车在路试中的行驶状态。测量时，将被测车轮驱动滚筒旋转或由滚筒驱动车轮旋转，滚筒端部装有速度传感器即测速发电机，测速发电机的转速随滚筒转速的增高而增加，而滚筒的转速与车速成正比，因此测速发电机发出与车速成正比的电压信号。

滚筒的线速度、圆周长与转速之间的关系，可用下式表达：

$$V = nL \times 60 \times 10^{-6}$$

式中：V ——滚筒的线速度，km/h；

L ——滚筒的圆周长，mm；

n ——滚筒的转速，r/min。

由于车轮的线速度与滚筒的线速度相等，因此上述的计算值等于汽车的实际车速值，其值由车速表试验台上的速度指示仪表显示，也称为试验台指示值。

车轮带动滚筒或滚筒带动车轮转动的同时，汽车驾驶室内的车速表也在显示车速值，其值称为车速表指示值。将车速表指示值与试验台指示值相比较，即可得出车速表的指示误差。可用下式表示：

$$车速表指示误差=\frac{车速表指示值-实际车速值}{实际车速值}\times 100\%$$

2. 车速表试验台的结构及工作原理

车速表试验台有三种类型：①无驱动装置的标准型，它依靠被测车轮带动滚筒旋转；②有驱动装置的驱动型，它由电动机驱动滚筒旋转；③把车速表试验台与制动试验台或底盘测功试验台组合在一起的综合型。

（1）标准型车速表试验台。

标准型车速表试验台由速度测量装置、速度指示装置和速度报警装置等组成，如图6—2所示。

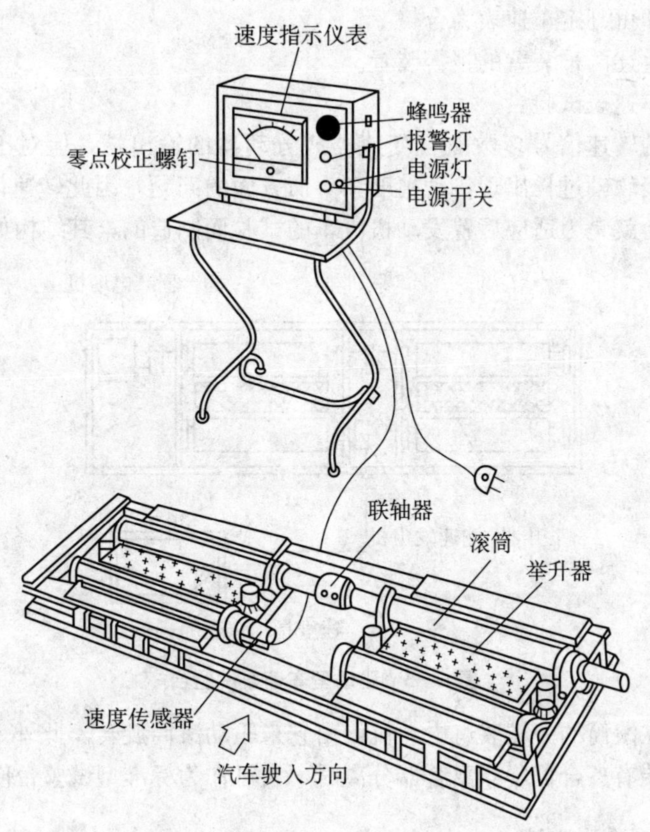

图6—2　标准型车速表试验台

1）速度测量装置。

速度测量装置主要由框架、滚筒装置、速度传感器和举升器等组成。滚筒一般为 4 个，直径一般为 185cm 或更大，通过滚筒轴承安装在框架上。在前、后滚筒之间设有举升器，以便汽车进出试验台，举升器与滚筒制动装置联动，举升器升起时，滚筒不会转动。速度传感器一般采用测速发电机式、差动变压器式、磁电式和光电式等多种，安装在滚筒的一端，将对应于滚筒转速发出的电信号送至速度指示装置。

2）速度指示装置。

速度指示装置是根据速度传感器发出的电信号大小来工作的。它能根据滚筒圆周长与滚 筒转速算出的线速度，以 km/h 为单位在仪表上显示。

3）速度报警装置。

速度报警装置是为在测量时便于判明车速表误差是否在合格范围之内而设置的，一般有三种形式：

①用试验台报警装置提示检测车速。当汽车实际车速达到检测车速（如 40km/h）时，速度报警装置的报警灯亮或蜂鸣器响，提醒检测员立即读取驾驶室内车速表的指示车速值。以便于与实际车速对照，判断车速表指示值是否在合格范围之内。

②将试验台速度指示仪表合格范围涂成绿色区域。试验时是以汽车车速表指示检测车速，当汽车车速表车速达到检测车速（如 40km/h）时，检查试验台速度表指示值，如其在绿色区域之内即可判定车速表为合格。

③同时具备上述两种装置的报警装置。

（2）驱动型车速表试验台。

汽车车速表的转速信号多数取自变速器或分动器的输出端，但对于后置发动机的汽车，则会因车速表软轴过长出现传动精度和寿命方面的问题，因此转速信号取自前轮。驱动型车速表试验台就是为适应后置发动机汽车的试验而制造的，其结构如图 6—3 所示。

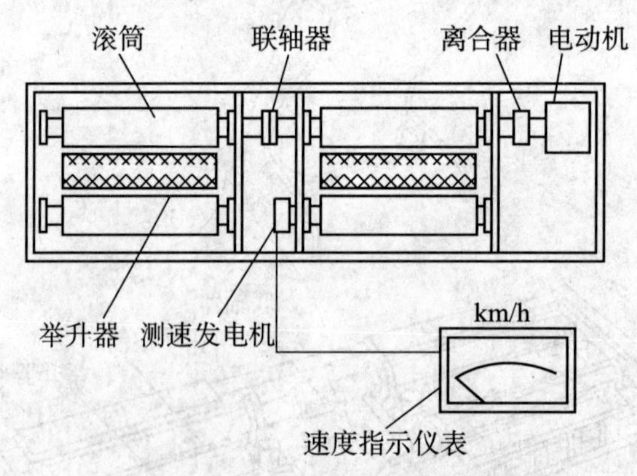

图 6—3 驱动型车速表试验台

这种试验台在滚筒的一端装有电动机，由它来驱动滚筒旋转。此外，这种试验台在滚筒与电动机之间装有离合器，当离合器分离时，又可作为标准型试验台使用。

三、车速表的检测方法

车速表的检测方法因试验台的牌号、型式不同而不同，应根据使用说明书进行操作。

车速表试验台通用的检测方法如下所述。

1. 车速表试验台的准备

(1) 在车速表试验台滚筒处于静止状态时，检查指示仪表的指针是否在机械零点上。若指针不在零点上，可用零点调整旋钮（或零点调整电位计）调整。若指示仪表为数码管式，数码管应亮度正常，且均处于零位。

(2) 检查滚筒上是否沾有油、水、泥、砂等杂物。若有，应清除干净。

(3) 检查举升器的升降动作是否自如。若动作阻滞或有漏气部位，应予修理。

(4) 检查导线的连接接触情况，若有接触不良或断路，应予修理或更换。

对于经常使用的车速表试验台，不一定每次使用前都要进行上述检查。

2. 被测车辆的准备

(1) 检查轮胎气压，应符合汽车制造厂的规定。

(2) 轮胎上沾有水、油、泥等或轮胎花纹沟槽内嵌有小石子时，应清除干净。

3. 检测方法

(1) 接通车速表试验台电源。

(2) 升起滚筒间的举升器。

(3) 将被检车辆开上试验台，使输出车速信号的车轮尽可能与滚筒成垂直状态。

(4) 降下滚筒间的举升器，至轮胎与举升器托板完全脱离为止。

(5) 用挡块抵住位于试验台滚筒之外的一对车轮，防止汽车在测试时滑出试验台。

(6) 对于标准型试验台应作如下操作：

①启动汽车，待汽车的驱动轮在滚筒上稳定后，挂最高挡，松开驻车制动器，踩下加速踏板，使驱动轮带动滚筒平稳地加速运转。

②当汽车车速表的指示值稳定达到检测车速（40km/h）时，读取试验台速度指示仪表的指示值；或当试验台速度指示仪表的指示值稳定达到检测车速时，读取车速表的指示值。

(7) 对于驱动型试验台应作如下操作：

①接合试验台离合器，使滚筒与电动机连接在一起。

②将汽车的变速器挂入空挡，松开驻车制动器，启动电动机，使电动机驱动滚筒带动车轮旋转。

③当试验台速度指示仪表稳定达到检测车速时，读取汽车车速表的指示值；或当汽车车速表的指示值稳定达到检测车速时，读取试验台速度指示仪表的指示值。

(8) 读取数据后，轻轻踩下汽车制动踏板，使滚筒停止转动。对于驱动型试验台，必须先关断电动机电源，再踩制动踏板。

(9) 升起举升器，去掉挡块，汽车驶离试验台。

(10) 切断试验台电源，测量工作结束。

四、车速表检测标准

根据国家标准 GB 7258—2004《机动车运行安全技术条件》中的规定：车速表允许误差范围为－5%～＋20%。即当实际车速为 40km/h 时，汽车车速表指示值应在 38～

48km/h 范围内。或当车速表指示值为 40km/h 时，实际车速应在 32～42km/h 之间。

五、使用注意事项

(1) 检查汽车的轴荷，以保证待检汽车轴荷在试验台允许范围内。

(2) 对于前轮驱动的汽车，驶上试验台时应在低速情况下操纵方向盘确保汽车处于直线状态，然后再加速到检测车速。切忌汽车上试验台就迅速加速。

(3) 对电机驱动型车速表试验台，在不用驱动装置进行试验时，务必分离离合器，使滚筒与电动机脱开。

第二节 汽车前照灯的检测

学习目标：能够用屏幕法和检测仪检测汽车前照灯。

学习方法：学生分组在实训室由实训指导教师指导完成。

汽车前照灯是汽车在夜间或能见度较低的条件下，为驾驶员提供行车道路照明的重要装置，而且也是驾驶员发出警告，进行联络的灯光信号装置。当发光强度不足或光束照射位置偏斜时，会造成夜间行车驾驶员视线不清，或使迎面来车的驾驶员眩目等，从而导致交通事故的发生。所以，前照灯的发光强度和光束的照射方向被列为汽车运行安全检测的必检项目之一。

一、前照灯的特性

前照灯的特性可分为配光特性、全光束和照射方向三部分，如图 6—4 所示。

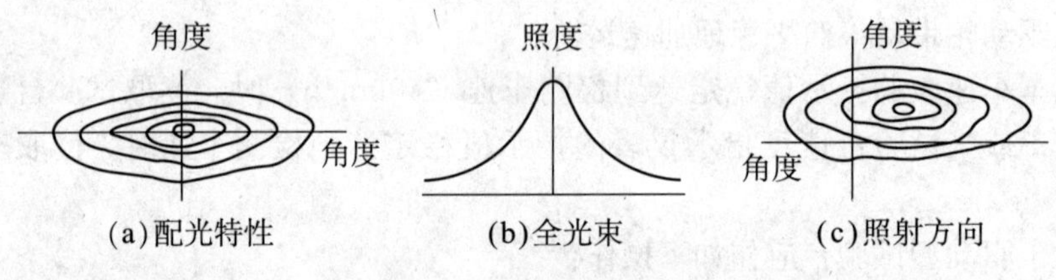

(a)配光特性　　(b)全光束　　(c)照射方向

图 6—4　等照度曲线

1. 配光特性

所谓配光特性是指前照灯灯光的光形分布特性。如果将照度相同的点连接成一条等照度的曲线，那么等照度曲线的形状分布就反映出了前照灯的配光特性。对称式配光特性，其等照度曲线左右对称，不偏向一边，上下的扩展也不太宽，如图 6—4(a) 所示。非对称配光特性，其光形的分布是不对称的，如图 6—5 所示。非对称配光特性有两种形式：一种是在配光屏上有明暗截止线（眼睛感觉到明暗陡变的分界线），水平部分在 V—V 线的左半边，右半边为与水平成 15°角的斜线，如图 6—5(a) 所示。另一种是明暗截止线的左半边平行且低于 h—h 水平线 25cm，而右半边先为一与水平线成 45°角的斜线，至 h—h 水平线相交，再转折为与 h—h 线重合的水平线如图 6—5(b) 所示。

2. 全光束

如图 6—4(b) 所示，光束用明亮度分布纵断面的配光特性曲线来表示，该断面即为

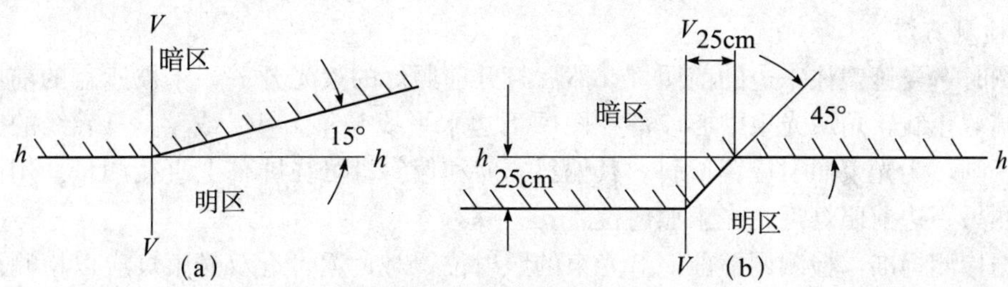

图 6—5　非对称配光示意图

全光束，又可认为是光源发出的光的总量。

3. 照射方向

如图 6—4(c) 所示，光束的照射方向是以其最亮点的区域为中心，并以该中心对水平和垂直坐标轴交点的偏移量来描述的。

二、屏幕法检测前照灯光束照射位置

1. 检测条件

（1）检测用场地应平整。

（2）被检验的车辆应空载、轮胎气压正常、允许乘坐 1 名驾驶员。

（3）在距汽车前照灯 10m 处设一专用屏幕，屏幕与场地应垂直，如图 6—6 所示。

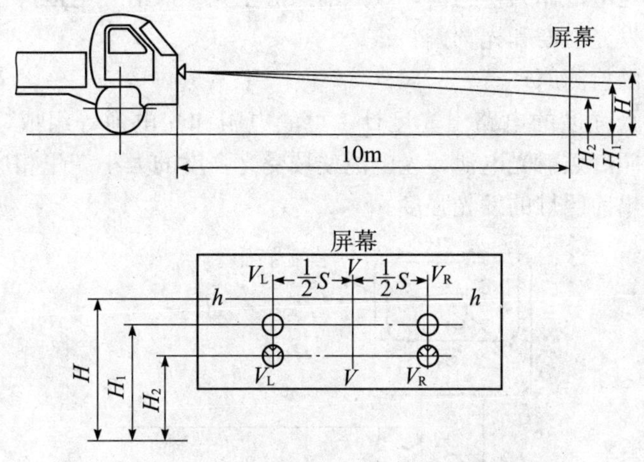

图 6—6　屏幕法检测前照灯光束照射位置

2. 屏幕画法

屏幕上画有三条垂直线和三条水平线：

中间垂直线 V—V 与被检车辆的纵向中心垂直面对齐。两侧的垂直线 V_L—V_L 和 V_R—V_R 分别为被检车辆左右前照灯基准中心的垂直线。水平线中的 h—h 线与被检车辆前照灯的基准中心等高，距地面高度为 H（mm）；H 为被检车辆前照灯基准中心距地面的高度，其值视被检车型而定。中间水平线与被检车辆前照灯远光光束的中心等高，距地面高度为 H_1（mm），$H_1=$（0.85～0.90)H。下边水平线与被检车辆前照灯近光光束的中心等高，距地面高度为 H_2（mm），$H_2=$（0.60～0.80)H。

3. 检测方法

检测时，先遮盖住一边的前照灯，然后打开前照灯的近光开关，未被遮盖的前照灯的近光明暗截止线转角或光束中心应落在图中下边水平线与 $V_L—V_L$ 或 $V_R—V_R$ 线的交点位置上。否则，为光束照射位置偏斜。其偏斜方向和偏斜量可在屏幕上直接测量。用同样方法，检测另一边前照灯近光光束照射位置。

根据检测标准，检测调整前照灯光束的照射位置时，远、近双光束灯应以检测调整近光光束为主，对于远光单光束前照灯，则要检测远光光束的照射位置。检测方法同前，其光束中心应落在中间水平线与 $V_L—V_L$ 或 $V_R—V_R$ 线的交点位置上。

用屏幕法检测前照灯简单易行，但只能检测出光束的照射位置，不能检测发光强度。而且，为适应不同车型的检测，需经常更换屏幕，检测效率低，需要占用较大场地。因此广泛采用前照灯校正仪对汽车前照灯进行检测。

三、前照灯校正仪检测前照灯光发光强度和光轴偏斜量

前照灯校正仪是按一定测量距离放在被检车辆的对面，用来检测前照灯发光强度与光轴偏斜量的专用设备。光轴偏斜量表示光束照射位置。

1. 前照灯校正仪的检测原理

前照灯校正仪的类型很多，但检测原理基本相同，一般均采用能把吸收的光能变成电流的硅光电池或硒光电池作为传感器，按照前照灯主光束照射光电池产生电流的大小和比例，来测量前照灯发光强度和光轴偏斜量。

（1）发光强度的检测原理。

检测前照灯发光强度的电路由光度计、可变电阻和光电池等组成，如图 6—7 所示。按规定的距离使前照灯照射光电池，光电池便按受光强度的大小产生相应的光电流使光度计指针摆动，指示出前照灯的发光强度。

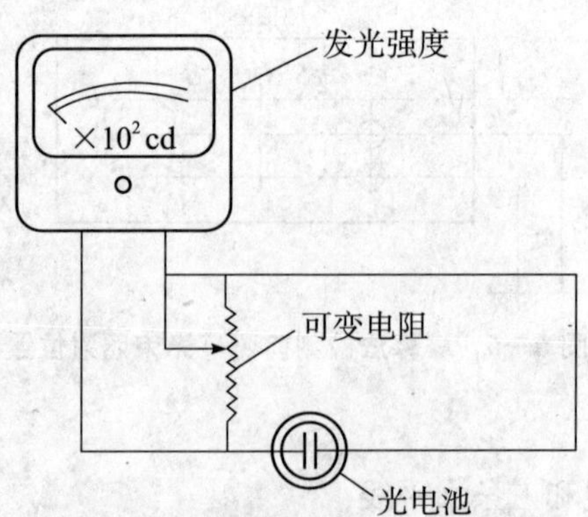

图 6—7　发光强度的检测原理图

（2）光轴偏斜量的检测原理。

检测前照灯光轴偏斜量的电路如图 6—8 所示，由两对光电池组成，左右一对光电池 S_L 和 S_R 上接有左右偏斜指示计，用于检测光束中心的左右偏斜量；上下一对光电池 S_u 和 S_d 上接有上下偏斜指示计，用于检测光束中心的上下偏斜量。当光电池受到前照灯光束照射时，如果光束照射方向偏斜，将分别使光电池 S_u 和 S_d、S_L 和 S_R 的受光面不一致，因

而产生的电流大小也不一致。光电池 S_u 和 S_d、S_L 和 S_R 产生的电流差值分别使上下偏斜指示计及左右偏斜指示计的指针摆动，从而检测出光轴的偏斜方向和偏斜量。

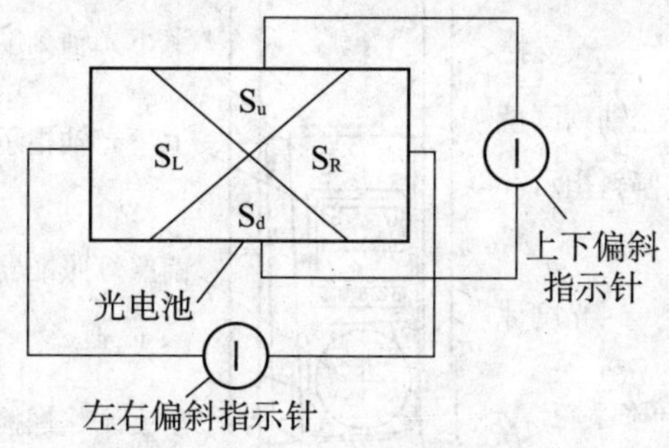

图 6—8　光轴偏斜量检测原理图

图 6—9 所示为光轴无偏斜时的情况，这时上下偏斜指示计的指针和左右偏斜指示计的指针均垂直向下，即处于零位。图 6—10 所示为光轴有偏斜时的情况，这时上下偏斜指示计的指针向“下”方向偏斜，左右偏斜指示计的指针向“左”方向偏斜。

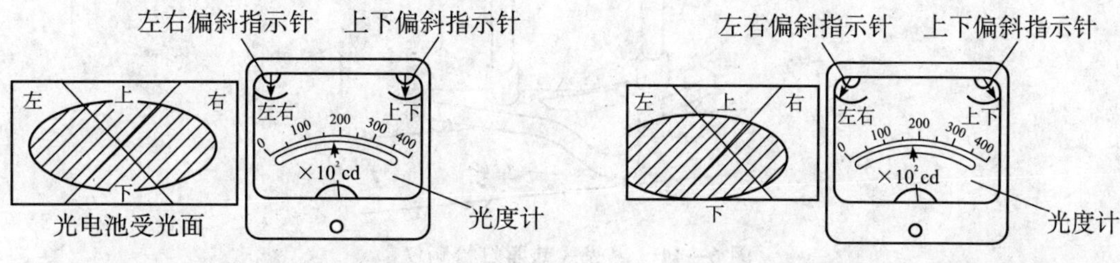

图 6—9　光轴无偏斜时的情况　　**图 6—10　光轴有偏斜时的情况**

若通过适当的调节机构，检查光线照射光电池的位置，使 S_u 和 S_d、S_L 和 S_R 每对光电池受到的光照度相同，此时每对光电池输出的电流相等，两偏斜指示计的指针均指向零位，其调节量反映了光束中心的偏斜量。当偏斜指示计指针处于零位时，光电池受到的光照最强，四块光电池所输出电流之和表明了前照灯的发光强度。

2. 前照灯校正仪的结构和工作原理

按照前照灯校正仪的结构特征与测量方法不同，常用汽车前照灯校正仪可分为聚光式、屏幕式、投影式和自动追踪光轴式四种类型。这些不同类型的前照灯校正仪均由接受前照灯光束的受光器，使受光器与汽车前照灯对正的照准装置，前照灯发光强度指示装置，光轴偏斜方向和偏斜量指示装置及支柱、底板、导轨、汽车摆正找准装置等组成。

（1）聚光式前照灯检测仪。

聚光式前照灯检测仪利用受光器的聚光透镜把前照灯的散射光束聚合起来，根据其对光电池的照射强度来检测前照灯的发光强度和光轴偏斜量。其构造如图 6—11 所示。检测时，检测仪放在距前照灯前方 1m 处。

根据检测方法不同，聚光式前照灯检测仪又可分为移动反射镜检测法、移动光电池检测法和移动透镜检测法三种形式。

①移动反射镜检测法。

如图 6—12 所示，该法利用聚光透镜将前照灯的散射光束聚合，并经反射镜反射后照

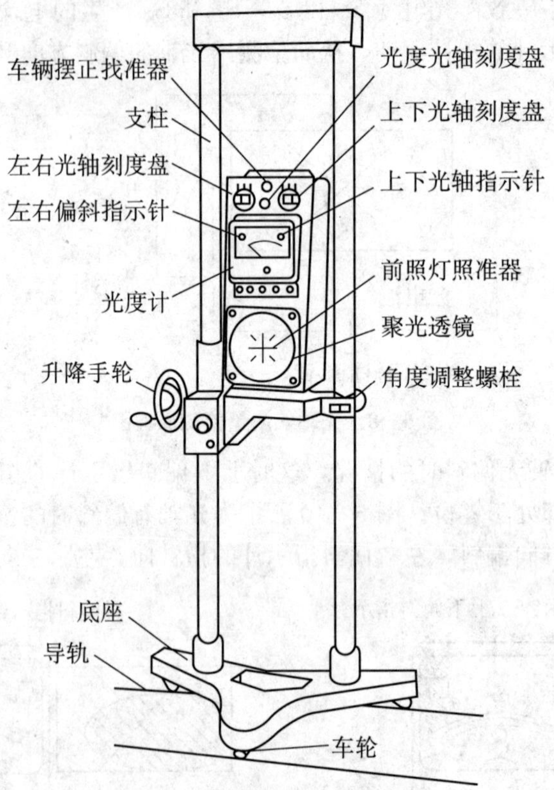

图 6—11　聚光式前照灯检测仪

射到光电池上。转动光轴刻度盘可使反射镜的安装角度发生变化，照射到光电池上光束的位置也随之变化，从而使光轴偏斜指示计的指针产生移动。此时，若转动光轴刻度盘使光轴偏斜指示计指示为零，就可从光轴刻度盘上读取光轴的偏斜量。同时，可从光度计的指示中读取发光强度值。

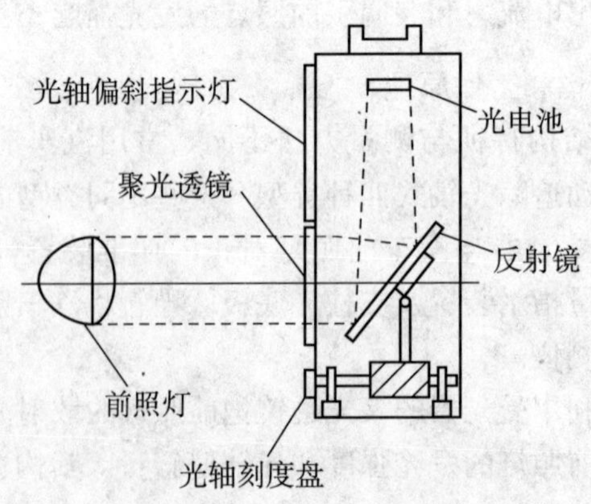

图 6—12　移动反射镜检测方法

②移动光电池检测法。

如图 6—13 所示，若转动上下光轴刻度盘和左右光轴刻度盘，则光电池随之移动，光电池的受光面位置将随之变化，直到光轴偏斜指示计的指针均指向零。这时，从光轴刻度盘上即可读出光轴的偏斜量，同时从光度计的指示中读取发光强度值。

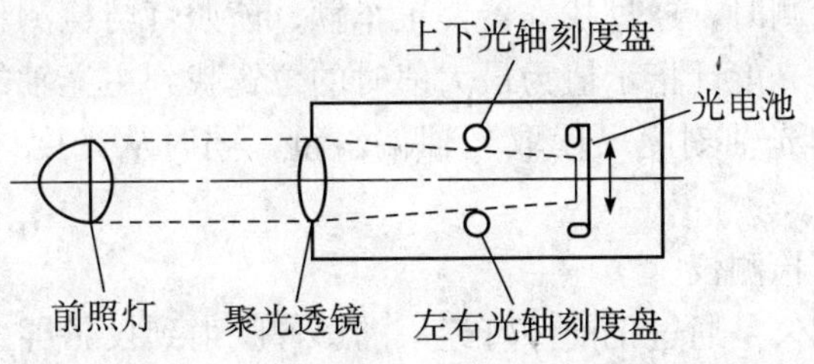

图 6—13　移动光电池检测法

③移动透镜检测法。

如图 6—14 所示，通过移动光轴检测杠杆调节聚光透镜的方位，从而使通过聚光透镜照到光电池上的光线最强。此时光轴偏斜指示计指示为零。光轴刻度盘与光轴检测杠杆联动即可指示出光轴偏斜量，同时可从光度计的指示值中读取发光强度值。

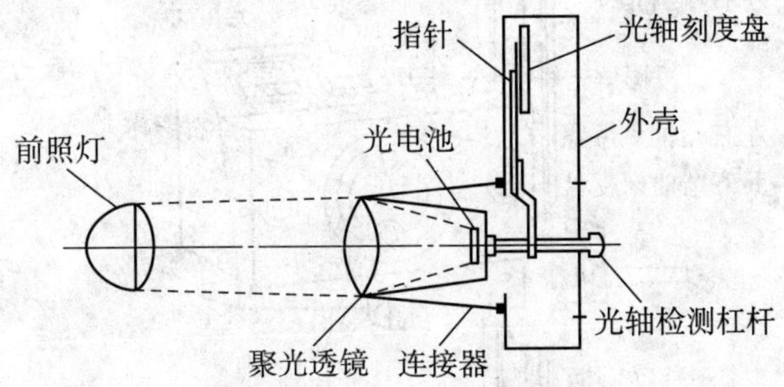

图 6—14　移动透镜检测法

（2）屏幕式前照灯检测仪。

屏幕式前照灯检测仪是通过把前照灯的光束照射到屏幕上来检测发光强度和光轴偏斜量的。一般测试距离为 3m。其构造如图 6—15 所示。

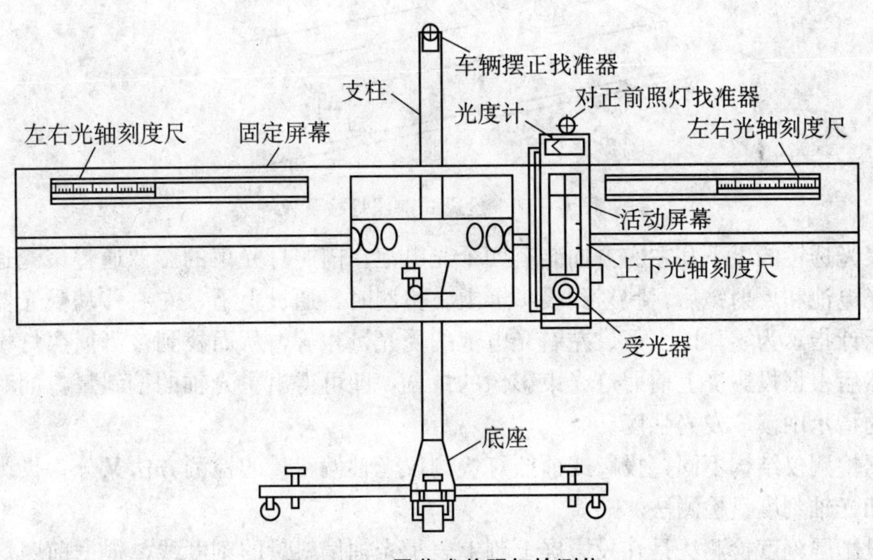

图 6—15　屏幕式前照灯检测仪

在固定屏幕上装有可以左右移动的活动屏幕，在活动屏幕上装有能上下移动的内部带有光电池的受光器。检测时，通过找准器摆正车辆、前照灯与检测仪的相对位置，移动活动屏幕和受光器，根据光度计指示值为最大值时的位置找到主光轴的投射位置，然后由固定屏幕和活动屏幕上的光轴刻度尺读取光轴偏斜量，同时从光度计的指示中读取发光强度值。

(3) 投影式前照灯检测仪。

投影式前照灯检测仪是通过把前照灯光束的影像映射到投影屏上来检测发光强度和光轴偏斜量的。检测时，测试距离一般为 3m。其构造如图 6—16 所示。

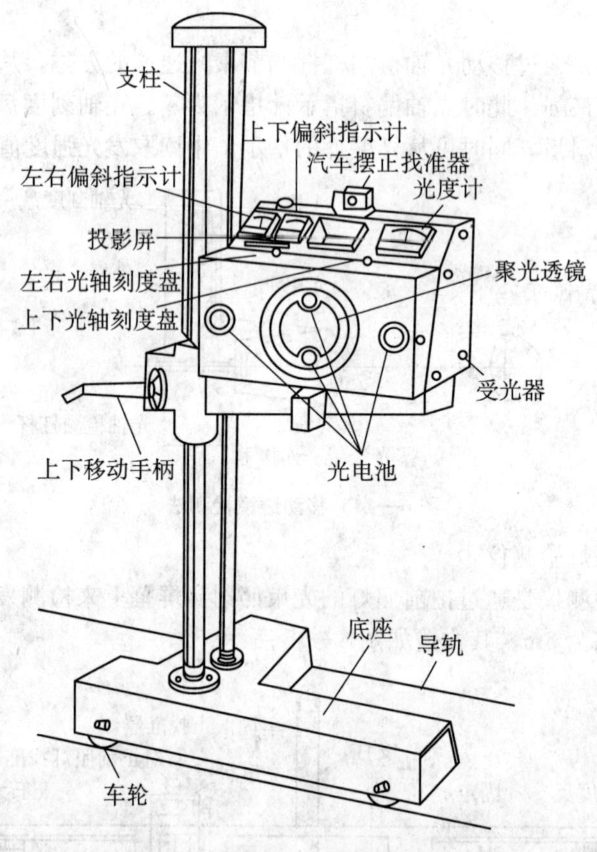

图 6—16　投影式前照灯检测仪

在聚光透镜的上下和左右方向装有四个光电池。前照灯光束的影像通过聚光透镜、光度计的光电池和反射镜后，映射到投影屏上。检测时，通过上下、左右移动受光器使光轴偏斜指示计指示为零，即上下、左右光电池的受光量相等，从而找到被测前照灯主光轴的方向，然后根据投影屏上前照灯光束影像的位置，即可得出主光轴的偏斜量，同时又可从光度计的指示中读取发光强度。

根据检测仪结构不同，投影式前照灯检测仪光轴偏斜量的检测方法又分为投影屏刻度检测法和光轴刻度盘检测法。

①投影屏刻度检测法是在投影屏上刻上表示光轴偏斜量的刻度线，根据前照灯影像中心在投影屏上所处的位置，即可直接读出光轴的偏斜量。

②光轴刻度盘检测法是转动上下与左右光轴刻度盘，使前照灯光束影像中心与投影屏坐标原点重合，然后从光轴刻度盘上读取光轴偏斜量。

（4）自动追踪光轴式前照灯检测仪。

自动追踪光轴式前照灯检测仪通过受光器自动追踪光轴的方法检测前照灯发光强度和光轴偏斜量。一般检测距离为 3m。其构造如图 6—17 所示。

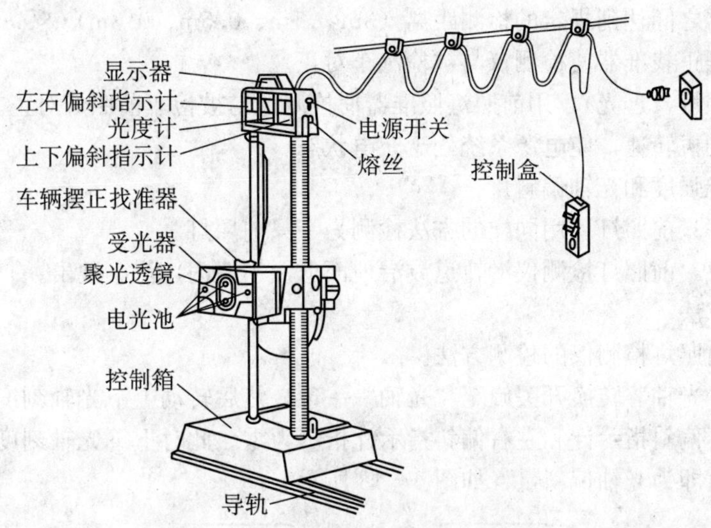

图 6—17　自动追踪光轴式前照灯检测仪

检测时，前照灯的光束照射到检测仪的受光器上。此时，若前照灯光束照射方向偏斜，则主、副受光器的上下光电池或左右光电池的受光量不等，由其电流的差值使控制受光器上下移动的电动机运转，或使控制箱左右移动的电动机运转，并通过传动机构牵动受光器上下移动或驱动控制箱在轨道上左右移动，直至受光器上下、左右光电池受光量相等为止。在追踪光轴时，受光器的位移方向和位移量由光轴偏斜指示计指示，此即前照灯光束的偏斜方向和偏斜量；发光强度由光度计指示。

3. 前照灯发光强度和光轴偏斜量的检测方法

（1）检测前的准备。

①前照灯检测仪的准备。

在不受光的情况下，检查光度计和光轴偏斜量指示计是否对准机械零点。若指针失准，可用零点调整螺钉调整。

检查聚光透镜和反射镜的镜面上有无污物。若有，可用柔软的布料或镜头纸擦拭干净。

检查水准器的技术状况。若水准器无气泡，应进行修理或更换。若气泡不在红线框内时，可用水准器调节器或垫片进行调整。

检查导轨是否沾有泥土等杂物。若有，应扫除干净。

②被检车辆的准备。

清洁前照灯上的污垢。

保证轮胎气压符合汽车制造厂的规定。

保证前照灯开关和变光器处于良好状态。

使汽车蓄电池和充电系统处于良好状态。

(2) 检测步骤。

由于前照灯检测仪的厂牌、型式不同，其检测发光强度和光轴偏斜量的具体方法也不尽相同。

①将被检汽车尽可能地与前照灯检测仪的轨道保持垂直方向驶近检测仪，直至前照灯与检测仪受光器之间达到规定的检测距离（3m 、1m、0.5m、0.3m)。

②用汽车摆正找准器使检测仪与被检汽车对正。

③打开前照灯（远光)，用前照灯照准器使检测仪与被检车前照灯对正。

④提高发动机转速，使电源系统处于充电状态。

⑤检测发光强度和光轴偏斜量。

⑥检测完一只前照灯后用同样的方法检测另一只前照灯。

⑦检测结束，前照灯检测仪沿轨道或沿地面退回护栏内，汽车驶出。

(3) 检测方法。

①聚光式前照灯检测仪的检测方法。

将“光度·光轴”转换开关旋至“光轴”一边，然后转动上下光轴刻度盘和左右光轴刻度盘，使上下偏斜指示计和左右偏斜指示计指示为零。此时上下光轴刻度盘和左右光轴刻度盘的指示值即为光轴偏斜量，如图 6—18 所示。

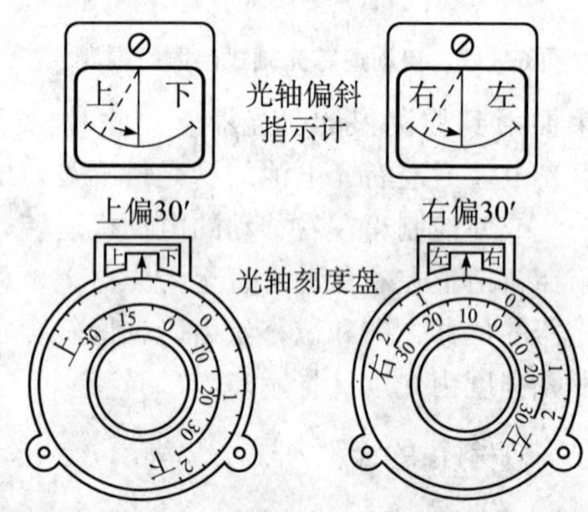

图 6—18　聚光式前照灯检测仪

保持光轴刻度盘位置不动，将“光度·光轴”转换开关旋至“光度”一侧，此时光度计的指示值即为发光强度值。

②屏幕式前照灯检测仪的检测方法。

使固定屏幕上左右光轴刻度尺的零点与活动屏幕上的基准指针对正，并使受光器指针与活动屏幕上的零点对正，如图 6—19 所示。

左右和上下移动受光器，使光度计的指示值达到最大值。此时，根据受光器指针所指活动屏幕上的上下刻度值和活动屏幕基准指针所指固定屏幕上的左右刻度值，即可得出光轴偏斜量；根据光度计上的指示值即可得出发光强度值。

③投影式前照灯检测仪的检测方法。

该法要求先使光轴偏斜量指示计的指示为零，然后根据投影屏上前照灯影像中心所在的刻度值读取光轴偏斜量，再根据光度计的指示值读取发光强度值，如图 6—20 所示。

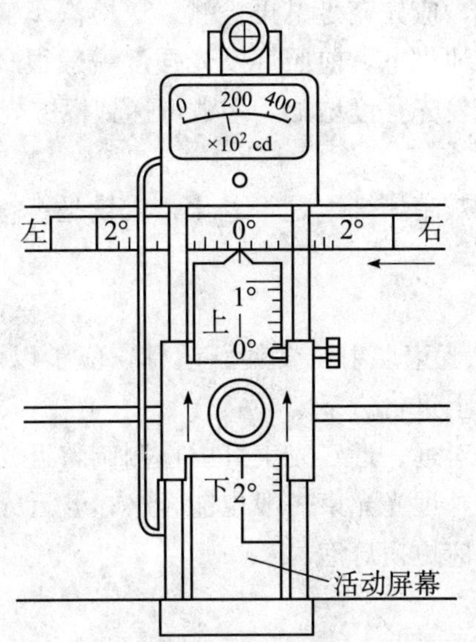

图 6—19 屏幕式前照灯检测仪零点对准

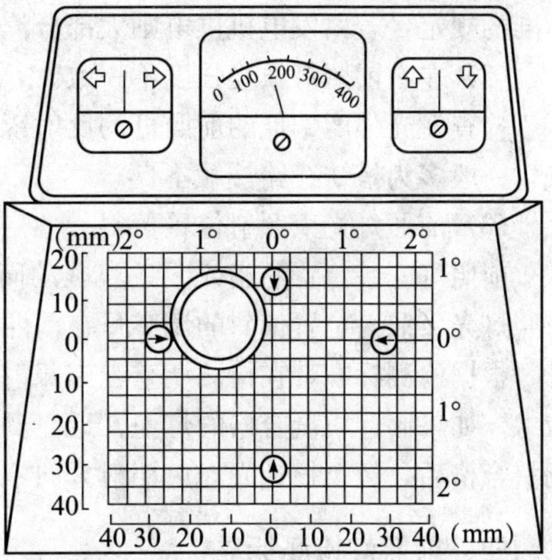

图 6—20 投影屏刻度检测法

光轴刻度盘检测法，要求转动光轴刻度盘，使投影屏上的坐标原点与前照灯影像中心重合，读取此时光轴刻度盘上的指示值即为光轴偏斜量，再根据光度计上的指示值读取发光强度值，如图 6—21 所示。

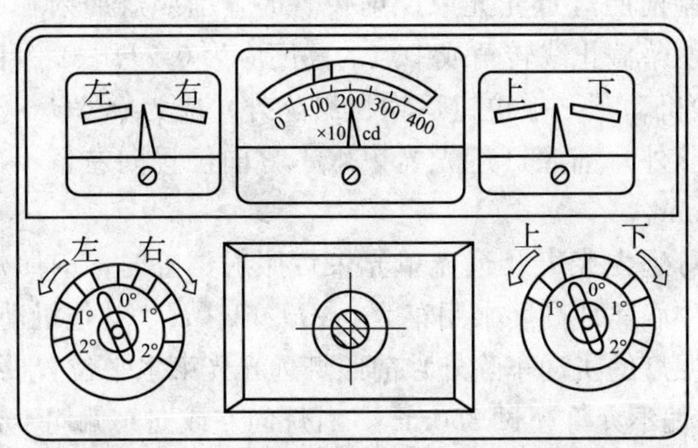

图 6—21 光轴刻度盘检测法检测结果示意图

④自动追踪光轴式前照灯检测仪的检测方法。

按下控制器上的测量开关，受光器随即追踪前照灯光轴，根据光轴偏斜指示计和光度计的指示值，即可得出光轴偏斜量和发光强度值。

4. 检测结果分析

前照灯检验不合格有两种情况：一是前照灯发光强度偏低，二是前照灯照射位置偏斜。

（1）前照灯发光强度偏低。

①检查前照灯反光镜的光泽是否明亮，如昏暗或镀层剥落或发黑应予更换。

②检查灯泡是否老化，质量是否符合要求，如老化或质量不符合要求，光度偏低者应更换。

③检查蓄电池端电压是否偏低，如端电压偏低，应先充足电再检测。送检汽车普遍存在蓄电池电量不足，端电压偏低的现象。若由蓄电池供电，前照灯发光强度一般很难达到标准的规定，若由发电机供电则大部分汽车前照灯发光强度增加，多数可达到标准规定。

（2）左右前照灯发光强度不一致。

检查发光强度偏低的前照灯的反射镜光泽是否灰暗，灯泡是否老化，质量是否符合要求，一般多为搭铁线路接触不良。

（3）前照灯光束照射位置偏斜。

前照灯安装位置不当或因强烈震动而错位致使光束照射位置偏斜超标，应予以调整。前照灯光束照射位置偏斜的调整可在前照灯检测仪上进行。

根据检测标准，在检测调整光束照射位置时，对远、近双光束灯以检测调整近光光束为主。如果制造质量合格的灯泡，近光调整合格后，远光光束一般也能合格；若近光光束调整合格后，经复核远光光束照射方向不合格，则应更换灯泡。

四、前照灯检测标准

根据国家标准 GB 7258—2004《机动车运行安全技术条件》的规定，前照灯光束照射位置和发光强度应符合下述要求。

1. 前照灯光束照射位置要求

（1）机动车在检验前照灯近光光束照射位置时，前照灯照射在距离屏幕 10m 处，乘用车前照灯近光光束明暗截止线转角或中点的高度应为 $0.7H\sim0.9H$（H 为前照灯基准中心高度，下同），其他机动车（拖拉机运输机组除外）应为 $0.6H\sim0.8H$。机动车（装用一只前照灯的机动车除外）前照灯近光光束水平方向位置向左偏不允许超过 170mm，向右偏不允许超过 350mm。

（2）在检验前照灯远光光束及远光单光束灯照射位置时，前照灯照射在距离 10m 的屏幕上时，要求光束中心离地高度乘用车为 $0.9H\sim1.0H$，其他机动车为 $0.8H\sim0.95H$；机动车（装用一只前照灯的机动车除外）前照灯远光光束水平位置要求，左灯向左偏不允许超过 170mm，向右偏不允许超过 350mm，右灯向左或向右偏均不允许超过 350mm。

（3）机动车装有远光和近光双光时以调整近光光束为主。对于只能调整远光单光束的灯，调整远光单光束。

2. 发光强度要求

机动车每只前照灯的远光光束发光强度应达到表 6—1 的要求。测试时，其电源系统应处于断电状态。

五、前照灯检测仪使用注意事项

不同形式的检测仪有不同的使用方法，所以在使用前，用户应先仔细阅读产品的说明书及相关资料，掌握正确的使用方法。一般应注意以下几个问题：

（1）按产品说明书的要求，正确地安装设备（例如场地的要求、检测距离的要求、平行度和垂直度的要求、高度的要求等）。例如前述全自动前照灯检测仪，因为底箱被安置在导轨上作左右移动，所以必须保证导轨的平直度、前后导轨的水平度、前导轨与行车方向的垂直度等，并要正确地浇灌地基基础。在导轨上安装仪器时，要保证移动灵活，无阻碍。光接收箱尾部的水准泡应指示在水平位置，并保证有 3m 的检测距离。

（2）正确地连接电源和各种线缆。由于前照灯检测仪在检测时要在前照灯之前移动，因此，线缆应有足够的长度和适当的防护措施。在使用计算机接口时，要注意正确使用仪器提供的接口信号，并正确地进行连接。

表 6—1　　前照灯远光光束发光强度最小值要求　　cd

<table>
<tr><th colspan="2" rowspan="3">机动车类型</th><th colspan="6">检查项目</th></tr>
<tr><th colspan="3">新注册车</th><th colspan="3">在用车</th></tr>
<tr><th>一灯制</th><th>二灯制</th><th>四灯制①</th><th>一灯制</th><th>二灯制</th><th>四灯制①</th></tr>
<tr><td colspan="2">三轮汽车</td><td>8 000</td><td>6 000</td><td>—</td><td>6 000</td><td>5 000</td><td>—</td></tr>
<tr><td colspan="2">最高设计车速小于 70km/h 的汽车</td><td>—</td><td>10 000</td><td>8 000</td><td>—</td><td>8 000</td><td>6 000</td></tr>
<tr><td colspan="2">其他汽车</td><td>—</td><td>18 000</td><td>15 000</td><td>—</td><td>15 000</td><td>12 000</td></tr>
<tr><td colspan="2">摩托车</td><td>10 000</td><td>8 000</td><td>—</td><td>8 000</td><td>6 000</td><td>—</td></tr>
<tr><td colspan="2">轻便摩托车</td><td>4 000</td><td>—</td><td>—</td><td>3 000</td><td>—</td><td>—</td></tr>
<tr><td rowspan="2">拖拉机运输机组</td><td>标定功率 >18kW</td><td>—</td><td>8 000</td><td>—</td><td>—</td><td>6 000</td><td>—</td></tr>
<tr><td>标定功率 ≤18kW</td><td>6 000②</td><td>6 000</td><td>—</td><td>5 000②</td><td>5 000</td><td>—</td></tr>
</table>

注：① 采用四灯制的机动车，其中两只对称的灯达到两灯制的要求时视为合格。
② 允许手扶拖拉机运输机组只装一只前照灯。

（3）在仪器使用前应检查各指示计的零位是否漂移，受光器的受光面是否蒙尘或受到污染，追踪光轴式检测仪应对仪器的跟踪性能作周期性的校准。

（4）要注意避开外来光线的影响。对于四灯制的车辆，在检测时必须将同侧的两只前照灯遮蔽住一只再进行测量，然后再交换测另一只。

（5）按产品说明书的要求，制订相应的操作规定，正确操作仪器。在采用计算机控制时，其控制软件必须能正确实现这些操作规定，同时还应考虑其实时性、功能可扩展性以及故障处理等方面的需求。

学习测试

学习测试 1：车速表误差形成的原因是什么？允许误差的范围是多少？

学习测试 2：为什么要进行车速表的检测？如何进行检测？

学习测试 3：汽车前照灯的安全检测有哪些注意事项？

学习测试 4：为什么要进行前照灯的检测？如何进行检测？

学习测试 5：屏幕法检测和检测仪检测各有哪些特点？

学习测试 6：选择

1. 国标规定：在用汽车每只前照灯远光光束发光强度应达到以下哪项要求（　　）。

A. 两灯制：12 000cd，四灯制：10 000cd

B. 两灯制：15 000cd，四灯制：12 000cd

C. 两灯制：10 000cd，四灯制：8 000cd

D. 两灯制：10 000cd，四灯制：12 000cd

2. 自动追踪光轴式前照灯检测仪检测时，被检测前照灯至仪器接收的距离为（　　）。

A. 1m　　B. 2m　　C. 3m　　D. 4m

3. 当试验台速度指示仪表的指示值稳定达到检测车速 40km/h 时，下列汽车车速表（　　）的指示不符合要求。

A. 39km/h　　B. 42km/h

C. 37km/h　　D. 44km/h

4. 汽车车速表的转速信号多数取自（　　）。

A. 点火脉冲信号　　B. 变速器或分动器的输出端

C. 曲轴信号　　D. 变速器或分动器的输入端

5. 试验台的滚筒一般为（　　）个。

A. 2 个　　B. 3 个

C. 4 个　　D. 5 个

工作单 1

姓名________________　　日期________________________________

车速表的检测

完成此工作单后，你将应该能够正确使用标准型车速表试验台检测车速表的情况。

工具和材料

一辆实训用汽车及其维修手册

标准型车速表试验台

所检测汽车的描述

制造年份____________________　　制造商______________________________

VIN______________________　　型号______________________________

发动机型号__________________　　车辆行驶里程________________________

步骤

1. 车速表试验台的准备

(1) 在车速表试验台滚筒处于静止状态时，检查车速表试验台指示仪表指针的位置在________上。

(2) 清除滚筒上的油、水、泥、砂等杂物。

(3) 检查举升器的升降动作是否自如，导线接触是否良好。

2. 被测车辆的准备

(1) 检查轮胎气压，所测轮胎的标准气压是________，实际测量的轮胎气压是________。如果实际气压与标准气压不一致，则要充放气至标准值。

(2) 清除轮胎上的水、油、泥及轮胎花纹沟槽内嵌的小石子。

3. 检测方法

(1) 打开车速表试验台电源。

(2) 升起滚筒间的举升器。

(3) 将被检车辆开上试验台，使驱动车轮尽可能与滚筒成________状态。

(4) 降下滚筒间的举升器，至轮胎与举升器托板完全脱离为止。

(5) 用挡块抵住位于试验台滚筒之外的一对车轮，防止汽车在测试时滑出试验台。

(6) 启动汽车，待汽车的驱动轮在滚筒上稳定后，挂入________挡，松开驻车制动器，踩下加速踏板，使驱动轮带动滚筒平稳地加速运转。

(7) 当试验台速度指示仪表的指示值稳定达到检测车速 40km/h 时，读取车速表的指示值________；当汽车车速表的指示值稳定达到检测车速 40km/h 时，读取试验台速度指示仪表的指示值________。

(8) 读取数据后，轻轻踩下汽车制动踏板，使滚筒停止转动。

(9) 升起举升器，去掉挡块，汽车驶离试验台。

(10) 切断试验台电源。

指导老师评语

____

____

____。

汽车车速表的检测考核评分表

时间：____30min____　　班级：____________　　考生姓名：____________

序号	考核内容	配分	评分标准	扣分	得分
1	着工装，注意工作场地卫生和工具，设备清洁	10	穿工装；保持场地卫生；保持工具和设备卫生。10 分		
2	车速表试验台的准备工作	10	指示仪表指针调零；清除滚筒上的油、水、泥、砂等杂物；检查举升器的升降动作是否自如；检查导线接触是否良好。10 分		
3	被测车辆的准备工作	10	清除轮胎及花纹沟槽内的杂质；检查轮胎气压，视必要进行充气。10 分		
4	检测过程	40	正确接通电源，打开开关；正确操作举升器升降；用挡块抵住位于试验台滚筒之外的一对车轮；正确操纵汽车，平稳加速到标准值；正确读取试验台速度指示仪表的指示值；正确读取车速表的指示值；正确操作收尾工作。40 分		
5	结果的处理和分析	20	对比分析车速表的指示是否合格，并分析引起误差的原因。20 分		
6	注意安全	10	因违规操作发生重大人身、设备事故，记 0 分		
7	按时完成		每超时 1 分钟扣 3 分，超时 3 分钟终止考核		
8	分数合计				

操作时间：____________________　　考核教师：____________________

汽车车速表检测记录表

制造年份________________ 制造商________________________

VIN ____________________ 型号__________________________

发动机型号______________ 车辆行驶里程__________________

检测数据记录

汽车车速表的指示值/(km/h)	试验台速度指示仪表的指示值/(km/h)	是否合格
40		
	40	

工作单 2

姓名________________ 日期__________________________

车速表的检测

完成此工作单后，你将应该能够正确使用屏幕法检测前照灯光束照射位置的情况。

工具和材料

一辆实训用汽车及其维修手册

专用屏幕

所检测汽车的描述

制造年份________________ 制造商________________________

VIN ____________________ 型号__________________________

发动机型号______________ 车辆行驶里程__________________

步骤

(1) 在距汽车前照灯 10m 处设一专用屏幕，屏幕与场地应垂直。

(2) 检查轮胎气压，所测轮胎的标准气压是________，实际测量的轮胎气压是________。如果实际气压与标准气压不一致，则要充放气至标准值。

(3) 根据检测车辆的高度 H 画出屏幕。

(4) 先遮住一边的前照灯，然后打开前照灯的近光开关，找到近光明暗截止线。

(5) 测出近光明暗截止线到 V_L—V_L 或 V_R—V_R 线的距离 L ________，到地面的高度 S ________。

(6) 将近光明暗截止线水平调整到 V_L—V_L 或 V_R—V_R 上，垂直调整到 0.6～0.8H 处。

(7) 同理换另一只近光灯。

(8) 远光灯同理，但远光明暗截止线垂直调整到 H_1 与 H 之间。

指导老师评语

____

____

____。

屏幕法检测前照灯光束照射位置考核评分表

时间：　30min　　班级：________　　考生姓名：________

序号	考核内容	配分	评分标准	扣分	得分
1	着工装，注意工作场地卫生和工具，设备清洁	10	穿工装；保持场地卫生；保持工具和设备卫生。10 分		
2	准备工作	10	检查轮胎气压，视必要进行充气；检查屏幕距车的距离；检查屏幕是否满足车辆高度要求。10 分		
3	检测过程	50	读取调整左、右近光灯光束照射位置；读取调整左、右远光灯光束照射位置。50 分		
4	结果的处理和分析	20	对比分析前照灯的照射位置是否合格，并分析引起误差的原因。20 分		
5	注意安全	10	因违规操作发生重大人身、设备事故，记 0 分		
6	按时完成		每超时 1 分钟扣 3 分，超时 3 分钟终止考核		
7	分数合计				

操作时间：________　　考核教师：________

屏幕法检测前照灯光束照射位置记录表

制造年份________　　制造商________

VIN________　　型号________

发动机型号________　　车辆行驶里程________

检测数据记录

	截止线距地高度 S/cm	偏移值 L/cm	是否合格
左近光灯			
右近光灯			
左远光灯			
右远光灯			

工作单 3

姓名________　　日期________

车速表的检测

完成此工作单后，你将应该能够正确使用前照灯检测仪检测前照灯光发光强度和光轴偏斜量。

工具和材料

一辆实训用汽车及其维修手册

前照灯检验仪

所检测汽车的描述

制造年份________　　制造商________

VIN________　　型号________

发动机型号________　　车辆行驶里程________

步骤

1. 检测准备

移动前照灯检测仪，调整前透镜面与被检车前照灯之间的距离为 30cm，调整仪器箱高度，使之与被检车前照灯中心高度一致，用对正器观察仪器与车辆的相对位置，移动仪器来对准被检车，并用焦距调节旋钮调至最清晰位置，将检验仪移至任一前照灯前。

2. 检测前照灯近光

(1) 打开前照灯近光灯。

(2) 检测近光光束的下倾值。

调整光束通过透镜射到仪器的屏幕上，由观察窗口观察，转动光束照射方向选择指示旋钮，使光斑明暗截止线左端水平部分与屏幕上实线重合。此时光束照射方向选择指示旋钮上的读数即为前照灯照射到距离为 10m 屏幕上的光束的下倾值。

(3) 检测近光光束的左右偏移值。

近光光束左右偏移量的测量，是以近光光斑明暗截止线的转角点与仪器屏幕上 $V—V$ 线偏差直接读数（单位为 cm）。如明暗截止线的转角点落在 10cm 的刻线上，就表示车辆前照灯照射到距离为 10m 的屏幕上时，光束的左偏值为 10cm。

(4) 检测近光暗区的最大发光强度。

使近光光斑的明暗截止线左侧水平部分与仪器屏幕上的实线重合，按下近光按键，直接从光度表上读数，其值应小于 625cd。否则为不合格，断开近光按键。

3. 检测前照灯远光

(1) 检测远光光束方向。

打开前照灯远光，直接从屏幕上检测光束是否符合要求。远光光束照射到仪器屏幕上的最亮部分中心应与屏幕上的圆孔重合，其偏移值可直接从屏幕上读出。

(2) 检测远光的亮度。

按下远光按键Ⅰ，如该灯的最大亮度不超过 20 000cd，再按下远光按键Ⅱ，从光度表上读数，如远光的最小亮度大于 15 000cd 即符合标准。否则远光亮度，不符合要求。

4. 前照灯光轴的调整

当前照灯照射方向偏斜时，可用螺丝刀转动前照灯上下、左右的调整螺钉。

指导老师评语

____

____

____。

前照灯检测仪检测前照灯考核评分表

时间：30min　　班级：________　　考生姓名：________

序号	考核内容	配分	评分标准	扣分	得分
1	着工装，注意工作场地卫生和工具，设备清洁	10	穿工装，保持场地卫生，保持工具和设备卫生。10 分		
2	准备工作	10	检查轮胎气压，视必要进行充气；调整前透镜面与前照灯之间的距离；调整仪器箱高度；调节焦距。10 分		

续前表

3	检测过程	50	读取调整左、右近光灯光束照射位置，读取左、右近光灯光束的发光强度；读取调整左、右远光灯光束照射位置，读取左、右远光灯光束的发光强度。50 分		
4	结果的处理和分析	20	对比分析前照灯的工作状况是否合格，并分析引起误差的原因。20 分		
5	注意安全	10	因违规操作发生重大人身、设备事故，记 0 分		
6	按时完成		每超时 1 分钟扣 3 分，超时 3 分钟终止考核		
7	分数合计				

操作时间：＿＿＿＿＿＿＿＿　　考核教师：＿＿＿＿＿＿＿＿

前照灯检测仪检测前照灯记录表

制造年份＿＿＿＿＿＿＿＿　制造商＿＿＿＿＿＿＿＿

VIN ＿＿＿＿＿＿＿＿　型号＿＿＿＿＿＿＿＿

发动机型号＿＿＿＿＿＿＿＿　车辆行驶里程＿＿＿＿＿＿＿＿

检测数据记录

	偏移值/cm	最大发光强度/cd	最小发光强度/cd	是否合格
左近光灯			—	
右近光灯			—	
左远光灯				
右远光灯				

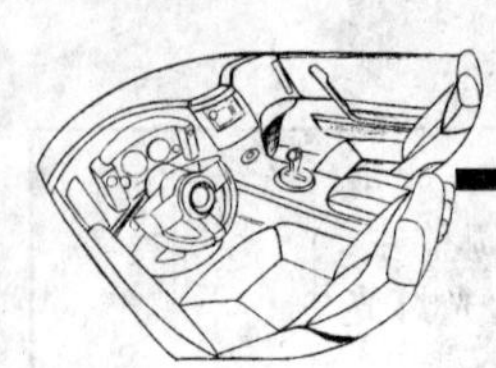

第七章

汽车的舒适性

引言

汽车的舒适性是指行驶中的汽车对其乘员身心影响程度的评价。舒适性的好坏，主要取决于行驶平顺性、噪声、空调调节和居住性等因素。

长期以来，各汽车制造厂家都在积极采取改进措施，以提高汽车的舒适性。对轮胎、悬架进行改进，以减少路面不平对乘员和货物的冲击；降低发动机噪声、采取隔音技术等以减小车内噪声；改善车内换气及温度调节，以使车内保持清新的空气，适宜的温度；尽可能将坐椅、方向盘、仪表、操纵杆等合理布置在有限的空间内，以适应各种人体特征的要求。

第一节 汽车行驶平顺性

学习目标：能正确叙述汽车行驶平顺性以及改善途径。

汽车行驶平顺性，是指汽车在一般行驶速度范围内行驶时，能保证乘员不会因车身振动而引起不舒服和疲劳的感觉，以及保持所运货物完整无损的性能。因此，平顺性主要根据主观感觉的舒适性来评价。

一、汽车振动及传递

行驶中的汽车是个复杂的"振动系统"，振动主要是由行驶路面的凹凸不平、高速旋转的轮胎和传动轴以及发动机的扭矩变化而激发的。这些因素引起的振动大多与车速有关，尤其是路面凹凸不平引起的振动，随着车速的变化，振动的频率和强度也会产生相应的变化。

因路面、轮胎产生的振动，先传到悬架，受悬架自身的振动特性影响后再传给车身，通过车身传到乘客的脚部，同时通过坐椅传给乘客的臀部和背部，还通过转向系，以方向盘抖动的形式传到驾驶员手部。

因发动机、传动系产生的振动，通过支承发动机、变速器和传动轴的缓冲橡胶块，经衰减后传给车身，再经上述途径传到人体各个部位。

二、人体对振动的反应

机械振动对人体的影响，取决于振动的频率、强度、作用方向和持续时间，而且每个人的心理与身体素质不同，对振动的敏感程度有很大差异。人体对上、下振动忍耐性最强，其次是前、后振动，对左、右振动最敏感。人体上、下振动的共振点大约在 4～8Hz，水平振动的共振点大约在 1～2Hz。如果在共振点上加振，人的抗振能力会严重下降。

研究汽车平顺性实际上要解决两方面的问题：一是如何避免汽车这个“振动系统”的共振现象；二是使“振动系统”输出的振动频率避开人体敏感的范围，振动加速度不超过人体所能承受的强度。

三、汽车行驶平顺性的评价指标

汽车行驶平顺性的评价方法，通常是根据人体对振动的生理反应及对保持货物完整性的影响来制订的，并用振动的物理量，如频率、振幅、加速度、加速度变化率等作为行驶平顺性的评价指标。

目前，常用汽车车身振动的固有频率和振动加速度评价汽车的行驶平顺性。试验表明，为了保持汽车具有良好的行驶平顺性，车身振动的固有频率应为人体所习惯的步行时，身体上、下运动的频率。它约为 60～85 次/分（1～1.6Hz），振动加速度极限值为 $(0.2\sim0.3)g$。为了保证所运输货物的完整性，车身振动加速度也不宜过大。如果车身加速度达到 $1g$，未经固定的货物就有可能离开车厢底板。所以，车身振动加速度的极限值应低于 $(0.6\sim0.7)g$。

1. 平顺性评价指标

在综合大量资料基础上，国际标准化组织 ISO 提出了 ISO 2631—1：1997《人体受全身振动影响的评估》。该标准用加速度均方根值给出了在中心频率 1～80Hz 振动频率范围内人体对振动反应的三种不同的感觉界限。

ISO 2631 用加速度均方根值给出了人体在 1～80Hz 振动频率范围内对振动反应的三个不同感觉界限：舒适—降低界限 T_{CD}、疲劳—工效降低界限 T_{FD} 和暴露极限。

舒适—降低界限 T_{CD} 与保持舒适有关。在此极限内，人体对所暴露的振动环境主观感觉良好，并能顺利完成吃、读、写等动作。

疲劳—工效降低界限 T_{FD} 与保持工作效率有关。当驾驶员承受振动在此极限内时，能正常地进行驾驶。

暴露极限通常作为人体可以承受振动量的上限。当人体承受的振动强度在这个极限之内，将保持健康或安全。

三个界限只是振动加速度容许值不同。“暴露极限”值为“疲劳—工效降低界限”的 2 倍（增加 6dB）；“舒适—降低界限”为“疲劳—工效降低界限”的 1/3.15（降低 10dB）；而各个界限容许加速度值随频率的变化趋势完全相同。一般可以用“疲劳—工效降低界限”T_{FD} 和“降低舒适界限”T_{CD} 为人体承受振动能力的主要评价指标；以 T_{FD} 和 T_{CD} 与车速的关系曲线——车速特性来评价汽车的平顺性。其中轿车和客车用“降低舒适界限”车速特性 $T_{CD}—v$ 来评价，货车用“疲劳—工效降低界限”车速特性 $T_{FD}—v$ 来评价。

如图 7—1 所示，为在双对数坐标下的垂直和水平方向振动对人体影响的“疲劳—工效降低界限”。在一定的频率下，随着暴露（承受振动）时间加长，感觉界限容许的加速度值下降。所以，可用达到某一界限允许暴露时间来衡量人体感觉到的振动强度的大小。

由图 7—1 的曲线可知，人体最敏感的频率范围，对于垂直振动为 4～8Hz；对于水平振动为 1～2Hz。在 2.8Hz 以下，同样的暴露时间，水平振动加速度容许值低于垂直振动。频率在 2.8Hz 以上则相反。

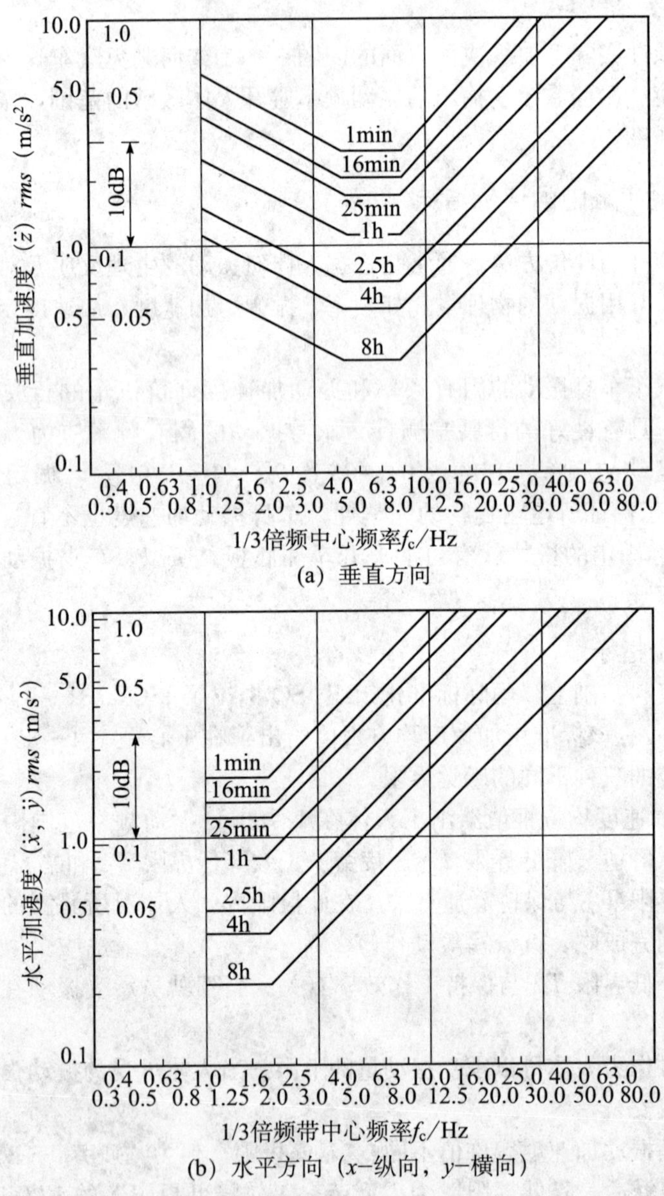

(a) 垂直方向

(b) 水平方向（x—纵向，y—横向）

图 7—1　ISO 2631 人体对振动反应的疲劳—工效降低界限

2. 国家标准对行驶平顺性的评价方法

GB/T 4970—1996《汽车平顺性随机输入行驶试验方法》规定，用平顺性随机输入行驶试验测定汽车在随机不平的路面上行驶时振动对乘员及货物的影响来评价汽车的平顺性。因为随机输入是汽车行驶中遇到的最基本情况，所以这种试验是评定汽车平顺性最主要的试验。

该标准以加权加速度均方根值 a_W 作为人体振动评价指标。加权加速度均方根值是按振动方向，根据人体对振动频率的敏感程度而进行加权计算的。并分别用 a_{zW}、a_{yW} 和 a_{xW} 分别表示垂直方向、左右方向和前后方向振动的加权加速度均方根值。或用三轴向加权加速度均方根的矢量和，即总加权加速度均方根值 a_{WO} 表示。

汽车平顺性可以用评价指标与车速的关系曲线——“车速特性”评价。对试验条件及车速范围作了相应的规定。“车速特性”可以在整个使用车速范围内全面地评价汽车的平顺性。

汽车行驶时偶尔会遇到凸块或凹坑，尽管遇到的概率不多，但过大的冲击会严重地影响平顺性，甚至会损害人体健康，会使运输的货物损坏。GB/T 5902—1986《汽车平顺性单脉冲输入行驶试验方法》规定，采用单凸块作为脉冲输入，让汽车驶过规定尺寸单凸块，测定坐垫上和坐椅底部地板加速度的最大值作为评价指标。

QC/T 477—1999《客车平顺性评价指标及限值》进一步对各种客车降低舒适极限 T_{CD} 作了明确规定。空气悬架旅游车 $T_{CD}\geqslant2.5$h，非空气悬架旅游车 $T_{CD}\geqslant1.0$h，长途大、中型客车 $T_{CD}\geqslant0.5$h，城市大中型客车 $T_{CD}\geqslant0.4$h，普通轻型客车 $T_{CD}\geqslant0.8$h。

四、平顺性的影响因素

悬架结构、轮胎、悬挂质量和非悬挂质量是影响汽车平顺性的重要因素。

1. 悬架结构

悬架结构主要指弹性元件、导向装置与减振装置，其中弹性元件与悬架系统的阻尼对平顺性影响较大。

(1) 弹性元件。

将汽车车身看成一个在弹性悬架上作单自由度振动的质量时，减少悬架刚度，可降低车身的固有频率，提高汽车行驶平顺性。为此，需要采用软弹簧及低的轮胎气压。但是悬架刚度也不宜过小，否则会引起悬架非悬挂质量高频振动幅值加大，影响操纵稳定性；还会引起紧急制动时汽车“点头”现象，转弯时车身产生较大的侧倾角现象。

对于载荷变化较大的公共汽车和载货汽车，为满足不同载荷对悬架刚度的不同需要，常采用非线性悬架，即变刚度悬架。载荷较小时，悬架刚度小，以避免振动频率过高、平顺性变差；当载荷较大时，刚度急剧增大，使汽车的侧倾和纵向角振动减轻。

为避免出现“共振”，前后悬架的固有频率应避开激振频率。另外，由于来自路面的激振先作用于前轮，然后才作用于后轮，为减轻由此引起的纵向角振动，前悬架的固有频率应略低于后悬架，前悬架刚度也应略低于后悬架。

(2) 阻尼系统的阻尼。

为了衰减车身自由振动和抑制车身、车轮的共振，以减小车身的垂直振动加速度和车轮的振幅（减小车轮对地面压力的变化，防止车轮跳离地面），悬架系统中应具有适当的阻尼。

在悬架系统中，引起振动衰减的阻尼来源很多，例如，在有相对运动的摩擦副中，轮胎变形时橡胶分子间产生的摩擦，系统中的减振器、钢板弹簧之间的摩擦等。减振器的阻尼效果最好，可提高汽车行驶平顺性，改善车轮与道路的接触条件，防止车轮离开地面，因而可改善汽车的稳定性，提高汽车的行驶安全性。改进减振器的性能，对提高汽车在不平路面上的行驶速度有很大作用。

2. 轮胎

轮胎对行驶平顺性的影响取决于轮胎的径向刚度、轮胎的展平能力以及轮胎内摩擦所引起的阻尼作用。为了提高汽车行驶平顺性，轮胎径向刚度应尽可能减小。在采用足够软的悬架的情况下，在相当大的行驶速度范围内，低频共振的可能性完全可以消除。但轮胎刚度过低，会增加车轮的侧向偏离，影响稳定性，同时，还使滚动阻力增加，轮胎寿命降低。

3. 坐椅

坐椅的布置对平顺性有较大的影响。接近车身中部的座位振幅较小，前、后两端的座位振幅较大，在相同频率下乘员感受到的振动加速度不一致，所以轿车的座位均布置在前、后轴轴距之内。载货汽车和公共汽车，为了减小水平前、后方向的振幅，坐椅在高度方向上应尽量缩小与重心间的距离。

4. 非悬挂质量

减小非悬挂质量可降低车身的振动频率，增高车轮的振动频率，这样就使低频共振与高频共振区域的振动减小，而将高频共振移向更高的行驶速度，对行驶平顺性有利。

其次减小非悬挂质量，还将引起高频振动的相对阻尼系数增加，因而减振器所吸收的能量减少，工作条件可以获得改善。非悬挂质量可因悬架导向装置型式而改变，采用独立悬架，可使非悬挂质量减小。

常用非悬挂质量与悬挂质量之比 m/M 评价非悬挂质量对行驶平顺性的影响。比值越小，行驶平顺性越好。对于现代轿车 $m/M=10.5\%\sim14.5\%$，可以保证良好的行驶平顺性。

总之，影响行驶平顺性的结构参数很多，且其关系错综复杂，必须对这些参数进行综合分析，以便正确选择参数，提高汽车行驶的平顺性。

第二节 空气调节与居住性

学习目标：能够正确叙述汽车空气调节性能要求以及汽车居住性要求。

空气调节性能与居住性是影响汽车舒适性的重要因素。如果空气调节性能不好，会引起乘员胸闷、晕车等不适感觉，造成驾驶员反应迟钝，影响行车安全；而如果居住性不好，会使乘员感到难以保持舒适的坐姿，使驾驶员感到操作不便，易疲劳等。

一、空气调节性能

汽车空气调节是指对车内空气质量进行调节，即不管车外的天气情况如何，将车内的温度、湿度和清洁度都保持在一定的舒适范围内。

1. 人体对温度的感觉

人体不断地产生和散发热量，当两者取得平衡而维持体温 36℃时人就会感到舒适，若散热过多，人会感觉“冷”；多余的热量不能及时散发，人会感到“热”。试验表明，人体对温度的感觉主要受环境温度、湿度和风速三方面因素的影响。

当环境温度一定时，若降低空气湿度，会使皮肤表面的汗加快蒸发，人便感觉到凉快。增大风速也有同样的效果。在 1m/s 的风速下，人会感觉比无风状态温度下降约1℃，若风速达到 3m/s，会觉得温度下降约 3℃。

2. 舒适的温度范围

人体感到舒适的环境温度随其工作内容、体质状况、性别、年龄和衣着等因素变化，还要受季节、昼夜等自然环境变化的影响。综合这些因素，冬季人体感到舒适的温度范围为 16～20℃，湿度为 55%～70%；夏季温度范围为 19～23℃，湿度 60%～75%。

3. 对空气清洁度的要求

车厢内空气的洁净程度对舒适性也产生重要影响。由于车厢内乘员所拥有的空间有限，人所吸入氧气的 80%变成二氧化碳排出，另外人体散发出的气味、燃油蒸汽、汽车废气、道路尘埃等，都会导致车内空气质量恶化，影响乘员健康。车内空气清洁度的指标是按照车厢内二氧化碳的浓度来评定的，一般允许车内的二氧化碳浓度为 0.5%，最好控制在 0.1%以下。

4. 空气调节

汽车空气调节系统主要实现三大功能：一是换气，将车外的新鲜空气引入车内，将车内气体排到车外，以保持车内二氧化碳浓度不超过规定值；二是调节温度和湿度，包括冬季的加温除湿，夏季的降温除湿，使车内保持适宜的温度和湿度；三是净化空气，除去车内存在的灰尘和难闻的气味，使空气得到净化。汽车空气调节系统由四大装置构成，即通风装置、暖气装置、冷气装置、空气净化装置。

换气是空气调节的最基本的功能。要保持每个乘员应有 0.3～0.5m^3/min 的换气量，使车内二氧化碳浓度在正常的范围内。要合理布置空气的出入口，提高换气质量和效率。汽车外部的空气入口设置在正压力大的部位，车内气体的出口设置在负压大的部位。轿车的进气口一般开在前挡风玻璃下的机罩上，排气口开在后排座位的车侧。在使用中应注意对空气进出口及通道进行清洁维护，以免堵塞而影响换气质量。

除了适宜的温度外，温度的分布情况对人体是否感到舒适也有很大的影响。冬季要求脚下左右部位的温差尽可能小；头部的温度比脚部低 2～5℃，即所谓“头寒足热”；前后座位温差要小，特别是后排座位脚部，应有充足的热风流通。夏季制冷时则要求尽可能保持上下身相同的温度。

不同类型的空调客车其空调功能有所不同，一般如表 7—1 所示。

表 7—1　　各类空调客车应具备的空调功能

车型 / 功能	高挡空调客车	标准空调客车	单空调客车	
			冷气客车	暖气客车
制冷	√	√	√	
采暖	√	√		√
通风换气	√	√	√	√
除霜	√	√		√
温度调节	√			
空气净化	√			
自动温控	√			
故障自动诊断	√			
安全警告（有害气体）	√	√		√

客车空调系统的性能可分为四级：A 级、B 级、C 级和 D 级。A 级要求最高，B 级、

C级和D级要求依次降低。

JT/T 216—2006《客车空调系统技术条件》对各种客车空调系统的技术条件做出了具体规定，如表7—2至表7—6所示。

表7—2　　冷气系统的工作性能要求

项目	基本条件		性能要求			
			A级	B级	C级	D级
额定乘员人均装机制冷量/(kJ/h)	设备额定制冷量，不小于		2 000	1 900		1 800
额定乘员人均送风量/(m^3/h)	设备额定送风量，不小于		80		60	40
车内外温差/℃	外界温度35℃，车速50km/h，行驶30min时，不小于		9	8	7	
供乘员使用的出风口风向，风速/(m/s)	—		可自由调节风向；出风口最大风速差不大于1；出风口最大风速不大于5			
车厢内温度分布/℃	前、中、后部走道上方1m高处最大温差，不大于		1	3		
	乘员头部、足部温差		头部低于足部2～5			
噪声（冷气装置和换气设备满足负荷工作）/dB	停车状态	车内辅助发动机或汽车发动机和压缩机处，不大于	68	70	72	74
		车顶回风口或换气设备处，不大于				
		车外辅助发动机或汽车发动机处，不大于	84			
	50km/h行驶车内噪声，不大于		70	72	74	75

表7—3　　采暖系统的工作性能要求

项目	基本条件	性能要求			
		A级	B级	C级	D级
额定乘员人均装机采暖量/（kJ/h）	设备标称放热量，不小于	2 000	1 900		1 800
额定乘员人均送风量/(m^3/h)	设备标称放热量，不小于	20		15	
独立式暖风装置供乘员使用的出风口分量、风速/(m/s)	所有出风口	风量均匀，风速不大于4			
车内温度/℃	外界温度－10℃，车速50km/h，距地板高度400mm处，30min内达到，不小于	18	15	12	
车内温度分布/℃	前、中、后部走道地板上方1m高处温差，不大于	1	3	5	
	乘员头部、足部温差	头部低于足部2～5			
车内工作噪声/dB	车辆停驶，仅采暖系统和通风装置工作，不大于	65		70	72

表 7—4　　车身保温性能要求

<table>
<tr><th colspan="2" rowspan="2">项目</th><th rowspan="2">基本条件</th><th colspan="4">性能要求</th></tr>
<tr><th>A级</th><th>B级</th><th>C级</th><th>D级</th></tr>
<tr><td rowspan="2">保温能力/min</td><td>夏季</td><td>车速 50km/h，空调关闭，车内温度由28℃上升到35℃的时间，不小于</td><td>18</td><td colspan="2">15</td><td>10</td></tr>
<tr><td>冬季</td><td>车速 50km/h，暖风关闭，车内温度由18℃（A级）、15℃（B级）、12℃（B级和C级）降到与外界温差1℃的时间，不小于</td><td>15</td><td>10</td><td colspan="2">8</td></tr>
<tr><td colspan="2">CO/(mg/m³)</td><td>空调工作</td><td colspan="4">不大于10</td></tr>
<tr><td colspan="2">CO_2/(mg/m³)</td><td>空调工作</td><td>不大于1.5</td><td colspan="3">不大于2.0</td></tr>
<tr><td colspan="2">粉尘/(mg/m³)</td><td>空调工作</td><td>不大于2.0</td><td colspan="3">不大于3.0</td></tr>
</table>

表 7—5　　通风换气装置工作性能和车内空气中有害气体与粉尘含量要求

<table>
<tr><th rowspan="2">项目</th><th rowspan="2">基本条件</th><th colspan="4">性能要求</th></tr>
<tr><th>A级</th><th>B级</th><th>C级</th><th>D级</th></tr>
<tr><td>额定乘员人均通风换气量/(m³/h)</td><td>最大装机通风换气量，不小于</td><td colspan="4">25</td></tr>
<tr><td>车内风速/(m/s)</td><td>通风换气设备满负荷工作，不大于</td><td colspan="4">0.5</td></tr>
<tr><td>通风换气装置处的车内噪声/dB</td><td>车辆停驶，仅通风换气设备满负荷工作，不大于</td><td colspan="4">65</td></tr>
<tr><td>CO/(mg/m³)</td><td>空调工作，不大于</td><td colspan="4">10</td></tr>
<tr><td>CO_2/(%)</td><td>空调工作，不大于</td><td colspan="2">0.1</td><td colspan="2">0.15</td></tr>
<tr><td>粉尘/(mg/m³)</td><td>空调工作，不大于</td><td colspan="2">2.0</td><td colspan="2">3.0</td></tr>
</table>

表 7—6　　除霜（雾）系统性能要求

<table>
<tr><th rowspan="2">项目</th><th rowspan="2">基本条件</th><th colspan="2">刮水器刮水片运动覆盖区域性能要求</th></tr>
<tr><th>驾驶员一侧</th><th>非驾驶员一侧</th></tr>
<tr><td rowspan="3">除霜面积（%）</td><td>试验开始后 20min 时，不小于</td><td>80</td><td></td></tr>
<tr><td>试验开始后 25min 时，不小于</td><td></td><td>80</td></tr>
<tr><td>试验开始后 40min 时，不小于</td><td colspan="2">95</td></tr>
<tr><td>除霜口风速/(m/s)</td><td>除霜装置（采暖系统）满负荷工作</td><td colspan="2">5～8</td></tr>
<tr><td>除霜装置工作噪声/dB</td><td>车辆停驶，仅除霜装置（采暖系统）满负荷工作，驾驶员头部位置，不大于</td><td colspan="2">65</td></tr>
</table>

二、居住性

汽车的居住性主要是指合理分配车内空间，使其适应各种人体特征的要求，使驾驶员和乘员经过长时间行驶而不感到疲劳。

1. 乘员的居住性

要使乘员长时间乘坐而不感到疲劳，就必须给乘员提供能够随意选择乘坐姿势的宽敞车内空间和舒适可靠的坐椅。

由于汽车的外形尺寸有限，要给乘员提供宽敞的车内空间，一方面要在有限的外形尺寸内，制造出必要的居住空间；另一方面是要合理安排居住空间的形状，以更有效地发挥有限居住空间的功效。

车室内容积的确定，应考虑人体尺寸的参差不齐。以被测对象的尾椎点为基准，首先考虑适于各种情况下的坐姿以及供身体转动的足够空间，还要考虑不致因振动而令乘客触及车内装备件而受伤等，由这些因素决定车室空间的长、宽、高度尺寸。在汽车横截面积不变的情况下，采用发动机前置前轮驱动以及减少轮胎装置空间等可以扩大室内有效空间；采用曲面玻璃可以扩大乘员肩部空间。

要使坐椅舒适可靠，首先是坐椅的长、宽、高基本尺寸与人体相适应，能按照乘员的体型进行尺寸调整。对于大量生产的汽车，一般能做到的是坐椅靠背的倾角可在一定范围内调整（一般为3°～8°）。长途客车的坐椅靠背要求可以倾斜到25°以上，以便乘客休息。坐椅背的结构采用头枕式，可以提高其舒适性。要进一步提高坐椅的舒适性，还需对坐椅的振动特性进行测试，使其共振频率避开人体和悬架的共振频率。

另外，坐椅蒙皮的触感，室内装饰的色彩、乘员的视野等也影响其居住性。

2. 驾驶员的居住性

要使驾驶员长时间驾驶而不感到过分疲劳，除上述因素之外，还应满足下列条件：

（1）各类操纵机构布置应合理，便于操作。

（2）各类操纵机构的操作力要适度。

（3）驾驶员坐椅高度、前后位置能适度调整，以便使驾驶员能获得与各操纵机构相协调的位置和舒适的坐姿。

（4）良好的视野，以便于获取道路状况、各种信号标志和周围汽车情况等必需的外部信息。

（5）易于辨认的仪表和警示灯等，以便及时获取汽车各装置工作状况和行驶状况的信息等。

第三节 车轮动平衡的检测

学习目标：能够用车轮动平衡仪检测车轮的动平衡。

学习方法：学生分组在实训室由实训指导教师指导完成。

随着高速公路和城市立交系统的发展，过去被道路因素所制约的汽车高速能力得到了充分的发挥，但在运输效率和交通秩序得到相应改善的同时，长期掩盖在低速行驶工况下的一些机构装置的隐患也逐渐暴露出来。车轮不平衡就是其中之一。不平衡的车轮不仅加剧轮胎的磨损，而且也必然殃及转向系、行驶系和传动系，同时也是全车振动的激振源。车轮的平衡与否和汽车的平顺性、操纵性、安全性息息相关。

一、车轮的不平衡

汽车车轮是高速旋转的元件，如其质心与旋转中心不重合，则会产生静不平衡。静不平衡时，不平衡质量会在车轮旋转时产生离心力，因此静不平衡时会导致动不平衡。离心力的大小与不平衡质量、不平衡点与车轮旋转中心之间的距离和车轮转速有关。其大小可用下式表示：

$$F = mr\omega^2 = mr\ (2\pi n)^2$$

式中：F ——离心力；

m ——车轮质量；

r ——车轮质心离旋转中心的距离；

ω ——车轮旋转角速度；

n ——车轮转速。

从上式可以看出，离心力 F 的大小与车轮转速的平方成正比。因此车轮在高速旋转时产生的离心力是很危险的。

由于车轮具有一定的宽度，当车轮质量分布相对于车轮纵向中心面不对称时，会造成车轮的动不平衡，如图 7—2 所示。车轮动不平衡时，虽然不平衡质量产生的离心力可以相互抵消，但力矩 M 不为零，造成附加载荷。

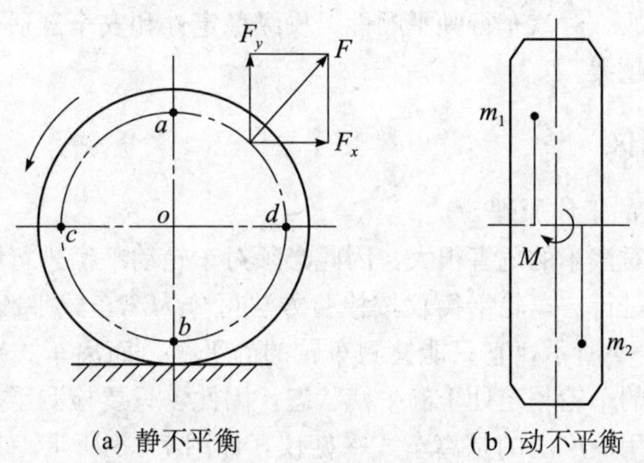

(a) 静不平衡　　(b) 动不平衡

图 7—2　车轮的不平衡

二、车轮不平衡的影响因素

(1) 质心分布不均匀，如轮胎产品质量欠佳，翻新胎、补胎、胎面磨损不均匀以及在内外胎之间垫带位置不对等。

(2) 轮辋、制动鼓变形。

(3) 轮毂与轮辋加工质量不佳，如中心不准、轮胎螺栓孔分布不均、螺栓质量不佳等。

(4) 安装位置不正确，如内胎充气嘴位置不符合安装要求等。

三、车轮动不平衡的危害

不平衡质量在高速旋转时所形成的离心力 F 在水平方向的分力 F_h 将牵动转向轮左右摆动，影响汽车操纵的稳定性，甚至诱发汽车摇头或方向盘抖动，如图 7—3 所示。

不平衡质量在高速旋转时所形成的离心力 F 在垂直方向的分 F_V 是激发车身角振动的主要干扰力，不仅会激发强烈振动和噪声，而且由于车轮的跳振而加剧轮胎的不均匀磨损。

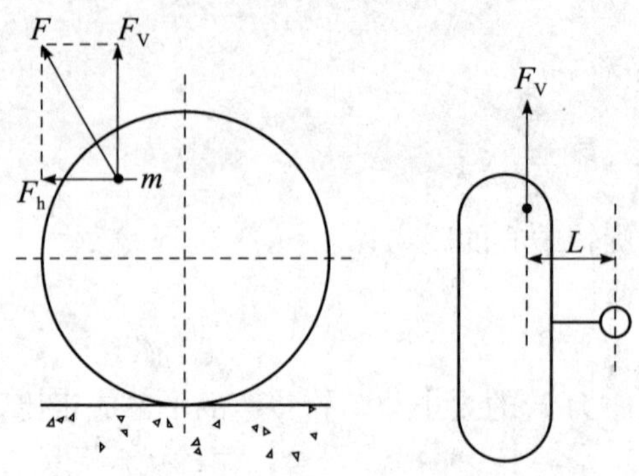

图 7—3　车轮不平衡的危害

综上所述，车轮的不平衡，在汽车高速行驶时引起车轮的上下振动和左右摆动，不仅影响汽车的行驶平顺性，还使驾驶员难以控制汽车行驶方向，并降低零部件的使用寿命，甚至酿成重大交通事故。对汽车行驶平顺性、操纵稳定性和安全舒适性要求越高，车轮的不平衡对其影响也就越大。

四、车轮动平衡仪

1. 车轮动平衡仪的工作原理

由于车轮不平衡对汽车的危害很大，因此必须对车轮动平衡进行检验和矫正。这项工作在车轮动平衡仪上进行。车轮平衡仪按检验方法可分为离车式平衡仪和就车式平衡仪。就车式平衡仪如图 7—4 所示，它只能检测车轮的静平衡，而离车式平衡仪能检测车轮的动平衡。由于动平衡的车轮一定处于静平衡状态，因此，只要检测了动平衡，就没有必要检测静平衡。目前应用最广泛的是离车式平衡仪，如图 7—5 所示。其转轴由刚性元件支承，检验时通过直接测量车轮不平衡重点所产生的离心力来确定车轮左右两侧的不平衡重点的质量和相位，故又可称为两面测定式平衡仪。

离车式平衡仪的检验原理如图 7—6 所示。

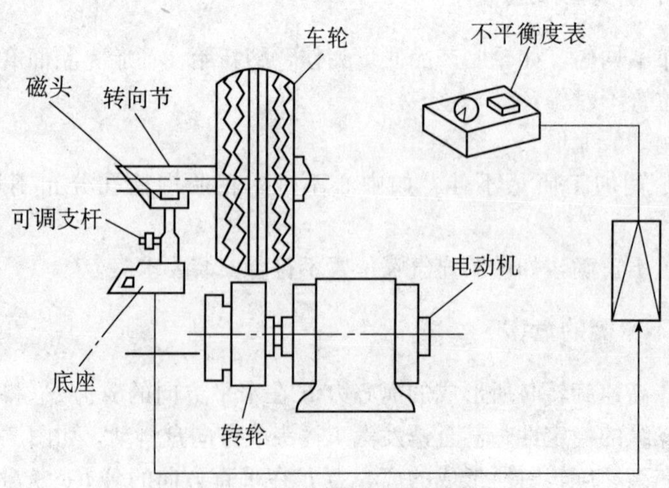

图 7—4　就车式车轮平衡仪

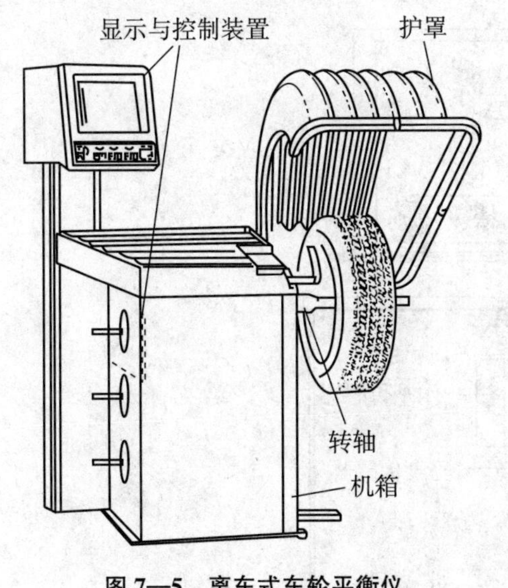

图 7—5　离车式车轮平衡仪

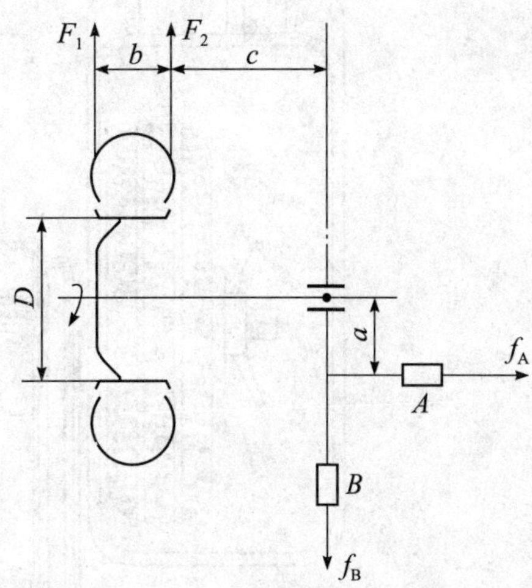

图 7—6　动平衡检验原理图

将轮胎视为一个有限宽度 b 的回转体，并假设不平衡质量 m 分别为 m_1 和 m_2 两部分，集中在轮辋边缘处，该两平面称为校正面，旋转时形成两个离心力，图中 F_1 和 F_2 为这两个离心力在传感器平面的投影，当 $F_1 \neq F_2$ 或 $F_1 = F_2$，但两者相位不同时，不仅形成不平衡力，还要形成不平衡力矩。因而动平衡仪必须设置两个相互垂直的传感器 A 和 B，以采集支反力 f_A 和 f_B，建立系统的动静力学平衡方程式，以求取 F_1 和 F_2，从而计算不平衡质量 m_1 和 m_2。

$$f_B = F_1 + F_2$$

$$f_A \cdot a = F_1 \cdot (b+c) + F_2 \cdot c$$

从上面的式子中可以求出 F_1 和 F_2。式中支反力 f_A 和 f_B 由传感器 A 和 B 测得，a 为平衡仪的结构参数。使用者只要将被检测车轮的轮辋宽度 b 和直径 D 以及在平衡仪上安装尺寸 c（由平衡仪制造厂家随机提供的专用工具测得）键入解算电路，平衡仪运算出离心力 F_1 和 F_2，再依据 $F = mr\omega^2$（$r = D/2$）计算出不平衡质量 m_1 和 m_2。

2. 车轮动平衡仪的结构

车轮动平衡仪按其主轴布置形式分为卧式平衡仪（图 7—7）和立式平衡仪（图7—8）。卧式平衡仪最大的优点是被测车轮装卸方便，机械结构和传感装置也较简单，造价也较低廉，因此深受修理保养厂家欢迎，同时也是制造厂家的首选机型。但因车轮在悬臂较长的主轴上形成很大的静态力矩，影响传感系统的初始设定状态，尤其是垂直传感器 B 的预紧状态，长时间使用后精度难以保证，零飘也较大，但其平衡精度仍然能满足一般营运车辆的要求，其灵敏度能达到 10g。

立式车轮平衡仪虽然装卸车轮不如卧式平衡仪方便，但其车轮重力直压在主轴中心线上，不但不形成强大的力矩，垂直传感器受到的静载荷反而比车轮重力还小。如图 7—8 所示，应变件是一块与工作台面同大的方形应变板，水平传感器设计成左右各一个，比卧式平衡仪的单个水平传感器的力学结构要稳定的多。方形应变板上开有多个空槽以减小应变板的刚性，从而大大地提高了传感系统的灵敏度。因此立式平衡仪的精度极高，灵敏度可达到 3g，且具有良好的重复性和稳定性。

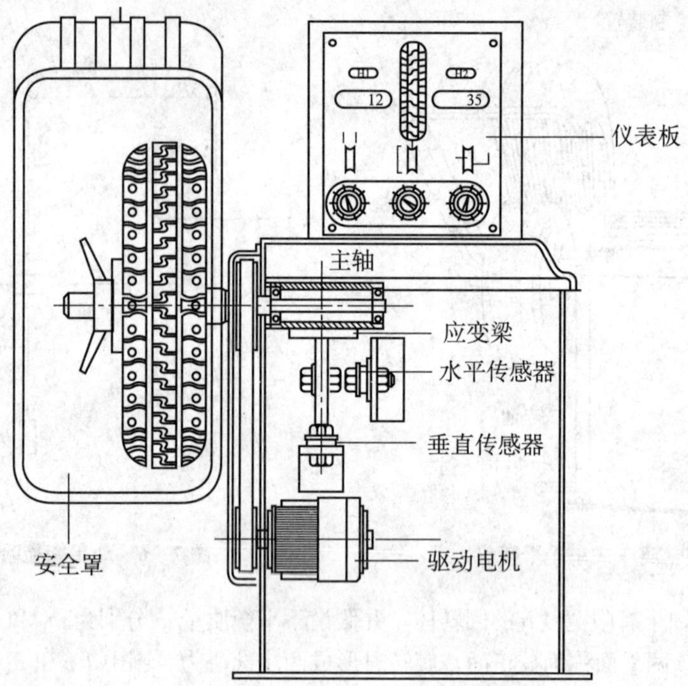

图 7—7　卧式平衡仪

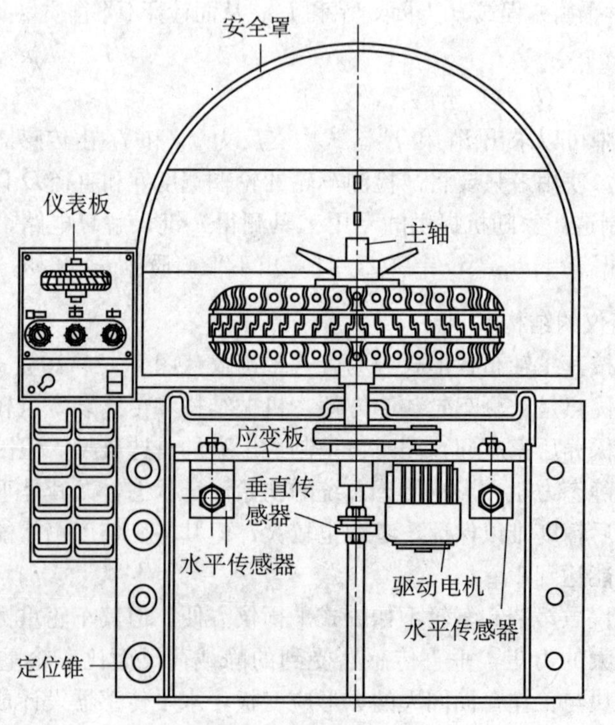

图 7—8　立式平衡仪

车轮平衡仪的参数显示和操作系统采用 CRT 显示，或用发光二极管显示，其外形结构差异很大，但其基本操作内容大同小异。前者显示形象美观，并有屏幕提示便于操作，但造价较高；后者结构简单，工作可靠，参数调整方便，成本低廉。

五、车轮动平衡的检测

1. 车轮动平衡的检测

（1）检查和清洁车轮动平衡仪与待检测车轮，接通电源。

（2）将车轮拆离车桥装于车轮动平衡仪主轴上，车轮由专用的定位椎体和紧固件安装就绪后，放下安全罩。

（3）将被测车轮的轮辋直径和轮辋宽度以及安装尺寸输入电测电路。

（4）按下启动按钮即可启动电机实施平衡，待转数周期累计足够时，平衡仪即会自动显示轮胎两侧的不平衡质量 m_1 和 m_2 及其相位。

（5）按下停止按钮，待车轮完全停止后打开安全罩。

（6）用手转动车轮，这时发光二极管即会随车轮的转动而上下（或左右）跳闪，将上排光点调至中点。

（7）在车轮的轮辋上平面正对边缘（操作者方向）处加装平衡重 m_1，显示的平衡重见图 7—9，用同样的方法加装平衡重 m_2。

（8）加装完毕后进行第二次试验，观察剩余不平衡量是否满足法规要求。具体的操作步骤各机型略有差异，使用者应按所用机型的使用说明书进行操作。

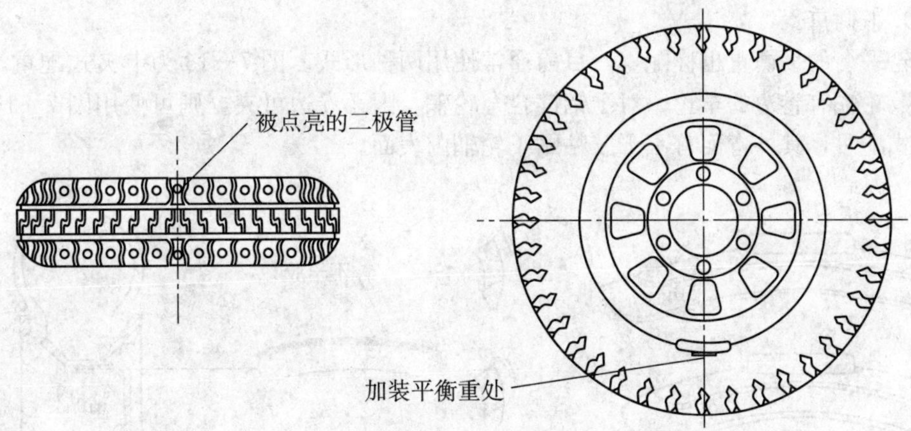

图 7—9　装平衡重处

2. 定位椎体和平衡重

（1）定位椎体。

车轮在平衡仪上的定位至关重要。为了确保不同型式和不同规格的车轮的中心都能与主轴中心严格重合，所以离心式车轮平衡仪均配有数个大小不等的定位椎体，如图 7—10 所示。椎体内孔与主轴高精度配套，外锥面与轮辋中心孔紧密接合，并有专用快速蝶形压紧螺母压紧于主轴定位平台上，如图 7—11 所示。注意车轮的外侧向下（立式平衡仪）或向内（卧式平衡仪）。

为了方便用户，离心式平衡仪都随机配备一个专用卡尺，如图 7—12，以供用户测量

轮辋直径 D 和轮辋厚度 B，因为轮辋宽度用直尺是难以测量的。平衡仪上的所有标尺一般都同时标有英制和公制刻度。

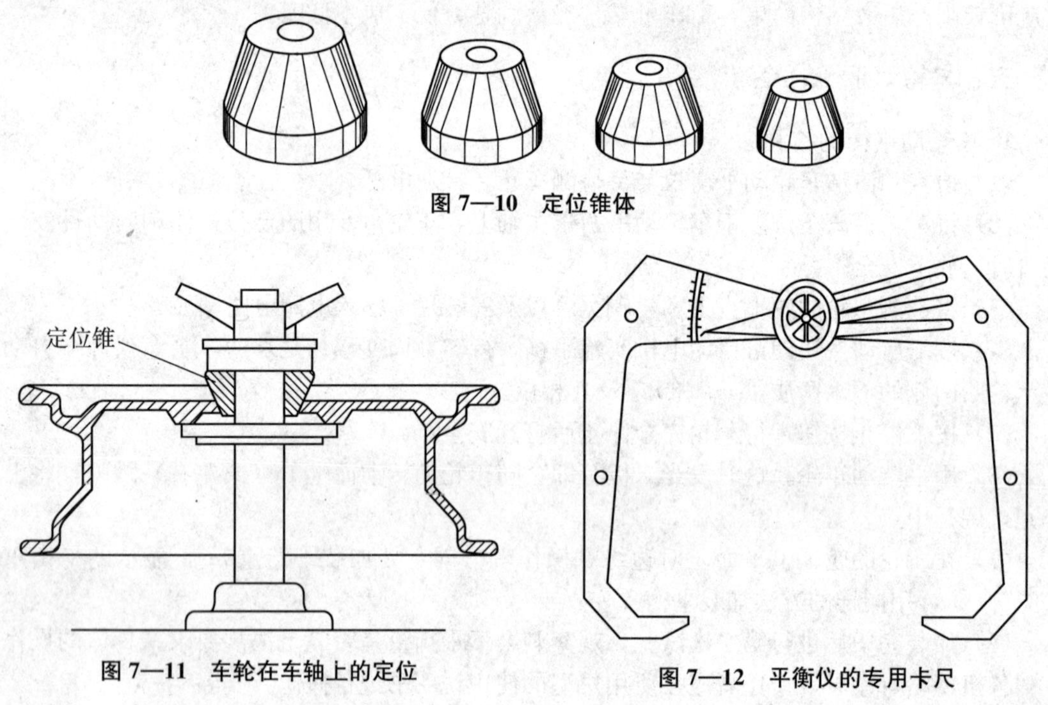

图 7—10　定位锥体

图 7—11　车轮在车轴上的定位

图 7—12　平衡仪的专用卡尺

（2）平衡重。

车轮平衡的平衡重也称配重，目前通常使用两种形式。图 7—13 为卡夹式配重，它用于大多数轮辋有卷边的车轮；对于铝镁合金轮辋，因无卷边可夹，则可使用图 7—14 所示的粘贴式配重，其外弯面有不干胶粘贴于轮辋内表面。

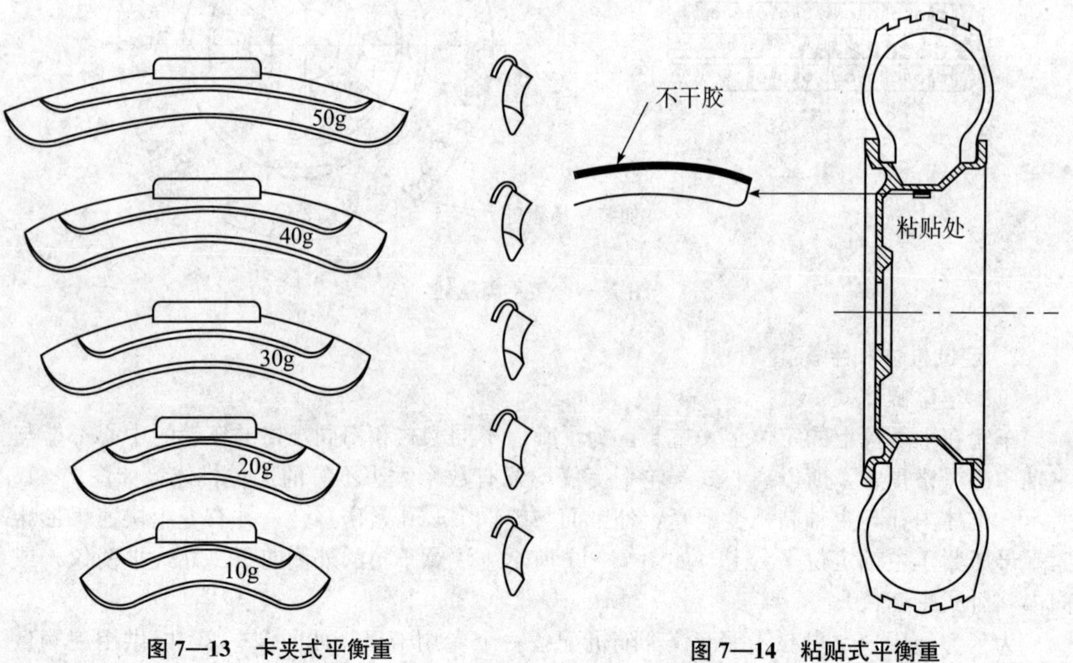

图 7—13　卡夹式平衡重

图 7—14　粘贴式平衡重

标准的配重有两种系列。一种系列以昂斯（OZ）为基础单位，分 9 挡，最小为 14.2g（0.5OZ），最大为 170.1g（6OZ），间隔为 14.2g（0.5OZ）。另一种以克（g）为基础单位，分 14 挡，最小为 5g，最大为 80g，60g 以上以 10g 分为一挡。

3. 车轮平衡仪的测试

车轮平衡仪的机械系统比较简单，但其主轴的固定部分有应变装置和压电晶体等非电量的电测系统，其应变常数和预紧力等在出厂时已调试就绪，因而用户不得对主轴进行任何拆卸与调整。事实上车轮平衡仪内，尤其是微处理系统并没有供用户调整和维修的部件。

用户可按以下两种简易方法对新平衡仪进行验收或对失准的车轮平衡仪进行测试：第一种方法将车轮平衡仪不装车轮空机开动，观看仪表板显示的不平衡量值和相位是否为零，此法可初步检验平衡主轴系统包括主轴、定位锥和快速压紧螺母自身是否平衡，必要时可以找一新车轮并在高一级精度的通用平衡仪上平衡后来检测车轮平衡仪的平衡结果。第二种方法是将上述平衡良好的车轮在已知相位上装上已知量值的配重，然后测试该车轮平衡仪的显示值是否与已知值吻合，如果该差值超过标准只能由供货厂家进行保修。

4. 注意事项

（1）离车式平衡仪的主轴固定装置有精密的位移传感器和易碎裂的压电晶体传感器，因此严禁冲击和敲打主轴或传感器支架。

（2）在检修平衡仪时，传感器的固定螺栓不得任意松动。因为这一螺栓不是一般的紧固件，由它向传感晶体提供必要的预紧力，当这一预紧力发生变化时，计算过程将完全失准。

（3）商业系统供给的配重最小间隔为 5g，因此过分苛求车轮平衡仪的精度和灵敏度并无太大的实际意义。特殊情况下，如高速小客车和赛车，则可使用特制的平衡重块。

（4）必须明确平衡仪的机械系统和电算电路都是针对正常使用条件下平衡失准或轻微受损但仍能使用的车轮而设计的，对因交通事故而严重变形的轮辋或胎面大面积剥离的车轮是不能进行平衡作业的。因为，一方面不平衡量过大的车轮旋转时离心力可能损伤平衡仪的传感系统，而且超值的不平衡力可能溢出电算范围而使设备自动拒绝工作。

（5）当不平衡量超过最大配重时，可用两个以上配重并列使用。但这时要注意因多个配重占用较大的扇面会使其有效质量低于实际质量，因为扇面的边缘的质量所处半径 R_2 小于计算半径 R_1，如图 7—15 所示。这种情况不仅影响该面的平衡力，而且还波及左右两面的力矩值（即动平衡量）。因此，在使用多个平衡重时须慎重处理。

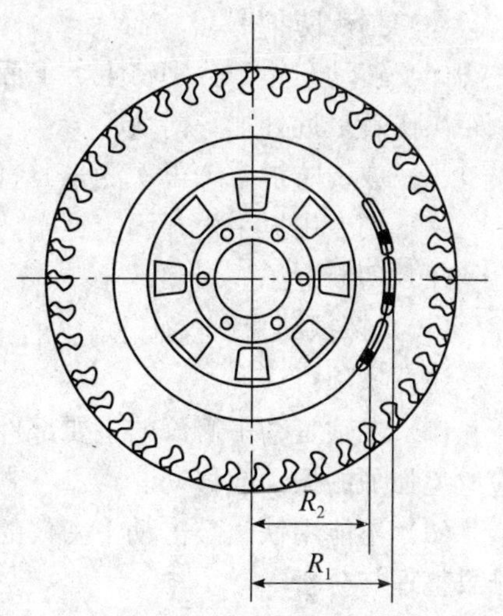

图 7—15　多个平衡重的并用

学习测试

学习测试 1：什么是汽车的舒适性？主要包括哪些方面？

学习测试 2：什么是车轮的静平衡？什么是车轮的动平衡？有何区别？

学习测试 3：车轮的不平衡有何危害？

学习测试 4：如何改善汽车行驶平顺性？

学习测试 5：简述就车式车轮平衡仪的工作原理。

工作单 1

姓名＿＿＿＿＿＿＿＿ 日期＿＿＿＿＿＿＿＿＿＿＿＿＿＿＿＿

车轮动平衡校验方法

完成此工作单后，你将应该能够了解车轮动平衡仪的工作原理、结构及其特点，掌握车轮动平衡仪的使用方法。

工具和材料

车轮动平衡仪及其使用说明书

实训用车轮

实训用车轮的描述

所配汽车的型号：＿＿＿＿＿＿＿＿＿＿ 轮胎型号：＿＿＿＿＿＿＿＿＿＿

步骤

（1）用锥套、弹簧将车轮压紧在主轴上，用专用扳手拧紧固定螺帽。

（2）放下防护罩，用测量尺测出车轮轮辋离防护罩上沿的尺寸“H”。

（3）根据轮辋宽度 B、轮辋直径 D 和 H 三值，分别将旋钮选择器置于正确位置。

（4）按启动按钮，动平衡仪自动制动后，车轮上、下面的不平衡质量和位置分别显示出来。

（5）抬起防护罩。

（6）转动车轮，分别将上、下面不平衡质量位置调整至中心位置，然后分别在车轮轮辋距操作者最近处加平衡块。

（7）放下防护罩，再次测量，直至指示灯显示合格标志时，车轮即达到动平衡要求。

（8）用专用扳手松开固定螺帽，取下车轮。

（9）切断电源。

（10）擦拭动平衡仪。

注意事项：

（1）主轴是动平衡仪的主要部件，因此检测时，无论是主轴，还是动平衡仪本身，都应避免强烈的振动或移动。

（2）不能用铁锤敲击动平衡仪的任何部件。

结果整理与分析

（1）将实验数据填入实训报告内。

（2）根据公式计算车轮的不平衡质量所产生的离心力：

$$F = M \cdot e \cdot \omega^2$$

式中：M——不平衡质量，kg；

e ——车轮轮辋半径，m；

ω ——车轮动平衡仪主轴角速度，rad/s。

试分析车轮动平衡产生的主要原因：＿＿。

车轮动平衡实训报告

实训记录＿＿。

实训结果分析＿＿。

指导老师评语

＿＿。

车轮动平衡检测考核评分表

时间：＿30min＿　　班级：＿＿＿＿＿　　考生姓名：＿＿＿＿＿

序号	考核内容	配分	评分标准	扣分	得分
1	正确选择并使用工具	10	工具，仪器选择使用不当一次扣 3 分		
2	检测前的准备	10	仪器、车轮检查及准备。10 分		
3	检测过程和方法	50	按照操作规程进行检测。50 分		
4	测量结果的处理和分析	10	根据测量结果分析判断车轮的动平衡和调整情况。10 分		
5	整理工具，清理现场	10	每缺一项扣 3 分		
6	安全文明生产	10	因违规操作，发生重大人身和设备事故，记 0 分		
7	按时完成		每超时一分钟扣 3 分，超时 3 分钟结束考核		
8	分数合计				

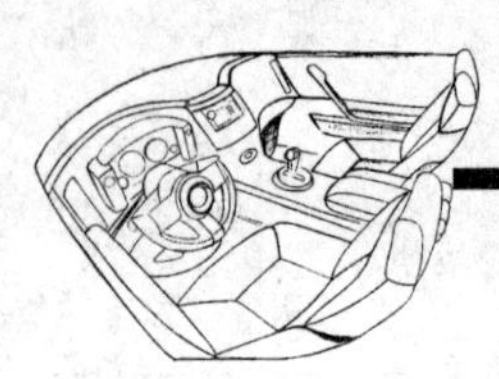

第八章

汽车的通过性

引言

汽车的通过性又称越野性，是指汽车能够以足够高的平均车速通过坏路和无路地带（如松软的土壤、沙漠、雪地、沼泽地等），坎坷不平地带以及克服各种障碍（如陡坡、侧坡、台阶、壕沟等）的能力。

汽车的通过性主要取决于汽车的几何参数以及汽车的支承与牵引参数，同时也与汽车的动力性、平顺性、驾驶视野能力等密切相关。汽车的通过性不仅影响汽车的运输生产率，而且直接决定着汽车能否开展运输工作。

第一节 汽车通过性的几何参数

学习目标：能够正确叙述汽车通过性几何参数的项目以及各几何参数的含义。

一、间隙失效

汽车通过性几何参数代表了汽车通过坎坷不平地带和克服各种障碍的能力。由于汽车与不规则地面之间的间隙不足，被地面托住而无法通过的现象，称为间隙失效。

间隙失效主要有顶起失效、触头失效和托尾失效。

顶起失效，是指汽车中间底部的零件碰到地面而被顶住的失效形式。

触头失效，是指汽车前端触及地面而使汽车不能通过的失效形式。

托尾失效，是指汽车后端触及地面而使汽车不能通过的失效形式。

二、汽车通过性的几何参数

与间隙失效有关的汽车整车几何尺寸，称为汽车通过性的几何参数。这些参数主要包括最小离地间隙 h、纵向通过角 β、接近角 γ_1、离去角 γ_2、车轮半径 r、最小转弯直径 d_{min} 和最大通道宽度等，如图 8—1 所示。

1. 最小离地间隙 h

最小离地间隙 h 是指汽车在满载、静止时，除车轮外的最低点与支承平面之间的距离。它反映了汽车无碰撞地通过地面凸起物的能力。

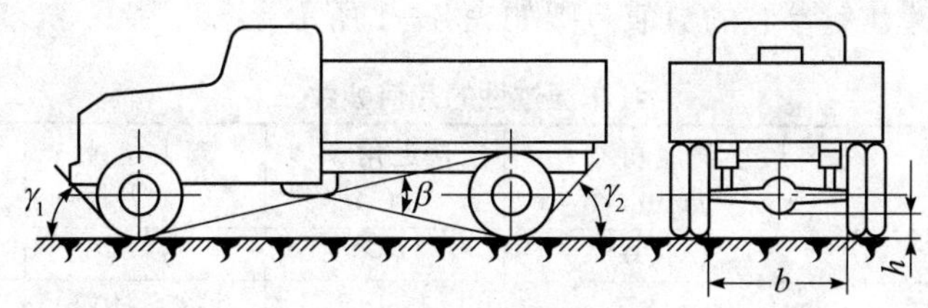

图 8—1　汽车的通过性参数

h—最小离地间隙；b—两侧轮胎内缘间距；γ_1—接近角；γ_2—离去角；β—纵向通过角

2. 纵向通过角 β

纵向通过角 β 是指汽车在满载、静止时，分别通过前、后轮外缘作垂直于汽车纵向对称平面的切平面，当两切平面交于车底下部较低部位时所夹的最小锐角。它表征了汽车能够无碰撞地通过小丘、拱桥等障碍物的轮廓尺寸。纵向通过角 β 越大，顶起失效的可能性越小，汽车的通过性越好。

3. 接近角 γ_1 和离去角 γ_2

接近角 γ_1 和离去角 γ_2 是指汽车在满载、静止时，其前、后端突出点分别向前、后轮引切线时，切线与支承面之间的夹角。它反映了汽车接近或离开障碍物时，不发生碰撞的能力。接近角 γ_1 越大，越不易发生触头失效；离去角 γ_2 越大越不易发生托尾失效。

4. 最小转弯直径 d_{min} 和最大通道宽度

最小转弯直径 d_{min} 是指当方向盘转到最大极限位置，汽车以最低稳定车速转向行驶时，外侧转向轮的中心平面在支承平面上滚过的轨迹圆直径。最小转弯直径 d_{min} 表征了汽车能够通过狭窄弯曲地带或绕过不可越过的障碍物的能力。其值越小，汽车的通过性越好。

最大通道宽度是指汽车最远点的最小转弯直径，与最近点的最小转弯直径之差的一半。其值越小，汽车的通过性越好。

5. 车轮半径 r

汽车克服垂直障碍物如台阶、壕沟等的能力与车轮半径 r 有关，同时还与路面的附着力和障碍物的性质有关。对于后轮驱动汽车，能克服的垂直障碍物的最大高度 $H\approx 2r/3$，如图 8—2(a) 所示；对应双轴驱动汽车为 $H\approx r$，如图 8—2(b) 所示。若壕沟边缘足够结实，单轴驱动汽车所能越过的壕沟最大宽度 $B\approx r$；对应双轴驱动汽车为 $B\approx 1.2r$，如图 8—2(c)。因此车轮半径越大，汽车翻越台阶和壕沟的通过性就越好。

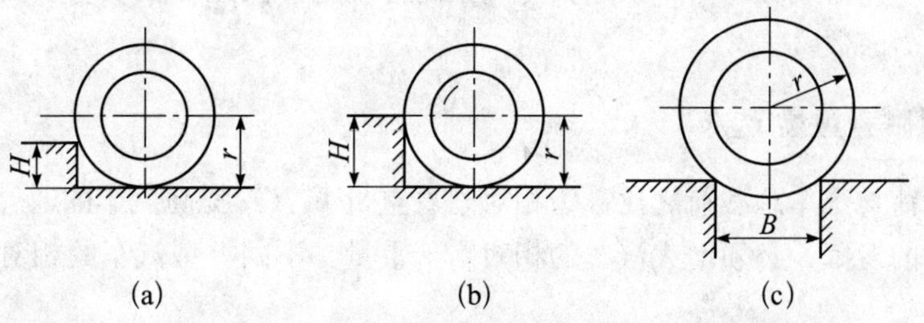

图 8—2　车轮半径与汽车越过台阶、壕沟的能力

现代汽车通过性几何参数的数值范围如表 8—1 所示。

表 8—1　　汽车通过性的几何参数

汽车类型	最小离地间隙 h /mm	接近角 γ_1 /(°)	离去角 γ_2 /(°)	最小转弯直径 d_{min} /m
4×2 轿车	120～200	20～30	15～22	7～13
4×4 轿车、越野汽车	210～370	45～50	35～40	10～15
4×2 货车	250～300	25～60	25～45	8～14
4×4、6×6 货车	260～350	45～60	35～45	11～21
6×4、4×2 客车	220～370	10～40	6～20	14～22

第二节　汽车通过性的支承与牵引参数

学习目标： 能够正确叙述汽车通过性的支承与牵引参数的类型以及各参数的含义。

汽车的通过性不仅和它的几何参数有关，而且和支承与牵引参数也密切相关。主要的支承与牵引参数有：车轮对支承面的压力、最大动力因数、相对附着重量。

一、车轮对支承面的压力 p

车轮对支承面的压力 p（kPa）是指作用在车轮上的径向载荷与轮胎接地面积的比值。即

$$p=\frac{W}{1\,000A}$$

式中：W——作用在车轮上的径向载荷，N；

A——车轮与支承面的接触面积，m^2。

汽车在松软路面上行驶时，为提高通过性，可适当减小轮胎气压，增加接触面积，使车轮对地面的单位压力降低，减小轮辙深度，降低汽车的行驶阻力；同时可使路面附着系数增大，提高附着能力。

二、最大动力因数 D_{max}

最大动力因数 D_{max} 表征了汽车的最大爬坡能力和克服道路阻力的能力。汽车在坏路或无路地带行驶时，行驶阻力很大，为保证汽车具有良好的通过性，除了采取减小行驶阻力、降低额定载荷等措施外，还必须提高驱动力或动力因数。因此，越野汽车的传动系中大多增设了副变速器或分动器，以增大传动系的传动比，保证在驱动轮上获得足够大的驱动力，增大动力因数。

三、相对附着重量 F_z/G

驱动轮载荷与汽车总载荷之比称为相对附着重量 F_z/G。提高汽车的通过性，使驱动力得到最大限度的发挥，必须增大汽车的相对附着重量。不同类型汽车的相对附着重量如表 8—2 所示。

表 8—2　　不同类型汽车的相对附着重量

汽车类型	相对附着重量
4×2 轿车	0.45～0.50
4×2、6×4 货车	0.65～0.75
4×4、6×6 货车（或越野汽车）	1.0

全轮驱动汽车的相对附着重量达到最大值，在附着系数较小的路面上，也能发挥较大的驱动力，以提高其通过性。

第三节　影响汽车通过性的主要因素

学习目标：能够正确叙述影响汽车通过性的主要因素。

影响汽车通过性的因素主要有结构因素和使用因素。

一、结构因素

1. 发动机的动力性

汽车通过坏路或无路地带时，要克服较大的行驶阻力，必须提高汽车的输出功率及输出扭矩，为汽车的通过性提供动力保证。

2. 传动系的传动比

增加传动系传动比，可以获得较大的驱动轮输出转矩，因此越野汽车均设有副变速器或分动器。另外增大传动系传动比，还可以降低最低稳定车速，减小车轮对松软路面的土壤剪切破坏，减小车轮的滑转倾向，提高汽车通过坏路或无路地带的能力。

3. 液力传动

装有液力变矩器或液力耦合器的汽车，起步时转矩增加平缓，避免了对路面的冲击。同时，不换挡也能提高转矩，能够提高汽车的通过性。

4. 差速器

为保证汽车转弯时各驱动轮能以不同的角度旋转，在传动系内装有差速器。但普通差速器具有在驱动轮间平均分配转矩的特性，当一侧驱动轮陷入泥泞或冰雪轮面上出现滑转时，则另一侧的驱动轮也只能产生同样小的驱动力，而使总驱动力降低不能克服行驶阻力。为此，采用高摩擦式差速器，可以使转速较慢的驱动轮获得较大的驱动力，从而使总驱动力增加，有利于提高汽车的通过性。

在有些车上装有差速锁，必要时能将差速器锁止，使两侧驱动轮的驱动力按各自的附着力来分配，更进一步提高了汽车的通过性。现代汽车上，有的还安装有电子差速装置（EDS）或驱动防滑装置（ASR），可以根据两侧驱动轮的转速信号调节车轮驱动力，从而提高了汽车的通过性和操纵稳定性。

5. 前后轮距

汽车在松软路面上行驶时，若前后轮距相等，并有相同的轮胎宽度，则行驶时，前后轮辙重合，后轮就可以沿着前轮压实的轮辙行驶，从而使汽车的行驶阻力减小，提高汽车的通过性，如图 8—3（a）所示。反之，汽车的前后轮距不等，行驶中后轮需要重新压出轮辙，会使汽车的行驶阻力增大，降低汽车的通过性，见图 8—3（b）。因此，为了提高汽车的通过性，越野汽车普遍采用单轮胎、等轮距布置。

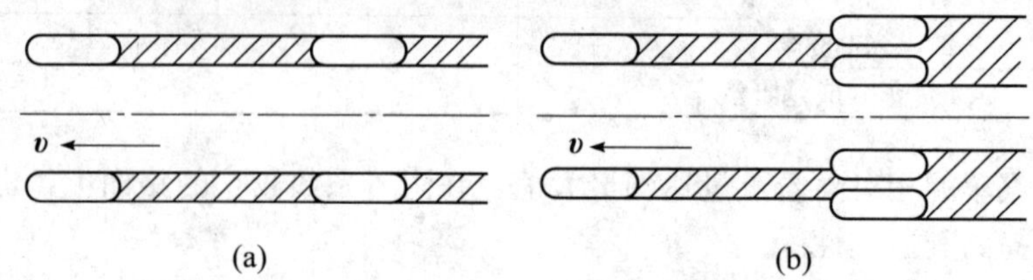

图 8—3　汽车的前后轮辙图

6. 驱动轮数目

增加驱动轮数目，可以提高相对附着重量，获得较大的驱动力，也可以使汽车前轮越过台阶和壕沟的能力显著提高。越野汽车均采用全轮驱动。

7. 车轮尺寸

车轮的直径和断面宽度均影响了汽车的通过性。较大的车轮直径和轮胎断面宽度可使车轮对支承面的压力降低。较大的车轮直径可以使汽车的越障能力提高。但是直径过大的轮胎会使其惯性增大，使汽车的重心升高，轮胎成本增加，并要求采用传动系的传动比更大。因此，大直径车轮在汽车上没有得到广泛应用。

采用断面宽度较大的轮胎，除了能降低车轮对支承面的压力外，还能允许胎体有较大的变形，增大与地面的接触面积。这样，既不降低轮胎的使用寿命，又能提高汽车的通过性。因此，在现代越野汽车上越来越广泛采用断面较宽的低压或超低压轮胎。

8. 涉水能力

汽车的蓄电池、点火系、空气滤清器、机油尺口等处的防水密封性能越好，则汽车的越野涉水能力越强，其通过性就越好。

二、使用因素

1. 轮胎气压

汽车在松软路面上行驶时，适当降低轮胎气压，可以使轮胎与地面间的接触面积增大，可使车轮对支承面的压力降低，从而使轮胎在松软路面的沉降量减小，行驶阻力减小，同时附着系数增大，进而提高了汽车的通过性。但过低的轮胎气压，则会造成轮胎变形的能量损失增大，行驶阻力增大，同时也降低轮胎的使用寿命。

汽车在坚硬路面上行驶时，由于滚动阻力主要取决于轮胎的变形，因此为减小汽车的行驶阻力，应适当提高轮胎的气压。

现代越野汽车为了在松软路面上具有良好的通过性，而且在坚硬路面上行驶时，又不致有过大的滚动阻力和影响轮胎寿命，多在汽车上安装轮胎中央充气系统，以使驾驶员能够根据道路情况随时调节轮胎气压。

2. 轮胎花纹

轮胎花纹对附着系数有很大影响。根据不同行驶条件正确地选用轮胎花纹，可以提高汽车的通过性。轿车主要在硬路面上行驶，应采用细而浅的轮胎花纹；越野汽车则采用宽而深的花纹。当汽车行驶在湿滑路面上时，由于只有花纹的凸起部分与地面接触，故而轮胎对地面有较高的单位压力，有利于挤出水分，提高附着系数；汽车在松软路面上行驶时，轮胎下陷，轮胎花纹嵌入土壤，轮胎与地面的接触面积及土壤剪切面积均增加，从而提高了附着系数。

在表面溜滑泥泞而底层坚实的冰雪道路上行驶时，需要在轮胎上套装防滑链来提高汽车的通过性。套装防滑链相当于在轮胎上增加了一层高而稀的花纹。汽车行驶时，防滑链能挤出表面的水层，直接与地面或坚实的底层接触，增加了土壤剪切面积，提高了附着系数。

3. 驾驶方法

驾驶方法对汽车的通过性有很大影响。为提高汽车的通过性，应注意以下几点：

（1）汽车在沙地、泥泞、雪地等松软路面时，应尽量使用低挡，以保证汽车有较大的驱动力和较低的行驶速度。在行驶中尽量避免换挡和加速，并尽量保持直线行驶，因为转弯将引起前后轮辙不重合，增加行驶阻力。多车编队行驶时，后车应按前车的轮辙行驶，可减小行驶阻力。

（2）驱动轮采用双胎车轮时，常会在两胎中间夹杂泥石，或使车轮表面粘附一层厚泥，而使附着系数降低。驾驶员可适当提高车速，以甩掉夹杂物。

（3）传动系装有强制差速锁时，驾驶员应在汽车驶入可能引起车轮滑转的路段之前，将差速器锁住。当车轮出现滑转再锁差速器时，土壤已经破坏，附着系数降低，使用差速锁效果会显著下降。一旦汽车离开恶劣地段，驾驶员应迅速脱开差速器锁，以免对汽车转向造成不利影响。

（4）汽车通过溜滑路段时，应及时在驱动轮上套防滑链。

学习测试

学习测试 1：汽车通过性的几何参数主要有哪些？

学习测试 2：汽车通过性的支承与牵引参数主要有哪些？

学习测试 3：影响汽车通过性的结构因素主要有哪些？

学习测试 4：影响汽车通过性的使用因素主要有哪些？

学习测试 5：选择

1. 下列与汽车顶起失效有关的几何参数有（　　）。

A. 最小离地间隙　　B. 纵向通过角　　C. 接近角和离去角　　D. 最小转弯直径

2. 汽车能够通过狭窄弯曲地带或绕过不可越过的障碍物的能力与下列（　　）有关。

A. 纵向通过角　　B. 接近角和离去角

C. 最小转弯直径和最大通道宽度　　D. 车轮半径

3. 下列影响汽车通过性的因素中，属于结构因素的是（　　）。

A. 发动机的动力性　　B. 轮胎花纹　　C. 传动系的传动比　　D. 驾驶方法

4. 下列影响汽车通过性的因素中，属于使用因素的是（　　）。

A. 发动机的动力性　　B. 驱动轮数目　　C. 轮胎气压　　D. 驾驶方法

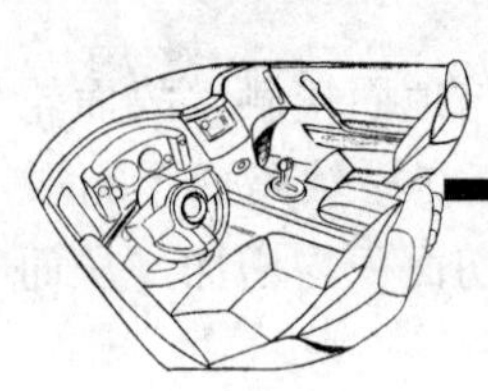

第九章

汽车的合理使用

引言

汽车的合理使用，是发挥效率、减少事故、降低维修费用、降低能耗和延长使用寿命的重要环节。而汽车投入运行，往往受到某些特殊使用条件的影响，使其各项使用性能得不到充分发挥，或受到严重破坏。为了确保运力的良性循环，使汽车运输业持续、稳定、协调发展，必须把车辆的正确合理使用置于车辆管理的突出位置。汽车的使用条件除了一般使用条件之外主要还有一些典型的特殊使用条件：走合期、低温条件、高温条件、高温山区条件、坏路及无路条件等。

第一节　汽车在一般条件下的使用

学习目标：能够正确叙述汽车在一般条件下使用的注意事项。

一、合理装载

车辆按核定的载质量装载是车辆正确使用的重要内容，是减少车辆故障和延长使用寿命的重要技术措施。在一般条件下，汽车装载应满足以下要求：

（1）车辆的额定装载质量应符合车辆生产厂家规定。车辆的额定装载质量是由车辆生产厂家在汽车设计阶段所确定的，车辆的动力性，经济性，行驶安全性，工作可靠性，零部件及总成的强度、寿命、可靠性等均以额定装载质量为出发点进行设计、试验并确定的。因此，一般使用条件下应合理装载，符合车辆生产厂家的规定。

（2）经过改装、改造的车辆，或由于当地的运行条件（如海拔、气候、道路坡度等）变化，需要重新标定装载质量的车辆，都要经车辆所在地的交管部门重新进行核定。

（3）在车辆换装与车辆生产厂家规定最大负荷不等的轮胎时，如果换装轮胎的最大负荷大于原厂轮胎的，应保持原车的额定装载质量；否则，必须降低其装载质量。

（4）在道路和车辆允许的情况下，遇到无法割裂的货物运输时，可以适当增载，但增载量和装载方法必须符合有关法规要求。

（5）所有车辆的实际装载质量，一经核定，严禁超载。

（6）车辆总质量超过桥梁承载质量或运输超长、超宽、超高货物时，应报请当地交通主管部门，采取安全有效措施，经批准后才能通行，以保障安全，防止意外事故发生。

（7）运载易散落、飞扬、泄漏的货物及污秽物品时，应封盖严密，以防止物品散落及污染环境。

（8）合理组织拖载运输。车辆拖载总质量应根据不同使用条件，通过试验后确定。基本原则：

①平原地区保持直接挡（包括超速挡）作为经常行驶挡位。

②丘陵地区用直接挡（包括超速挡）行驶的时间不低于60%，其平均技术速度不低于单车的70%。

③在山区一般道路上，可用二挡通过，最大坡度可用一挡起步。

（9）车辆在装载运输具有易爆、易燃、有毒、腐蚀、放射等性质的危险货物时，应按有关法规的规定执行。

二、运行材料使用与管理规定

燃料、润滑油质量是否符合车辆的使用要求，对车辆的正确使用有重要影响。应注意以下事项：

（1）燃料、润滑油的选用必须符合技术要求。

（2）不同种类、牌号的燃料、润滑油不得混合使用。更换不同牌号的润滑油（如季节性换油）时，必须首先进行清洁工作。

（3）燃料、润滑油必须保持清洁。

（4）各种燃料、润滑油的运输和存放必须符合有关规定。

（5）废弃的燃料、润滑油必须做好回收工作，以免造成环境污染。

三、车辆驾驶操作基本要求和日常维护工作

车辆驾驶操作、日常维护等与车辆技术状况、使用寿命、故障频率和维护费用有密切关系。

驾驶员在日常工作中应严格遵守驾驶操作规程。尽可能做到：行车前，预热启动、低速升温、低挡起步；行驶中，注意保持温度、及时换挡、保有余力、行驶平稳、安全滑行、合理节油；在拖带挂车时，加强主车、挂车之间连接机构的检查，避免冲击。

日常维护是车辆维修工作的基础，对于保持车辆技术状况，延长汽车使用寿命有重要影响。车辆的日常维护是驾驶员必须完成的日常性工作，其具体内容是：坚持三检，即出车前、行车中、收车后检视车辆的安全机构及各部机件连接的紧固情况；保持四清，即保持机油、空气、过滤器和蓄电池的清洁；防止四漏，即防止漏水、漏油、漏气、漏电；保持车容整洁。

第二节　汽车在走合期的使用

学习目标：能够正确叙述汽车在走合期使用的特点及技术措施。

新车或大修后的车辆，在开始投入使用阶段，汽车零部件正处于磨合状态，还不能全负荷运行，这个使用阶段称为汽车的走合期。

汽车走合期是为了使汽车向正常使用阶段过渡。在走合期中的汽车零件工作表面残留有很多刀具加工的痕迹，表面粗糙度较大，同时还存在加工时不可避免的尺寸和几何偏差以及总成装配时的允许误差。因此，新配合件之间的实际接触面积，要比理论计算面积小得多，单位压力也大得多。此时，汽车若以全负荷高速运行，会导致零件摩擦表面工作温度升高，润滑油膜被破坏，易造成零部件的早期磨损。经过汽车走合期的使用后，零件表面不平部分被磨去，从而形成光滑而耐磨的工作表面，能够承受正常的工作载荷。同时，由于走合期内所暴露出的生产、修理缺陷得以排除，减小了汽车正常使用阶段的故障率，从而提高了汽车的使用可靠性。

一、汽车走合期中的使用特点

1. 零件表面摩擦剧烈，磨损速度快

由于新配合件的配合间隙较小，表面粗糙度大，在相对运动中会产生很大的摩擦力，使零件表面的磨损速度加快。同时磨掉的金属屑残留于或进入摩擦表面，形成磨料磨损，使零件表面的摩擦更为剧烈，使磨损速度快。

2. 润滑油变质快

由于零件表面磨损快，金属磨屑产生量大，同时零件表面间隙小，摩擦发热多，使润滑油温度升高。因此润滑油易被污染或氧化，从而变质。

3. 行驶故障多

零件表面的几何形状偏差、装配误差、紧固件松动、使用不当等均会使汽车走合期的故障增多。

二、汽车走合期工作过程分析

走合期内汽车的润滑条件较差，加之生产或修理中的缺陷，行车故障率较高，汽车走合期的工作过程，就是一个零件工作表面趋于完善，故障率逐渐下降，趋于稳定的工作过程。在这个过程中，零件摩擦表面不平的部分被磨去，逐渐形成比较光滑的工作表面，随着行驶里程的延长，零件工作表面形成一层坚韧耐磨层，这使得零件的工作表面趋于完善，故障率逐渐下降，走合期终了时汽车的故障率降低，其使用寿命就会延长。汽车走合期通常为 1 000～1 500km，根据使用特点的不同，可分为三个阶段：

(1) 第一阶段为走合 50～70km。因为零件工作表面较粗糙，几何形状和装配位置都存在一定偏差，配合间隙也较小。因此，零件磨损和机械损失很大，零件表面和润滑油的温度也很高，这一阶段最好空驶。

(2) 第二阶段为走合 100～200km。在这个阶段，零件工作表面比较光滑，摩擦的机械损失和产生的热量减少，但零件摩擦表面仍属于纯金属表面，材质强度低，应当小负荷运行。

(3) 第三阶段，零件工作表面磨合过程逐渐结束，并形成了一层防止配合表面金属直接接触的氧化膜，进入了氧化磨耗过程。行车故障率趋于稳定，汽车的各项使用性能逐渐

达到正常。由于氧化膜的形成，需要借助一定的温度和压力环境，这一阶段适合于小负荷运行。

三、汽车走合期应采取的技术措施

根据汽车在走合期的使用特点，汽车在走合期应采取下述主要措施。

1. 减载

汽车装载质量的大小，直接影响机件使用寿命，装载质量越大，发动机和底盘受力也越大，引起润滑条件变坏，影响磨合质量，所以走合期内必须适当的减载。走合期内应按额定装载质量标准减载 20%～25%，不允许拖挂或牵引其他车辆或机械，半挂车按额定装载质量标准减载 25%～50%。

2. 限速

车速与载荷对汽车负荷的影响是一样的，装载质量一定，车速若高，发动机和传动件的负荷也越大，因此走合期内起步和行驶不允许发动机转速过高。车速一般应为 35～45km/h，轿车发动机转速不应超过 4 200～4 500r/m。

3. 正确、合理驾驶

启动时，预热温度应升至 50～60℃；行驶中，冷却系统水温不应低于 80～90℃；起步、加速应平稳，不猛踏加速踏板；换挡应平稳、及时；避免紧急制动、长时间制动，或使用发动机制动。同时，对汽车各部件技术状况要及时检查，排除故障，减小故障磨损。行驶中要注意选择路面，不在凹凸不平的路面上行驶，以减小振动和冲击。

4. 选择优质燃料和润滑油

选择抗爆性好的优质燃油，以防爆燃；选择粘度较低的优质润滑油或加有添加剂的专用润滑油，润滑油加注数量应略多于规定量，并应按走合期维护的规定及时更换。

5. 加强维护

认真做好车辆日常维护工作，检查汽车外部各螺栓、螺母和锁销的紧固情况，检查润滑油、制动液的加注情况和轮胎气压，检查蓄电池放电情况和汽车的制动效能。认真检查有关机件的紧固程度和汽车传动系统、行驶系统的温度状况，并消除漏水、漏油、漏气现象。走合期结束后，应结合二级维护对汽车进行全面的检查、紧固、调整和润滑作业，使其达到良好的技术状况。

第三节　汽车在低温条件下的使用

学习目标：能够正确叙述汽车在低温条件下使用的特点及技术措施。

一、低温条件对汽车使用的影响

我国北方地区，冬季气温一般在－25～－5℃，最冷的时候，气温可达－40℃，低温给汽车的运行带来了严重的危害，尤其是在汽车冷启动过程中，会出现明显的启动困难、总成磨损严重、油耗量增大、机件易损坏等问题。

1. 发动机启动困难

在使用中，发动机的低温启动性能主要受润滑油粘度、燃油的汽化性能、蓄电池工作能力等影响。

低温使润滑油粘度增大，发动机各摩擦副的摩擦阻力矩增加，从而造成发动机启动困难。

同时，低温也会使燃油的粘度和密度增大，流动性变差，表面张力增大，从而难以雾化，大部分燃油以液态进入气缸，使实际混合气过稀而不易启动。

启动发动机的能量来自于蓄电池释放的电能，而蓄电池的供电能力受到温度的影响(一般情况下，蓄电池的低温启动容量仅为其额定容量的12%左右)。随着温度降低，蓄电池内电解液粘度增大，向极板的渗透能力下降，内阻增加。而启动时启动电流较大，因内阻增大而引起的电压降增大，从而使蓄电池的端电压明显下降，使启动机输出转矩降低，发动机启动困难。

低温启动时，由于蓄电池输出功率的下降，并且大部分能量被启动机消耗，从而导致点火系的初级电流减小，次级电压降低，火花塞的跳火能量减小。冷的可燃混合气密度大，使火花塞电极间电阻增大；火花塞电极间有油、水及氧化物等，造成跳火困难，使发动机启动困难。

2. 总成磨损严重

汽车在低温条件下使用时，各主要总成的磨损增大。在发动机的使用周期中，50%的气缸磨损发生在启动过程，而低温启动磨损占总启动磨损的60%～70%。

低温启动时磨损严重的主要原因：

(1) 润滑条件差。低温时，润滑油粘度大、流动性差，不能及时到达气缸壁、轴承等摩擦表面；未蒸发的液态燃油进入气缸，冲刷缸壁上的润滑油膜，并沿缸壁流入曲轴箱，稀释润滑油；燃料不完全燃烧形成的碳化物随废气一起窜入曲轴箱后，污染润滑油。

(2) 在低温条件下，燃烧过程中的水蒸气凝结于气缸壁，并与燃烧生成物（氧化硫）化合成酸，产生腐蚀磨损。

(3) 在低温条件下，由于轴瓦、瓦背与轴颈的膨胀系数不同，使配合间隙变小而且很不均匀，加速了轴颈与轴瓦的磨损。

(4) 汽车在低温条件下工作时，传动系统各总成由于温升速度慢，润滑油粘度大，齿轮和轴承润滑不充分，从而使零件磨损增大。同时，润滑油粘度的增大使传动系统的传动阻力相应增大，传动系统各总成在起步后很长一段时间内负荷较大，也加剧了传动零件的磨损。

3. 油耗量增大

汽车在低温条件下使用时，由于发动机暖车时间长，燃料汽化不良，燃烧不完全，润滑油粘度大，摩擦损失大，发动机输出功率下降，传动系统传动效率降低，汽车行驶阻力增大。汽油机冷却液温度由80℃降至60℃时，油耗增加3%左右；降至40℃时，油耗增加12%左右。

4. 机件易损坏

低温条件下，碳钢的冲击韧性急剧下降，铸件变脆，塑料、橡胶变硬、变脆，使零部件在载荷作用下易于发生损坏。此外，在低温条件下，蓄电池电解液易结冰而不能正常工作。发动机冷却液结冰，会导致散热器和缸体冻裂。

低温除造成汽车使用性能方面的变化外，还会使行车条件变坏。如：低温条件下，路面结冰后，使轮胎与路面间的附着系数显著下降，汽车制动时不仅制动距离长，而且极易引起侧滑；汽车加速或上坡时，驱动轮也易滑转。

二、汽车在低温条件下使用时应采取的技术措施

根据汽车在低温条件下的使用特点，可采取相应措施提高汽车的低温使用性能。

1. 预热

发动机启动前预热的目的是提高燃油的雾化性和蒸发性，改善混合气的形成条件，降低发动机的启动阻力，以利于发动机在低温条件下顺利启动。

汽车预热方法分为进气预热和发动机预热。汽车采用进气预热装置启动，称为“冷态启动”；采用发动机预热装置启动，称为“热态启动”。理论上，环境气温低于－25℃时，推荐汽车采用“热态启动”；当温度高于－25℃时，推荐对汽车采用“冷态启动”。

进气预热装置是在启动时，加热进气气流的一种低温启动附加装置。按照加热进气热源不同，可分为电热进气预热装置与火焰进气预热装置两大类。

发动机预热装置按加热热源不同，可分为热水预热、热蒸汽预热、热空气预热、红外线辐射预热、电加热预热以及燃油加热器预热。其中燃油加热器预热，以车用燃油为能源，适合随车装备，简便易行，有形成推广的趋势。

2. 使用启动液

发动机在低温条件下启动时可采用专门的启动燃料——启动液。

启动液的加注方法应根据发动机进气系统的结构，尽可能将其呈雾状均匀地分配到各气缸中。一般不采用将启动液渗入基本燃料通过供油系统进入气缸的方法，而是另设一套启动装置，将其呈雾状喷入进气管，与空气（柴油机）或可燃混合气（汽油机）混合后进入各气缸。对没有启动装置的汽车，可使用启动液压力喷射罐，直接把启动液喷入进气管，但应注意控制喷入量。喷入量过大时，会引起发动机启动粗暴。

3. 合理使用燃料和润滑油

低温条件下使用的燃料，应具有良好的挥发性、流动性、低含硫量。以利于低温启动和减少磨损。汽车在严寒地区使用，应当选用专门牌号的冬季燃油。

采用低温时粘度增加不显著的冬季润滑油，可使零件的润滑条件得到改善，并降低启动阻力。

4. 保温

汽车在严寒地区使用时，应采取保温措施，保温的主要部位是发动机和蓄电池。在气温很低时，或对于执行某些特殊运输任务的车辆，还应对油箱和驾驶室保温。

发动机的保温，可采用关闭百叶窗或改进风扇参数，也可以降低风扇转速或使风扇停止工作（电动风扇或装有风扇离合器）。后一种方法不但减少了热量耗散，而且还减少了发动机的功率损失。汽车发动机罩可采用保温套保温。发动机油底壳除采用双层油底壳外，还可以在外表面上封上一层玻璃纤维进行保温。

蓄电池保温，可将蓄电池布置在温度较高的发动机罩内，或将蓄电池装入保温箱保温，将保温箱做成夹层，夹层内垫有保温材料，则保温效果更好。

5. 正确使用防冻液

发动机冷却系统使用防冻液，可防止缸体冻裂，减轻驾驶员劳动强度。常用防冻液有乙二醇—水型、乙醇—水型和甘油—水型三种。

防冻液在使用过程中应注意：

(1) 防冻液的冰点应比使用地区的最低温度低 5～10℃。

(2) 加注防冻液前应检查冷却系统的密封性。

(3) 防冻液膨胀系数大，一般只应加到冷却系统总容量的 95%，以免升温膨胀后溢出。

(4) 不同类型的防冻液不能混用。

6. 车轮的使用

寒冷地区的冬季冰雪较多，由于冰雪路面附着系数小，制动效能变坏，汽车行驶容易发生侧滑，造成行车困难，车轮可装用防滑链。在特别寒冷的情况下，橡胶轮胎易产生硬化变脆现象，在冲击载荷的作用下易破裂。因此，为使轮胎升温和减少冲击，应使汽车缓慢起步，低速行驶一段里程。

第四节　汽车在高温条件下的使用

学习目标：能够正确叙述汽车在高温条件下使用的特点及技术措施。

一、高温条件对汽车使用的影响

在高温条件下，发动机冷却系统的散热能力下降，发动机易过热。由此会导致发动机的充气能力下降，燃烧不正常（爆燃、早燃），润滑油变质、磨损加快，供油系产生气阻等现象，使发动机的动力性、经济性和可靠性变坏。

1. 发动机充气能力下降

高温条件下，进气温度提高，空气密度下降而使发动机充气量减小，从而导致发动机功率下降，汽车动力不足。

2. 燃烧不正常

外界温度高，进入发动机的混合气温度也高，发动机整个工作循环的温度便上升，同时由于冷却系统散热能力下降，从而导致发动机过热。发动机的温度较高，使窜入气缸中的润滑油在高温缺氧的条件下，生成积碳胶质和沉积物。胶质、沉积物粘附在活塞顶，气缸壁和其他零件的表面上，会使导热性变差。积碳形成炽热点，引起早燃或爆燃。

3. 润滑油易变质、磨损加快

发动机过热，加剧了润滑油的热分解、氧化和聚合过程。不正常燃烧的产物窜入曲轴箱后，既污染了润滑油，又使其温度进一步升高。因此，发动机工作温度越高，润滑油变质越快。

在高温条件下，由于润滑油粘度降低，油性变差，润滑油污染后品质下降，同时因不正常燃烧使发动机零件的热负荷和机械负荷上升，加剧了零件的磨损。

4. 供油系统气阻

供油系统受热后，部分汽油蒸发成气体而在管路中形成气泡，阻碍汽油流动，同时由于气体的可压缩性，使之随着汽油泵供油所产生的脉动压力，不断地压缩和膨胀，从而破坏了汽油泵吸油行程所产生的真空度，使发动机供油不足甚至中断，这种现象称之为供油系统气阻。供油系出现气阻易造成汽车不能行驶或发动机难于启动。

5. 其他影响

在高温行车条件下，蓄电池电解液蒸发量将会增大。

外界温度高时，轮胎散热慢，胎内会因温度升高而使气压增大。同时，会使橡胶老化速度加快，强度降低，因而容易引起轮胎爆裂。

二、汽车在高温条件下使用时应采取的技术措施

根据汽车在高温条件下的使用特点，可采取相应措施以提高汽车在高温行驶条件下的使用性能。

1. 加强技术维护

为适应汽车正常运行的需要，汽车进入夏季使用之前，应结合二级维护，对汽车进行一次全面的检查和调整。在夏季进行的季节性维护中，应对汽车冷却系统、润滑系统、供油系统、点火系统、电源系统进行检查和调整。

在夏季进行的日常维护中，要特别注意冷却系统的检查：冷却系统的密封情况；散热器盖上的通风口和通气孔是否畅通；水温表及温度传感器是否正常；风扇技术状况；冷却液是否充足等。为保证发动机冷却系统有良好的散热能力，在维护过程中还应注意检查和调整冷却风扇传动带的松紧程度，定期检查节温器的工作状况，清除散热器和缸体水套内的水垢。

为保证汽车各总成在高温使用条件下能得到可靠润滑，在维护过程中，应换用优质润滑油（脂）作为夏季用油，并适当缩短换油周期。对于在炎热季节连续行驶的车辆，应加装机油散热器；对于在灰尘大的地区使用的车辆，应加强空气滤清器的维护。

由于高温条件下空气密度低，应调整发动机供油系统，减小供油量，以防混合气过浓。

当发动机过热“开锅”时，应及时停车怠速降温，且注意不要熄火，防止发动机内部过热而发生拉缸等机械事故。

高温时，混合气燃烧快，应减小点火提前角。

夏季蓄电池电解液蒸发快，应经常检查电解液平面高度，及时加注。夏季汽车用电量小，为防止大电流充电，应调小发动机调节器充电电流。

2. 防止爆燃

汽车在高温条件下工作时，发动机易发生爆燃，可适当推迟点火、调稀混合气、选用较高辛烷值的汽油、及时清除发动机燃烧室积碳、安装爆燃限制器、降低进气温度等措施。

3. 防止气阻

防止气阻的方法是改善发动机的散热和通风，并设法把供油系统的受热部分与热源隔开，或采用结构和性能良好的汽油泵。如电动汽油泵，由于其不需要发动机驱动，所以可安装在不易受热的位置上（一般装于汽油箱内），降低输油温度，可有效地防止气阻现象。

4. 防止轮胎爆裂

橡胶轮胎在高温下易变质和损坏。同时，轮胎温度高时，易使轮胎气压过高而爆裂。因此，夏季行车时，应注意检查轮胎的温度和气压，保持规定的气压标准。长距离连续行车时，车速不宜太高。在载货汽车后轴装用双胎时，由于受路面拱形、轮胎负荷和散热条件的影响，内侧轮胎的工作温度较外侧轮胎高3～10℃。因此，应注意轮胎的定期换位。

第五节　汽车在高原山区条件下的使用

学习目标：能够正确叙述汽车在高原山区条件下使用的特点及技术措施。

汽车在高原、山区行驶时，由于海拔高、气压低、空气稀薄，发动机充气量减小；而且汽车长时间行驶于坡度陡而长的地段，发动机易“开锅”，导致动力性、经济性下降，行驶安全性变坏等。

一、高原山区条件对汽车使用的影响

1. 发动机动力性下降

随着海拔升高，气压降低，空气密度减小，使发动机充气量下降，发动机动力性降低。同时由于大气压力降低，进气管真空度相应减小，点火推迟。同时因压缩终了的压力和温度降低，混合气的燃烧速度降低，也会使发动机动力性下降。

海拔增加对发动机的怠速性能也有很大影响。由于进气管真空度下降，进气量不足，致使发动机怠速转速下降。

2. 发动机燃油消耗增加

高原山区行驶的汽车，发动机充气量下降，若供油系统未经调整或校正，则随着海拔高度增加，空燃比变小，混合气变浓，发动机油耗增加。同时，因发动机动力不足，又因高原山区坡度陡而大，道路复杂，汽车经常采用低挡大负荷行驶时，也会引起油耗增加。

环境压力降低，燃料挥发性提高，因而易产生气阻和泄漏，使油耗增加。

3. 润滑油易变质

由于高原行车发动机功率下降，且高原山区道路复杂，行驶阻力大，因此发动机满负荷工作的时间比例增大，发动机易过热。发动机工作温度升高，使润滑油粘度变小，氧化速度加快。同时，过浓的混合气不能完全燃烧，窜入曲轴箱后，会稀释润滑油而加快润滑油变质。润滑油品质变差使发动机润滑不良，磨损加剧。

4. 制动性能变差

山区行车时，汽车制动器使用频繁。下长坡时，常需进行长时间连续制动，制动器工作温度明显上升，常达到300℃以上，制动摩擦片的摩擦系数明显下降，将使汽车的制动效能变差。

采用液压制动系统的汽车在高原、山区使用时，制动系统的工作温度升高还会使制动液在制动管路中蒸发而产生“气阻”现象，致使制动失灵造成事故。

5. 生成排气污染物变化

海拔升高，发动机充气量下降，可燃混合气变浓，空燃比变小，不完全燃烧现象严重，从而影响排气污染物的排放量。CO、HC 的排放完全随海拔升高而增大，而 NO_x 的排放有所下降。

二、汽车在高原山区使用时应采取的技术措施

根据汽车在高原山区条件下的使用特点，可采取相应措施改善其使用性能。

1. 发动机性能的改善

（1）选购汽车。若汽车需经常在高原地区使用时，应购置汽车生产厂家为高原地区专门设计、制造的高原型汽车。

（2）提高压缩比。由于高原地区空气稀薄，发动机充气效率减小，压缩行程终了时气缸内的压力和温度均下降。适当提高发动机压缩比，不仅可以提高压缩终了的温度和压力，加快燃烧，而且可以采用较稀的混合气，提高发动机的动力性和经济性。

（3）调整油路。随着海拔增加，充气量减小，使混合气变浓，燃料燃烧不充分，应根据海拔高度调整供油量。还可使用掺有酒精、丙酮及其他含氧化合物的含氧燃料。

（4）调整电路。海拔增加后，发动机压缩终了的压力降低，火焰的传播速度降低；又因大气压力降低、可将点火提前角提前调整 2°～3°。

加强畜电池的维护，保证蓄电池的技术状况良好，调整火花塞间隙，以增强火花强度，提高点火系统的点火能量。对于柴油机而言，适当使喷油提前。

（5）采用进气增压装置。柴油机可在进气系统中安装增压器，增加发动机的充气量，提高压缩行程终了的压力和温度，改善发动机的动力性和经济性。

（6）改善润滑条件。在高原地区行驶的车辆，其所使用的发动机润滑油应具有良好的粘温特性，以保证发动机在低温时启动性能良好，高温时具有良好的润滑性能。为防止润滑油变质，应保持良好的曲轴箱通风，并采用机油散热器散热。

2. 汽车安全性能的改善

在高原山区使用的汽车，由于地形复杂、常会遇到上坡、下坡、路窄、弯多等问题，因此采取相应技术措施改善其安全性能非常重要。特别是制动性能的改善，对于汽车在高原山区安全行驶尤为重要。

（1）采用耐高温制动摩擦片。耐高温摩擦片采用环氧树脂、三聚腈胺树脂等改进的酚醛树脂作为粘合剂或采用无机粘合剂，把石棉摩擦材料粘结、固化成形而制成。石棉摩擦材料中常加有金属添加剂，摩擦片温度高达 400℃以上时，还能产生足够的制动力矩，可适应高原山区条件下行车制动的需要。

（2）采用发动机制动。汽车下长坡时，需要持续不断地制动以控制汽车的行驶车速。在此情况下，利用发动机制动可减轻车轮制动器的工作强度，降低温度升高幅度。在采用发动机制动时，变速器挡位越低，同样车速下发动机转速就越高，产生的制动力矩就越大。一般下长坡采用发动机制动时，把变速器挂入上坡时所用挡位较合适。

(3) 采用辅助制动器。发动机排气制动器是一种简便而有效的辅助制动装置。该装置是在发动机制动的基础上，再在发动机排气管上装一个片状阀门构成。在使用发动机制动的同时，将阀门关闭，以增大发动机的排气阻力，提高制动时的功率消耗。

(4) 制动鼓降温。为防止制动器过热，在汽车下长坡时，不断地对制动鼓淋水降温，以防制动器温度过高而使摩擦片烧蚀。

(5) 采用矿油型制动液。矿油型制动液，具有制动压力传递迅速、制动效果好、不挥发变稠等优点，可有效防止制动系统气阻，适合在高原山区运行条件下使用。但使用矿油型制动液后，必须换用耐矿物油的橡胶皮碗。

(6) 防止轮胎爆裂。海拔升高时，轮胎气压也会升高。在海拔 4 000m 时，轮胎气压比在海平面时增加约 50kPa。同时，轮胎表面温度较高时，橡胶强度变差。因此，在高原山区行车时易爆胎而引发事故，需注意保持轮胎压力不超过规定值，同时注意轮胎的工作温度。

(7) 注意检查和维护汽车转向机构，使之转向灵活、可靠。由于山区弯多路窄，前照灯应具有良好的技术状况。

第六节 汽车在坏路或无路条件下的使用

学习目标：能够正确叙述汽车在坏路或无路条件下使用的特点及技术措施。

坏路是指雨季泥泞的土路、冬季冰雪道路和覆盖砂土的道路等。无路是指松软土路、耕地、草地、沼泽地和灌木林等地带。

一、汽车在坏路或无路条件下的使用特点

汽车在坏路或无路条件下的使用特点是：车轮与路面的附着力小、行驶阻力大、汽车行驶安全性差，动力性的发挥受到限制，导致燃油经济性下降。外部特征表现为汽车通过性下降。汽车在坏路或无路条件下使用，燃料消耗比一般正常使用条件约高 35%。

汽车在松软的土路行驶，路面变形量大，滚动阻力增大，甚至陷车，使发动机熄火。在泥泞路上行驶时，往往由于附着系数降低，引起驱动轮打滑，通过性变差。

沙路的特点是表面松散，受压力后变形大，嵌入轮胎花纹内的砂土，在水平方向的抗剪切破坏能力差，使附着系数降低，但轮胎的滚动阻力却增大。砂路和流沙地容易使汽车打滑，特别在流沙地上，汽车车轮的滚动阻力系数可达 0.15～0.30 或更大，汽车的通过性能明显下降。

雪路对汽车通过性的影响是很大的。这主要取决于雪的密实度和厚度。雪层密实度越小，车轮的滚动阻力系数越大，附着系数越小，汽车行驶条件变差。

雪层的厚度对汽车行驶也有一定影响，松软的雪层加厚，汽车的通过能力明显下降。经验表明雪层厚度大于汽车最小离地间隙的 1.5 倍，雪的密度低于 450kg/m^3 时，汽车便不能通过。

冰路上行驶的汽车，车轮与冰面的附着系数非常低，在冬季冰滑的道路上，附着系数可降低到 0.1 以下，但车轮的滚动阻力与刚性路面相差不大。为了保证行车安全，在冰路上行驶时，车速要低，行车间隔要大。在通过结冰河流时，需要检查冰的厚度和坚实情

况，应按选定路线平稳匀速通过，中途不换挡，不使用紧急制动，不停车。途中发现裂痕，应及时避开绕路行驶。

二、坏路或无路条件下行车的技术措施

1. 采用合理的驾驶方法

松软道路附着系数很低，防止侧滑很重要，所以驾驶时，使用制动要特别小心。不准使用紧急制动，转向也不能过急，以免发生侧滑。尤其是坡道或急弯行驶更要注意。若一旦出现侧滑，首先要抬起加速踏板，降低车速，并立即将方向盘转向车轮侧滑的方向，以防止继续侧滑或发生事故。

通过泥泞或翻浆路时，最好一鼓作气地通过，途中不要换挡，不停车。如果被迫停车，再起步时不能挂最低挡，起步时轻踏加速踏板，保持牵引力小于附着力，避免产生打滑现象。

当汽车已陷入泥泞道路空转打滑时，不可盲目加大加速踏板行程，强行驶出，以免越陷越深，强行驶出易破坏机件。

2. 合理地使用汽车轮胎

汽车轮胎对其通过性有决定性的影响。为了提高汽车通过性，必须正确选择轮胎气压、花纹、结构系数等，减小汽车行驶阻力，提高汽车附着力，改善汽车在恶劣道路条件下的使用性能。

在松软道路上，汽车轮胎单位面积的压力越大，路面变形量越大，滚动阻力就越大，汽车的通过性就越差。所以降低轮胎气压，加大轮胎宽度，可使滚动阻力下降，改善了行驶条件。当汽车打滑又埋陷在泥泞路中时，为了减轻单位面积压力，卸下运载货物也是一种必要的措施。若汽车打滑而未陷下时，增加后轴附近装载货物，改变汽车附着重量，可以提高附着力，便于汽车通过。

另外，使用调压胎，驾驶员可以在驾驶室内调节轮胎，从正常胎压降到极低的气压49～68.6kPa，轮胎印痕面积增大2～3倍，单位压强相应降低，使汽车在松软和泥泞的道路上的使用性能得到改善。

3. 采用应急措施

采用应急措施以降低滚动阻力，提高车轮与路面的附着力。以防止车轮滑转为出发点，可以在短时间内采用有效的应急措施。汽车驱动轮上装防滑链，是提高车轮与路面附着系数的有效措施。防滑链的形式主要取决于路面状况和汽车行走系的结构。防滑链有普通防滑链和履带式防滑链。

普通防滑链是带齿的（圆形、V形或刀形）链条，用专用的锁环装在轮胎上。这种防滑链在冰雪路面和松软层不厚的土路上有良好的通过性，而在松软层厚的土路上效果明显下降。

履带链有菱形和直形两种。履带链能保证汽车在坏路上，甚至驱动轮陷入土壤或雪内仍可以通过，菱形履带还具有防侧滑能力。

防滑链的缺点是链条较重，拆装不方便，更重要的是装有防滑链的汽车，其动力性和经济性均下降，在硬路面上行驶的冲击大，使轮胎和后桥磨损增大，因此仅在克服困难道

路时，才装用。

另外，汽车克服局部障碍或陷住时，可采用自救措施，一般自救的方法是去掉松软泥土或雪层，在驶出的路面上撒砂、铺石块或木板等，然后将汽车开出。也可以用绳索绑在树干（或木桩）和驱动轮上，如同绞盘那样驶出汽车。

学习测试

学习测试1：什么是汽车的走合期？汽车在走合期使用时应注意哪些方面？

学习测试2：在低温条件下使用汽车存在哪些主要问题？如何提高汽车的低温使用性能？

学习测试3：在高温条件下使用汽车存在哪些主要问题？如何提高汽车的高温使用性能？

学习测试4：在高原山区条件下使用汽车有哪些主要问题？如何提高改善汽车在高原山区条件下的使用性能？

学习测试5：在坏路或无路条件下使用汽车应注意哪些问题？

学习测试6：选择

1. 下列属于汽车在走合期所采取的措施的是（　　）。

A. 减载　　B. 限速　　C. 预热　　D. 使用启动液

2. 下列属于汽车在低温条件下存在的问题的是（　　）。

A. 发动机启动困难　　B. 发动机充气量下降

C. 油耗增加　　D. 供油系气阻

3. 下列属于汽车在低温条件下所采取的措施的是（　　）。

A. 预热　　B. 使用启动液　　C. 正确使用防冻液　　D. 保温

4. 下列属于汽车在高温条件下存在的问题的是（　　）。

A. 发动机充气量下降　　B. 油耗增加

C. 供油系气阻　　D. 燃烧不正常，易爆燃

5. 下列属于汽车在高温条件下所采取的措施的是（　　）。

A. 预热　　B. 防止气阻　　C. 防止爆燃　　D. 防止轮胎爆裂

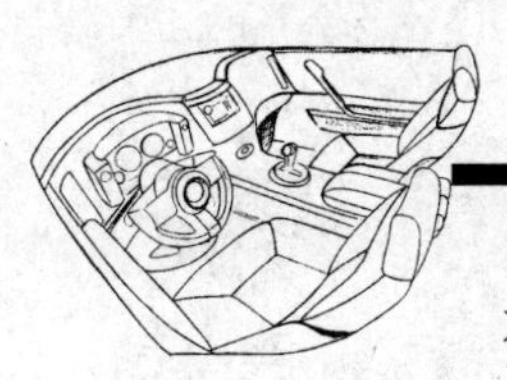

参考文献

[1] 安相璧，马麟丽主编．汽车检测诊断技术．北京：北京理工大学出版社，2005

[2] 仇雅莉主编．汽车检测诊断技术与设备．北京：电子工业出版社，2005

[3] 杜兰卓，谷志杰主编．汽车安全检测．北京：人民交通出版社，2002

[4] 高延龄主编．汽车运用工程，2 版．北京：人民交通出版社，1999

[5] 蒋国平，刘志忠主编．汽车故障诊断与检测技术．北京：科学出版社，2007

[6] 姜清浩主编．发动机与汽车理论．北京：人民交通出版社，2005

[7] 李丽，毕建军编著．汽车检测维修设备结构原理与使用．北京：国防工业出版社，2005

[8] 孙凤英主编．汽车性能与使用技术．北京：机械工业出版社，2002

[9] 肖健主编．汽车使用性能与检测．北京：机械工业出版社，2005

[10] 杨益明主编．汽车使用性能与检测．北京：人民交通出版社，2001

[11] 杨益明，刘志忠主编．汽车故障诊断与检测设备．北京：科学出版社，2007

[12] 余志生主编．汽车理论，3 版．北京：机械工业出版社，2005

[13] 张建俊主编．汽车诊断与检测技术，2 版．北京：人民交通出版社，2003

[14] 邹小明主编．汽车检测诊断技术．北京：人民交通出版社，2006

图书在版编目（CIP）数据

汽车使用性能与检测/陈纪民主编
北京：中国人民大学出版社，2009
21世纪高职高专规划教材·汽车运用与维修系列
ISBN 978-7-300-10254-2

Ⅰ.汽…
Ⅱ.陈…
Ⅲ.汽车-性能-检测-高等学校：技术学校-教材
Ⅳ.U472.9

中国版本图书馆CIP数据核字（2009）第007060号

21世纪高职高专规划教材·汽车运用与维修系列
汽车使用性能与检测
主　编　陈纪民

出版发行	中国人民大学出版社		
社　　址	北京中关村大街31号	**邮政编码**	100080
电　　话	010－62511242（总编室）		010－62511398（质管部）
	010－82501766（邮购部）		010－62514148（门市部）
	010－62515195（发行公司）		010－62515275（盗版举报）
网　　址	http://www.crup.com.cn		
	http://www.ttrnet.com(人大教研网)		
经　　销	新华书店		
印　　刷	北京宏伟双华印刷有限公司		
规　　格	185 mm×260 mm　16开本	**版　　次**	2009年3月第1版
印　　张	12.25	**印　　次**	2009年3月第1次印刷
字　　数	292 000	**定　　价**	25.00元
